Life Code

Hans Georg Häusel

Life Code

Was dich und die Welt antreibt

1. Auflage

Haufe Group
Freiburg · München · Stuttgart

Bibliografische Information der Deutschen Nationalbibliothek

Die Deutsche Nationalbibliothek verzeichnet diese Publikation in der Deutschen Nationalbibliografie; detaillierte bibliografische Daten sind im Internet über http://dnb.dnb.de/ abrufbar.

Print: ISBN 978-3-648-14320-9   Bestell-Nr. 10566-0001
ePub: ISBN 978-3-648-14321-6   Bestell-Nr. 10566-0100
ePDF: ISBN 978-3-648-14322-3   Bestell-Nr. 10566-0150

Hans Georg Häusel
Life Code
1. Auflage, August 2020

© 2020 Haufe-Lexware GmbH & Co. KG, Freiburg
www.haufe.de
info@haufe.de

Bildnachweis (Cover): Hans-Georg Häusel

Produktmanagement: Judith Banse
Lektorat: Juliane Sowah
Grafikdesign: Liana Tuchel

Dieses Werk einschließlich aller seiner Teile ist urheberrechtlich geschützt. Alle Rechte, insbesondere die der Vervielfältigung, des auszugsweisen Nachdrucks, der Übersetzung und der Einspeicherung und Verarbeitung in elektronischen Systemen, vorbehalten. Alle Angaben/ Daten nach bestem Wissen, jedoch ohne Gewähr für Vollständigkeit und Richtigkeit.

Inhaltsverzeichnis

1	Life Code: Warum Emotionen die stärkste Macht der Welt sind	11
2	Emotionale Wende: Warum wir den Kopf auf den Kopf stellen sollten	17
3	Emo-Logik: Warum der Life Code einfach genial einfach ist	27
4	Lust & Frust: Warum wir nie zufrieden sind	39
5	Lebensführung: Warum das Glück meist in der Mitte liegt	45
6	Geld: Warum ohne Moos nix los ist	59
7	Konsum: Warum wir Sportwagen und Hundekörbe kaufen	69
8	Ästhetik: Warum wir über Geschmack nicht streiten sollten	81
9	Politik: Warum Angela Merkel eine kluge Chinesin ist	89
10	Wirtschaft: Warum eine Innovation alle hundert Jahre reichen kann	101
11	Persönlichkeit: Warum wir so verschieden sind	107
12	Emo-Brille: Warum die gleiche Welt für jeden anders ist	123
13	Persönlichkeitsveränderung: Warum nur Tigerente geht	133
14	Weltblick: Warum wir Deutschen Angsthasen sind	141
15	Geschlecht: Warum Frauen keine kleinen Männer sind	145
16	Alter: Warum wir als Tiger springen und als Bettvorleger landen	165
17	Menschenkenntnis: Warum es kein Zaubermerkmal gibt	183
18	Quintessenz: Warum wir den Verstand zur Vernunft bringen sollten	191

Vorwort

Erinnerst du dich noch, als du in der Schule den Faust von Goethe lesen musstest? In seinem berühmten Monolog ruft Faust verzweifelt:

»Dass ich erkenne, was die Welt im Innersten zusammenhält.«

Um zu dieser Erkenntnis zu gelangen, hat der arme Faust seine Seele schließlich dem Teufel Mephisto überschrieben. Vielleicht geht es dir im Alltag wie Faust? Du stehst vor der Welt und fragst dich, warum es so kommen musste oder warum alles so ist, wie es ist. Schauen wir uns mal einige typische Fragen an:

- Was treibt uns Menschen und die Welt eigentlich an?
- Warum sind wir oft so unvernünftig?
- Warum sind wir so unterschiedlich?
- Warum sind wir nie zufrieden oder auf Dauer glücklich?
- Warum sind Frauen anders als Männer?
- Was zeichnet die besonders Erfolgreichen aus?
- Was ist wahres Glück?
- Warum kaufen wir Dinge, die wir eigentlich gar nicht brauchen?
- Warum rennen wir immer hinter dem Geld her?
- Warum ist das Leben oft so kompliziert?
- Warum sind wir Deutschen so ängstlich und die Amis so forsch?
- Warum gibt es politische Parteien?

Auf den ersten Blick scheinen die Fragen und damit die Antworten völlig verschieden zu sein. Aber nur auf den ersten Blick. Die Wahrheit ist eine andere. Hinter allen diesen Fragen und Erscheinungen führt ein unsichtbares, geniales Programm die Regie. Dieses Programm nenne ich den **Life Code.** Der Life Code beherrscht die gesamte belebte Welt. Und damit dich und mich. Aber auch deine Katze und meinen Hund. Wie? Über Emotionen!

In diesem Buch machen wir uns gemeinsam auf den Weg, diesen Code zu knacken. Das Gute daran: Du brauchst mir deine Seele nicht zu überschreiben. Zudem bin ich auch kein Teufel, sondern ein höchst umgänglicher Mensch schwäbischer Herkunft.

Aber woher weiß ich das alles? Mitte der 90er Jahre begann ich mit meiner Promotion beim damaligen Direktor am Münchner Max-Planck-Institut für Psychiatrie. Meine Dissertation beschäftigte sich mit dem Geld- und Risikoverhalten aus Sicht der Hirnforschung und der Psychologie. Zur Klärung dieser Fragen vertiefte ich mich in die Verhaltensgenetik und in die Neurochemie. Ich legte die Wirkungsmodelle der Nervenbotenstoffe über die Funktionen der Gehirnareale. Ich verknüpfte Neuro- und

Biopsychologie mit Erkenntnissen der humanistischen Psychologie. Und da ich mich während des Studiums schon intensiv mit Philosophie und Soziologie beschäftigte, interessierte mich, ob man auch diese beiden Disziplinen noch mit dem bereits gewonnenen Gesamtbild verknüpfen konnte. Das Ergebnis dieser mehrjährigen Forschungsarbeit: Ich entdeckte ein faszinierendes emotionales Grundmuster, das unser gesamtes Leben inklusive Geld- und Risikoverhalten steuert. Dieses Wissen fasste ich für meine Arbeit in der Wirtschaft in einem Modell mit dem Namen Limbic[1] zusammen. Der Name Limbic kommt vom emotionalen Zentrum in unserem Gehirn, dem limbischen System. Mit diesem Wissen schrieb ich mehrere Wirtschaftsbestseller zu Themen wie Kaufverhalten, Motivation und Management. Eines meiner Bücher, »Brain View – Warum Kunden kaufen«, wurde von einer internationalen Jury zu einem der 100 besten Wirtschaftsbücher aller Zeiten gekürt.

Die einzigartige wissenschaftliche Fundierung, bei gleichzeitiger Einfachheit, sorgte auch für großes Interesse bei den großen deutschen Zeitschriftenverlagen. Um Anzeigen zu verkaufen, müssen die Verlage ihren Kunden aufzeigen, welche Menschen mit welchen Interessen und Motivationen ihre Zeitungen und Zeitschriften lesen. Dazu führen diese Verlage regelmäßig eine große repräsentative Befragung in Deutschland mit jeweils mehr als 30.000 Menschen durch. Die Persönlichkeit jedes Teilnehmers dieser Befragung wird mit einem speziellen Limbic-Persönlichkeitstest gemessen. Über die letzten 15 Jahre liegen inzwischen Daten von über 200.000 Menschen vor. Auf diese Weise werden Hirnforschung, Psychologie und tatsächliches Verhalten in einzigartiger Weise empirisch verknüpft.

Der Limbic-Ansatz ist auch die Basis dieses Buches. Das gesamte Wissen wird hier aber auf unseren Lebensalltag angewendet. Da das Buch zwar wissenschaftlich fundiert ist, aber leicht lesbar sein soll, habe ich mich entschlossen, auf wissenschaftliche Fußnoten komplett zu verzichten. Für Lesende, die an der wissenschaftlichen Fundierung interessiert sind und die noch stärker in die wissenschaftliche Tiefe eindringen wollen, habe ich alles in einer ausführlichen Dokumentation zusammengefasst. Diese Dokumentation mit Namen »Die wissenschaftliche Fundierung des Limbic ® Ansatzes« kann man von meiner Website (www.haeusel.com) kostenlos downloaden.

Warum nun dieses Buch?
Durch den faszinierenden Ansatz – verbunden mit dem großen Erfolg meiner Wirtschaftsbücher – werde ich von Universitäten, Unternehmen und Verbänden zu vielen Vorträgen eingeladen. Neben den Wirtschaftsvorträgen sind meine Publikumsvorträge, wie z. B. »Denkste – Wie Bauchentscheidungen wirklich fallen« oder »Die

---

[1] Limbic®, Limbic® Types und Limbic® Map sind urheberrechtlich geschützt. Eine Verwendung ist nur mit Zustimmung der Gruppe Nymphenburg Consult AG erlaubt.

Neurologik des Geldes« inzwischen vielfach gebuchte Vortragsbestseller. Häufigster Publikumskommentar nach meinen Vorträgen: »Ich habe in den letzten Jahren noch nie so einen informativen, spannenden und unterhaltsamen Vortrag gehört«. Aus diesem Grund dachte ich mir, dass es höchste Zeit wird, einmal ein Buch für ein breites Publikum zu schreiben. Für Menschen wie dich also, die daran interessiert sind, wie sie selbst, ihre Mitmenschen und die Welt als solche wirklich ticken. In 18 spannenden Kapiteln werden wir gemeinsam entdecken, was und wer die Welt wirklich bewegt und beherrscht.

München, im Frühjahr 2020
Hans-Georg Häusel

1 Life Code: Warum Emotionen die stärkste Macht der Welt sind

Springen wir doch gleich rein in dein Leben: Wieviel Prozent deiner heutigen Entscheidungen glaubst du, hast du a) bewusst und b) vernünftig getroffen? Nach kurzer Überlegung wirst du wahrscheinlich antworten, dass du alle deine Entscheidungen bewusst gefällt hast und vernünftig wären diese sowieso. Schließlich bist du ein Mensch. Und die besondere Eigenschaft von uns Menschen ist es ja, Bewusstsein zu haben und vernünftig zu sein. Außerdem würdest du bei größeren Entscheidungen längere Zeit nachdenken und das Für und Wider sorgfältig abwägen. Mehr Beweis für deine bewussten und vernünftigen Entscheidungen bräuchte es wohl nicht. Obwohl dir alles so sonnenklar scheint, irrst du dich – und zwar gewaltig. Die Wahrheit ist, dass weit über 70 Prozent deiner und meiner Entscheidungen unbewusst fallen. Und: Alle unsere Entscheidungen sind emotional. Diese 70 Prozent sind übrigens eine optimistische Schätzung. Es gibt Hirnforschungskollegen, die von 95 Prozent und mehr Unbewusstem ausgehen. Wenn man die ganzen körperlichen Regulationsvorgänge mitrechnet, die im Gehirn unbewusst laufen, haben sie auch Recht.

Ich will dir in diesem Buch zeigen, das hinter allem, was wir Menschen tun, ein emotionales Programm steht, das sich in Milliarden Jahren entwickelt hat. Dieses Programm folgt einer genialen Logik. Es ist der übermächtige, unbewusste Code des Lebens. Deshalb nenne ich dieses Programm den Life Code. Der Life Code steuert nicht nur dich und mich. Er beherrscht die ganze Welt. Also auch Donald Trump, Wladimir Putin und Xi Jinping. Und so hart es für uns Menschen klingt: Der Life Code findet sich in fast gleicher Struktur bei Hund, Katze und Delfin wieder. Noch erstaunlicher: In seiner Grundlogik kannst du ihn sogar bei Insekten, Pflanzen und Bakterien entdecken.

Der Life Code …
… aktiviert unseren Willen,
… steuert unsere Entscheidungen,
… gibt uns vor, was wir gut oder schlecht finden,
… führt uns durchs Leben,
… ist die Basis unserer Persönlichkeit,
… beherrscht unser ganzes Leben.

Wenn du den Life Code verstanden hast, so mein Versprechen, siehst du dich, deine Beziehung, deine Mitmenschen, die Politik und die ganze Welt in einem völlig neuen Licht. Während Tiere und Pflanzen dieser unbewussten Macht aber hilflos ausgeliefert sind, haben wir Menschen mit unserer Fähigkeit zur Reflexion die Chance, vom passiven zum aktiven Mitspieler in diesem Spiel des Lebens zu werden. Wenn du weißt, wie all das Ganze funktioniert, kannst du mit deinem Leben und deinen Mitmenschen

1 Life Code: Warum Emotionen die stärkste Macht der Welt sind

besser und erfolgreicher umgehen. Mit einer Analogie wird der Gedanke, glaube ich, deutlicher:

Stell dir vor, du würdest mit einem Segelboot auf dem Meer treiben. Wenn du keine Ahnung vom Wind und vom Segeln hast, bläst dich der Wind irgendwo hin. Wenn du Glück hast, zu einem Strand, wenn nicht, raus aufs offene Meer. Völlig anders dagegen ist die Situation, wenn du dich mit den Windverhältnissen und der Technik des Segelns auskennst. Dann bestimmst du den Kurs. Du nutzt die Naturkräfte aus. Und während der Segel-Laie angstvoll auf seinem Boot sitzt, kannst du Wind und Wellen mit Spaß durchkreuzen und genießen.

Darum geht es mir in diesem Buch. Ich will dir zeigen, wie die (emotionale) Welt funktioniert.

Und wenn du diese unbewusste Logik verstanden hast, kannst du, versprochen, besser und erfolgreicher handeln. Die vollkommene Freiheit und Autonomie gibt es natürlich nicht. Auch der Segler ist an die Physik von Boot und Natur gebunden. Er kann mit seinem Schiff weder in den Himmel fliegen noch auf der Autobahn fahren. Und auch wenn er Segeln kann, kann er in Gefahr kommen, wenn z. B. plötzlich eine Monsterwelle (übersetzt ins Leben: Schicksalsschlag) auftaucht. Trotzdem bestimmt er in der Regel den Kurs. Bevor wir den Life Code näher kennen lernen, müssen wir noch zwei wichtige Fragen beantworten. Erstens, was sind Emotionen? Zweitens, was geht dabei in deinem Kopf vor?

Was sind eigentlich Emotionen?
Wenn ich dich frage: Was sind Emotionen? Dann wirst du mit großer Wahrscheinlichkeit so antworten, wie viele Teilnehmende in meinen Vorträgen und Seminaren: »Emotionen sind Gefühle!« Und vielleicht zählst du noch einige Gefühle wie Freude, Zorn, Wut usw. mit auf. Diese Antwort ist zwar nicht falsch, sie ist aber auch nicht richtig. Sie ist ungefähr so, wie wenn ich dich frage: »Was ist ein Auto?« Und du antwortest mir dann: »Ein Auto ist ein Motor.« Ohne Zweifel ist ein Motor ein wichtiger Bestandteil eines Autos. Aber ein Auto ist viel, viel mehr als ein Motor und so ist es auch mit Emotionen. Emotionen sind viel mehr als nur Gefühle. Der Fehler beider Antworten liegt darin, dass man einen Teil nimmt und das Ganze damit beschreiben will. In der Philosophie nennt man das den mereologischen Fehlschluss (von griechisch meros »Teil«). Leider trifft man auch in der Wissenschaft bis heute auf dieses Missverständnis. Vielleicht hast du schon mal vom US-amerikanischen Psychologen Paul Ekman gehört? Er hat in vielen Kulturen nach universellen, emotionalen Gesichtsausdrücken gesucht und daraus seine Theorie der Basisemotionen gemacht. Seine Basisemotionen sind: Überraschung, Freude, Wut, Ekel, Furcht und Trauer. Das Problem: Was er als Emotionen bezeichnet sind lediglich Gefühle, die aus unseren Emotionssystemen kommen. Zudem gibt es noch viel mehr dieser universellen Gefühle. Allerdings sieht

man diese nicht im Gesicht des Menschen. Schauen wir uns also mal an, was Emotionen wirklich sind.

Emotionen treiben uns an
Emotionen sind der Motor des Lebens. Es sind unsere Motivationssysteme. Sie treiben uns unbewusst an und motivieren uns. Um das zu verstehen, betrachten wir mal einen typischen Tagesablauf von dir oder von mir:

Du stehst auf, gehst unter die Dusche und putzt die Zähne (warum?), du machst dir einen Kaffee (warum?) und schaltest das Radio an (warum?). Vielleicht fährst du mit dem Auto zur Arbeit (warum?). Vor dir zuckelt so ein Langweiler über die Straße. Du wirst ungeduldig (warum?) und überholst (warum?). Du kommst am Arbeitsplatz an. Du schaltest Deinen Computer ein und checkst deine E-Mails. In einer der Mails erfährst du, dass deine Chefin einen Vorschlag von dir abgelehnt hat. Du ärgerst dich (warum?). Der Ärger hält nicht lange an – eine nette Kollegin kommt rein und bringt dir einen Kaffee. Du freust dich über Kaffee und Kollegin (warum?). Im anschließenden Projekt-Meeting kommen deine Vorschläge prima an, du freust dich (warum?). Am Mittag nutzt du die Pause und gehst zum Essen in die Stadt. Im Schaufenster eines Geschäfts siehst du eine modische Hose. Du kannst nicht widerstehen und kaufst sie (warum?). Am Nachmittag gibt es einen kurzen Disput mit einem Kollegen, der AfD wählt und dich überzeugen möchte. Keine Chance, wählst du doch die Grünen (warum?). Dafür hat es der Abend in sich. Auf einer Party letzte Woche hast du einen interessanten Menschen kennengelernt und dieser hat dich zum Abendessen eingeladen. Du bist aufgeregt und hast Schmetterlinge im Bauch (warum?). Der Abend war super – Fortsetzung folgt. Noch ein Blick auf das Handy vor dem Einschlafen. Instagram, WhatsApp usw. checken (warum?).

Dieser Tagesablauf in sehr geraffter Darstellung scheint für dich und mich völlig normal. Was wir uns aber weniger vor Augen führen ist das Warum. Warum machen wir das alles? Schau mal im obigen Text die Warums an. Versuche, auf jedes eine Antwort zu finden. Du wirst feststellen, dass das schwierig wird. Hinter jedem Warum steckt nämlich ein emotionaler Antrieb, der dem Bewusstsein weitgehend verborgen bleibt. Welche Emotionen da genau aktiv waren, werden wir uns im übernächsten Kapitel anschauen. Aber wozu und warum werden wir überhaupt zu etwas angetrieben? Da gibt uns die Evolutionsbiologie eine einfache und klare Antwort. Aus Sicht der Evolution sind es nur zwei Vorgaben, die wir in unserem Leben erfüllen müssen, um erfolgreich zu sein:

Vorgabe Nr. 1: Überlebe

Jeder lebendige Organismus verfolgt dieses Ziel. Gleich ob Bakterium, Baum oder du. Im Alltag bedeutet dies, dass wir zum einen nicht verhungern, verdursten und nicht erfrieren dürfen. Zum anderen sollten wir vermeiden, von Artgenossen erschlagen, von Raubtieren gefressen und von Klapperschlangen gebissen zu werden.

1 Life Code: Warum Emotionen die stärkste Macht der Welt sind

Vorgabe Nr. 2: Pflanze dich fort

Aus Sicht der Evolution heißt das, dass sich möglichst viele deiner und meiner Gene in der nächsten, besser noch übernächsten Generation antreffen lassen. Wenn wir uns nicht, beispielsweise wie Kartoffeln, Pilze oder bestimmte Ringelwürmer, aus uns selbst heraus vermehren können, brauchen wir dazu eine Sexualpartnerin oder einen Sexualpartner.

Ohne diese beiden Ziele gäbe es dich und mich nicht und auch keine weitere belebte Welt. Um diese Ziele zu erreichen, müssen wir uns bewegen. Wir müssen nach Futter suchen. Wir müssen der Konkurrenz mögliche Sexualpartner ausspannen. Wir müssen uns um unsere Kinder (Gene) kümmern und wir müssen aufpassen, dass wir uns nicht allzu sehr in Gefahr bringen. Um das alles zu gewährleisten, sind unsere Emotionssysteme da.

Emotionen bewerten, ob wir auf dem Weg zum Ziel sind

Nun, unsere zwei zentralen Ziele haben wir gerade kennengelernt. Aber woher wissen wir als Kreaturen und Organismen, ob wir auf dem richtigen Weg zum Ziel sind? Auch dafür sind die Emotionssysteme zuständig. Sie sagen uns durch lustvolle und belohnende Gefühle: Weiter so. Durch frustvolle und bestrafende Gefühle teilen sie uns mit: Stop oder Pfoten weg! Wie diese Bewertung konkret läuft, schauen wir uns in Kapitel 4 näher an.

Emotionen verändern unseren Körperzustand

Damit wir angemessen auf die Welt reagieren können, muss auch unser ganzer Körper mitmachen. Stell dir mal vor, du wärst vor einigen hundert Jahren durch den Wald gelaufen zum Beeren oder Pilze sammeln. Plötzlich raschelt es im Gebüsch. Ein Bär steht vor dir. Du bist starr vor Angst. Jetzt hast du drei Möglichkeiten. Du stellst dich tot, du kämpfst mit dem Bären oder du rennst um dein Leben. Zumindest bei den letzten beiden Möglichkeiten brauchst du alle Reserven, die in deinem Körper stecken, um auch nur den Hauch einer Chance zu haben. Aber wie wird dein Körper zum Kampf oder zur Flucht aktiviert? Durch Nervenbotenstoffe wie Adrenalin oder Cortisol. Nervenbotenstoffe sind aber ein zentraler Bestandteil von Emotionssystemen. Die ausgeschütteten Nervenbotenstoffe sorgen nämlich dafür, dass dein Herz schneller schlägt, um mehr Blut in die Muskeln zu pumpen. Sie sorgen aber auch dafür, dass der Verdauungsvorgang im Magen und Darm gestoppt wird, weil das Blut jetzt in deinen Muskeln viel dringender als im Dickdarm gebraucht wird. Weil wir die meisten emotionalen, körperlichen Reaktionen im Bauch oder im Herz spüren, hat man diese Regionen auch immer als den »Sitz« der Emotionen beim Menschen gesehen. Denk nur an die Begriffe »Herzensfreude« oder »Schmetterlinge im Bauch«. Die genauso wichtigen Veränderungen im Gehirn spüren wir dagegen nicht. Diese Nervenbotenstoffe durchfluten unser ganzes Gehirn und unseren ganzen Körper. Der Bär von gestern kann heute der Straßenräuber oder ein wilder Hund sein. Natürlich gibt es auch lustvollere Ereignisse, bei denen unsere Emotionen unseren Körperzustand verändern. Gleich ob es Sex ist oder wenn wir ein Tennismatch gewinnen.

Emotionen machen sich durch Stimmungen und Gefühle bemerkbar
Weil unser ganzer Körper letztlich emotional ist, sind wir auch immer in einem emotionalen Zustand. Diese Grundzustände nehmen wir in unserem Bewusstsein als Stimmungen wahr. Manchmal sind wir heiterer, guter Laune und manchmal sind wir etwas gedrückt. Oft beachten wir diese Stimmungen aber nicht. Sie sind wie Hintergrundmusik in einem Lokal. Etwas anderes ist es mit Gefühlen. Sie sind meist das Ergebnis eines von unserem Gehirn bewerteten konkreten Ereignisses. Einige Beispiele dazu:
- Du fährst entspannt in deinem Auto. Plötzlich nimmt dir so ein Blödkopf die Vorfahrt. Und schon hörst du dich zornig schreien: Du A…
- Deine Nachbarin zeigt dir ihr neues kleines Kätzchen, das sie gerade vom Tierheim abgeholt hat. Dir wird es ums Herz warm und du könntest dieses kleine Ding knuddeln und vor Zuneigung auffressen.
- Du sitzt vor dem Fernseher und schaust Fußball. Und da: Deine Lieblingsmannschaft schießt in der 93. Minute das entscheidende Siegtor in der Champions League. Du springst auf und tanzt wild durchs Zimmer.

Das waren gerade drei völlig unterschiedliche Situationen mit völlig unterschiedlichen Gefühlsreaktionen. Eines hatten sie gemeinsam: Ein Ereignis wurde emotional bewertet und dann wurden dazu die entsprechenden Gefühle und Gedanken ausgelöst.

Emotionen verändern unseren Gesichtsausdruck
Angenommen bei der Begegnung mit dem Bären, bei deiner Reaktion auf die genommene Vorfahrt, beim Anblick des Kätzchens und bei deinem Champions-League-Siegesschrei hätte dich jemand beobachtet. Er hätte sicher festgestellt, dass dein Gesichtsausdruck jedes Mal ein völlig anderer war. Beim Bären die angstgeweiteten Augen. Bei der genommenen Vorfahrt die Zornesröte und die Zornesfalten. Beim Kätzchen ein lieber Blick und ein zartes Lächeln. Beim Siegestor schließlich ein völlig entgleistes, glückliches Gesicht. Es gibt noch weitere Gesichtsausdrücke: Das traurige Gesicht, das überraschte, das ärgerliche usw. Wir haben zu Beginn schon über den Zusammenhang von Gesichtsausdruck und Gefühlen gesprochen. Der Grund, warum unser Gesicht »spricht«, liegt ebenfalls in der Evolution. Der Mensch ist ein soziales Wesen und nur in einer Gruppe überlebensfähig. Damit eine Gruppe funktioniert, muss man mit anderen kommunizieren. Jetzt wirst du sagen: Klar, dazu haben wir doch die Sprache. Tatsächlich gibt es diese aber noch nicht sehr lange. Vielleicht so 200.000 bis 300.000 Jahre. Den Menschen gibt es aber schon viel, viel länger. Vor sieben Millionen Jahren haben wir uns von unseren äffischen Vorfahren getrennt und uns weiter, oder äffisch-korrekt: zumindest anders, entwickelt. Dann, vor etwa drei bis vier Millionen Jahren, schälte sich so langsam ein menschenähnliches Wesen heraus. Diese erste menschliche Urform wird Australopithecus (»südlicher Affe«) genannt. Seine Knochen wurden nämlich erstmals

in Südafrika gefunden. Sicher gab es bei unseren Ahnen-Affen eine sprachliche Vorform, zum Beispiel Grunzlaute, Schreie, Lachen. Ganz wichtig für die Kommunikation war es aber, Gesichtsausdrücke und die Körpersprache der anderen richtig zu lesen. Denn dort kann man die ungeschminkte Wahrheit erfahren, wie der andere gerade drauf ist. Bei der Sprache dagegen können wir getäuscht werden. Aus diesem Grund gibt es bis heute für uns Menschen keine wichtigere Informationsquelle als das Gesicht unserer Mitmenschen. Ein Beispiel: Angenommen, du kommst auf eine Party und eine Bekannte lächelt dich an und sagt: »Ich freue mich riesig, dich zu sehen.« Du spürst sofort, dass sie nicht die Wahrheit sagt. Warum? Bei einem herzlichen Lächeln bewegen sich die Augenfalten außen mit. Bei deiner Bekannten dagegen blieb die Augenpartie so regungslos wie bei einer Klapperschlange.

Wie alt sind unsere Emotionssysteme?
Wir waren ja gerade schon etwas in unserer Vergangenheit. Wir haben gesehen, dass es uns Menschen so zwischen drei bis vier Millionen Jahre gibt. Aber was schätzt du, wie alt unsere Emotionssysteme sind? Viel, viel älter als wir Menschen! Um das zu verstehen, müssen wir ganz vorne anfangen. Die Erde ist ca. 4,6 Milliarden Jahre alt. Es hat dann eine Milliarde Jahre gedauert, bis die Urform des Lebens, das waren Einzeller, entstanden sind. Und ob du es glaubst oder nicht: Schon diese Einzeller waren, um zu überleben, mit winzigen Emotionssystemen ausgestattet. Die Grundarchitektur dieser Emotionssysteme findet sich bis heute in jedem Lebewesen wieder. Selbst in Pflanzen!

Zur Hälfte bist du eine Kartoffel
Im Laufe der Evolution sind die Emotionssysteme bei den Tieren immer komplexer geworden. Und noch etwas komplexer sind sie bei uns Menschen. Die Grundlogik aber, die wir bald kennenlernen werden, ist bis heute die gleiche geblieben. Eines dürfen wir deshalb bei der Betrachtung nicht vergessen: Unser Körper und damit auch unser Nervensystem hat eine lange genetische Geschichte und damit viele genetische Gemeinsamkeiten mit unseren tierischen Vorfahren und Nachbarn. Gene verändern sich zudem unendlich langsam: Vor sieben Millionen Jahren haben wir uns vom Affen getrennt und bis heute haben wir immer noch zu 98,8 Prozent die gleichen Gene wie ein Schimpanse. Eine Stunde unterwegs auf einer deutschen Autobahn macht einem das auch immer wieder bewusst. Mit unserer Katze haben wir fast 90 Prozent gemeinsame Gene. Es kommt aber noch schlimmer: Selbst mit einer Kartoffel teilen wir uns noch 50 Prozent unserer Gene!

Jetzt wissen wir ungefähr, was Emotionen sind – aber wie kommt es, dass sie uns unbewusst beherrschen und leiten? Um das zu verstehen, müssen wir jetzt mal im Kopf schauen, was dabei in unserem Gehirn so alles passiert.

2 Emotionale Wende: Warum wir den Kopf auf den Kopf stellen sollten

Wir Menschen haben von uns selbst eine sehr hohe Meinung. Wir bezeichnen uns häufig als die Krone der Schöpfung. Auch in der von uns verfassten Schöpfungsgeschichte, in der Genesis, sucht man Bescheidenheit vergeblich: »Gott schuf den Menschen ihm zum Bilde, zum Bilde Gottes schuf er ihn.« Was ist damit gemeint? Wir Menschen betrachten uns als Ebenbild Gottes. Und damit sind wir fast so gescheit wie er. Durch Charles Darwin und seine Evolutionstheorie wurden wir zwar ziemlich rabiat von diesem Sockel gestoßen. Aber wenn keiner hinschaut, versuchen wir immer wieder, ganz schnell raufzuklettern. Auch in der Wissenschaft lieben wir die Theorien, die unsere Einzigartigkeit unterstreichen. Jene, die uns unsere Besonderheit absprechen und uns wieder näher in Verbindung mit unseren tierischen Weltgenossen bringen, haben wir nicht sonderlich gerne. Dass die Erde und wir der Mittelpunkt des Universums sind, haben wir Tausende von Jahren geglaubt und wissenschaftlich untermauert. Bis Kopernikus, Keppler und Newton kamen und uns diesen Zahn schmerzhaft gezogen haben. Auch in der Hirnforschung gab es sowas wie eine »Ebenbild Gottes-Theorie«. Es war der Irrglaube von der Allmacht des Großhirns.

Das alte Denken: Der Vorstand regiert und der Hausmeister randaliert
Um das genauer zu verstehen, müssen wir jetzt gemeinsam unser Hirn erkunden. Wie ist es aufgebaut? Wie läuft es da drinnen ab? Ganz grob kann man das Gehirn in drei Zonen einteilen. Das Kleinhirn lassen wir mal weg, weil es in unserer Betrachtung keine Rolle spielt.

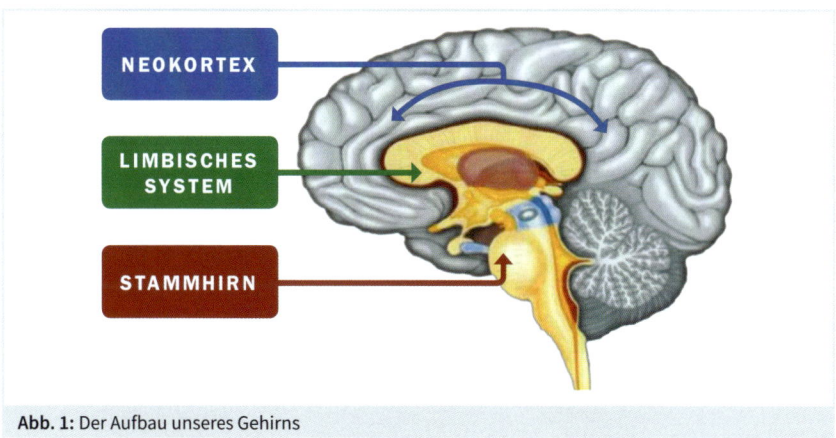

Abb. 1: Der Aufbau unseres Gehirns

2 Emotionale Wende: Warum wir den Kopf auf den Kopf stellen sollten

Oben sitzt das Großhirn oder der sogenannte Neokortex. Eine Stufe darunter das Zwischenhirn mit dem limbischen System. Und ganz tief unten das Stammhirn, auch Hirnstamm genannt. Wie hat man sich nun die Funktionen und Aufgaben im Gehirn bis vor ein paar Jahren gedacht? Weil das menschliche Großhirn viel größer ist als beim Schimpansen oder bei unserer Katze, wurde das Großhirn zum Sitz der Vernunft. Schließlich sind wir das vernünftige und denkende Tier. Das »Animal rationale«, wie es Aristoteles ausdrückte. Auch von vielen Hirnforschern wurde es zur absoluten Vorstandsetage im menschlichen Kopf erklärt.

Ein Stock tiefer dann, im Zwischenhirn, finden wir das limbische System. Seine zugedachte Rolle: Es würde unser vernünftiges Denken immer mal wieder durch Gefühle stören. Du kennst sicher den Satz »Jetzt sei endlich mal vernünftig und lass deine Gefühle beiseite«.

Ganz tief unten dann, im Gehirn, im Keller quasi, liegt das Stammhirn. Neben dem Management der Vitalfunktionen, wie Schlaf und Wachrhythmus, Hunger und Durst, sei das Stammhirn zuständig für unsere niederen Instinkte, wie Sex und Fußball. Bei der Verteilung der Kräfte in unserem Gehirn sind die früheren Forscher, ohne dass sie es bemerkt haben, übrigens einem alten mythischen Ordnungsschema zum Opfer gefallen: dem Oben-Unten-Schema. Das Gute und Reine ist stets oben, während man das Böse und Niederträchtige immer unten findet. Wer sitzt oben im Himmel? Der liebe und allwissende Gott. Und wer unten? Der böse und verschlagene Teufel. Nur so konnte deshalb auch die Ordnung in unserem Kopf sein.

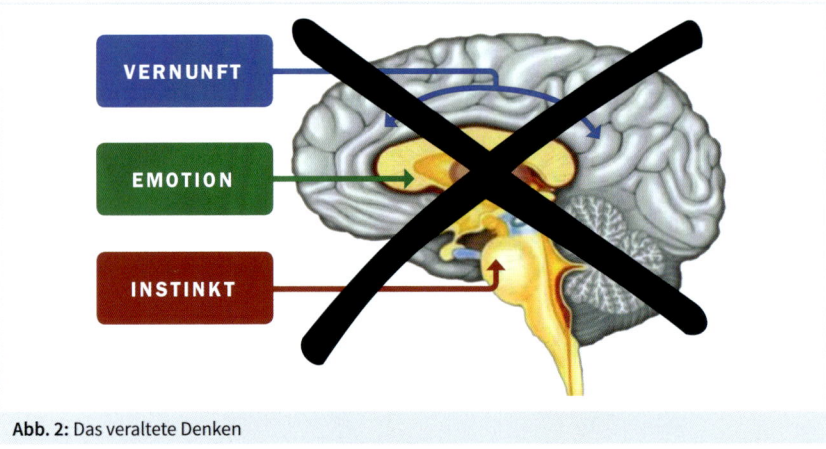

Abb. 2: Das veraltete Denken

Das allseits geteilte Funktionsbild war somit klar: Oben der Vorstand, der mit Vernunft regiert, in der Zwischenetage der unvernünftige Gefühlsmensch und im Keller der laut randalierende Hausmeister. Der konnte zwar ab und zu die Fasson verlieren, uns jähzornig und gewalttätig machen, aber in der Regel stand er unter der Macht des Vorstands, der den Ton angab.

Diese Dreiteilung, die niederen Instinkte unten, die Gefühle dazwischen und der klare Verstand oben, kann man bis zu Platon zurückverfolgen. Der hatte alles nur etwas anders im Körper verteilt: die niederen Instinkte und Triebe im Unterleib, bei den Geschlechtsteilen, die Gefühle in der Herzgegend und im Kopf der klare Verstand. Gerne wurde dieses Bild übernommen und alles nach oben, aber in gleicher Logik in den Kopf geschoben, weil es praktischer war. Das Problem: Dieses Bild ist falsch!

Das neue Denken: Der Thronsturz des Großhirns
Dieses Bild vom klaren Verstand und den störenden Gefühlen hätten wir gerne noch ein paar weitere tausend Jahre behalten. Aber genauso, wie die Erde ihre Vormachtstellung im Universum durch wissenschaftliche Fakten verlor, verlor das vernünftige Großhirn seinen Thron. Diesen Thronsturz und die begleitende wissenschaftliche Revolution in der Hirnforschung bezeichnet man heute als »emotionale Wende«. Sie begann fast zeitgleich, Mitte der 1990er, an mehreren Forschungseinrichtungen in der Welt. In den USA waren es die Forscher António Damásio und Joseph LeDoux, in Großbritannien Edmund T. Rolls und Jeffrey A. Gray und in Deutschland Gerhard Roth. Ich selbst war ab 1998 mit ersten Veröffentlichungen dabei. Die Quintessenz der emotionalen Wende: Emotionen sind nicht nur schmückendes Beiwerk unseres Denkens und Entscheidens. Das Gegenteil ist der Fall: Erst Emotionen geben der Welt Sinn, Wert und Bedeutung! Und: Es gibt nicht eine einzige (wichtige) Entscheidung, die nicht einen emotionalen Urgrund hätte.

Die Supermacht im Kopf: Das limbische System
Mit der emotionalen Wende veränderte sich aber auch der Blick auf unser Gehirn vollständig. Fast über Nacht wurde der frühere Komparse im Gehirn zu einem wichtigen Hauptdarsteller. Die emotionale Schaltzentrale unseres Gehirns, das sogenannte limbische System, rückte in das Machtzentrum auf. Es stieß das Großhirn von seinem Sockel. Beim limbischen System handelt es sich nicht um eine funktionale Einheit im Gehirn, wie der Begriff »System« vermuten lässt. Es sind verschiedene Bereiche und Kerne im Gehirn. Eines haben sie aber alle gemeinsam: Sie sind im Wesentlichen an der Emotionsverarbeitung beteiligt.

2 Emotionale Wende: Warum wir den Kopf auf den Kopf stellen sollten

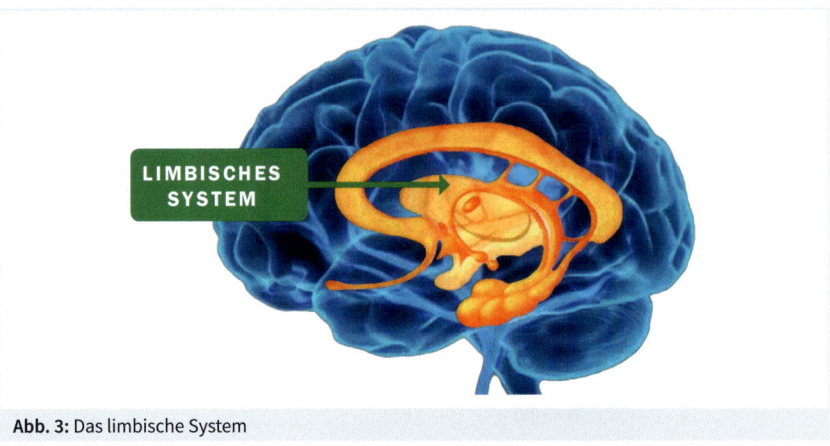
Abb. 3: Das limbische System

Heute werden auch Teile des Großhirns, insbesondere das untere Stirnhirn, der sogenannte orbitofrontale Kortex, dem limbischen System zugeordnet. Mit der Inthronisierung des limbischen Systems war aber eine weitere Kränkung des Menschen verbunden. Der Mensch unterscheidet sich ja, wie wir gesehen haben, von seinen Säugetierkollegen durch die Größe seines Großhirns. Sein limbisches System dagegen ist dem einer Katze oder dem eines Affen ziemlich ähnlich. 95 Prozent aller Untersuchungen über emotionale Abläufe in unserem Gehirn werden deshalb bei unseren Säugetierkollegen gemacht. Das macht man nicht, weil die Forscher sonderlich an der Psyche einer Katze oder Maus interessiert wären. Man macht es deshalb, weil man davon ausgehen kann, dass die emotionalen Grundfunktionen von Mensch und Säugetier ziemlich ähnlich sind. Ein Blick auf Abbildung 4 macht uns diese Ähnlichkeit mehr als deutlich.

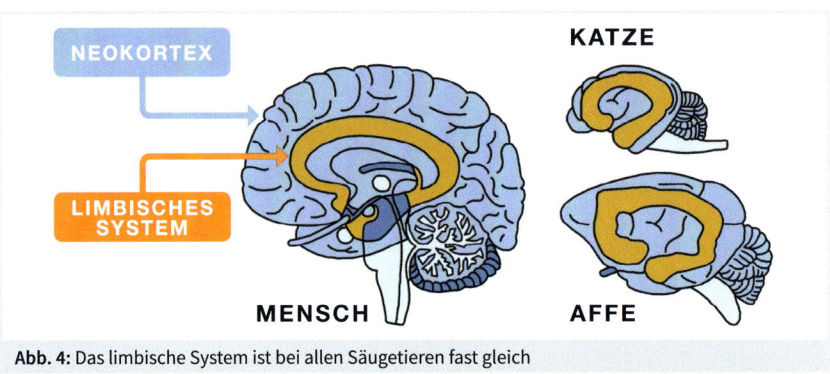
Abb. 4: Das limbische System ist bei allen Säugetieren fast gleich

Schnelle emotionale Reflexe retten das Leben
Wie funktioniert nun die emotionale Steuerung in unserem Gehirn? Zum Beispiel bei der Bewertung einer Situation? Du gehst fröhlich über die Wiese. Plötzlich raschelt

etwas. Du bleibst vor Schreck starr stehen. Warum? Vor dir kriecht eine Kreuzotter über den Weg. Was ist dabei in deinem Kopf passiert? Bevor dein Bewusstsein überhaupt etwas verstanden hat, hat dein limbisches System die Situation als gefährlich erkannt und sofort die Schreckreaktion deines Körpers ausgelöst, nämlich abrupt stehen zu bleiben. Erst nachdem dieses Programm abgelaufen war, bekam dein Bewusstsein etwas davon mit. Dieser Reflexkreis ist für unser Überleben von großer Bedeutung. Im Bruchteil von Sekunden werden körperliche Reaktionen aktiviert, die unsere Überlebenschancen erheblich steigern.

Der Weg durchs Großhirn schafft Gewissheit
Nun hätte es auch keine Kreuzotter, sondern nur ein grauer Stock sein können. Wahrscheinlich wäre deine Reaktion zunächst ähnlich gewesen: Vor Schreck wärst du kurz erstarrt. Aber nach ein, zwei Sekunden hättest du erkannt, dass es nur ein Stock ist. Was passiert dabei in deinem Kopf? Nachdem der schnelle Reflexkreis unser Überleben gesichert hat, wird nun der langsame Bewertungskreis aktiv. Nach seinem unbewussten Start im limbischen System läuft die Information jetzt auch parallel über das Großhirn. Dort sind viele unserer Erfahrungen und unser Weltwissen gespeichert. Auch unser Arbeitsgedächtnis ist dort beheimatet. Hier denken wir bewusst über die Welt nach. Hier erkennen wir, dass es keine Schlange, sondern ein Stock ist. Dieser zweite Kreislauf ist viel präziser und genauer. Er hat aber ein Problem: Er ist ziemlich langsam. Bevor er uns das Ergebnis Stock oder Schlange mitgeteilt hat, wäre es im Falle der Schlange zu spät gewesen. Sie hätte uns längst gebissen.

Im limbischen System wird die Welt unbewusst bewertet
Ob schnell oder langsam, eines haben beide Bewertungskreise gemeinsam. Sie beginnen immer im limbischen System. Bevor du und ich überhaupt etwas von der Welt mitbekommen, haben diese Eindrücke schon eine weite Reise durch unser Gehirn hinter sich. Das Gehirn setzt die unterschiedlichen physikalischen Sinnesreize zu einem stimmigen Gesamtbild zusammen. Das geschieht völlig unbewusst. Es passiert aber noch etwas. Alle Außenreize und Situationen durchlaufen die emotionale Bewertungsinstanz des limbischen Systems. Eine dieser Situationen haben wir gerade am Beispiel der Schlange und des Astes gesehen. Den eigentlichen Bewertungsvorgang bekommen wir nicht mit. Darauf haben wir zunächst auch keinen Einfluss. Das Ergebnis der Bewertung wird in das Bewusstsein gespielt. Wie? In Form von Gedanken – aber noch viel wichtiger: in Form von Gefühlen. Wir haben zwar selbst das Gefühl, dass wir die Welt so sehen, wie sie ist und dass wir den Steuerknüppel selbst fest in Händen halten. Doch das ist eine Illusion. Oder wie die Hirnforscher sagen: eine Benutzerillusion. Wir wissen nicht, nach welchen Kriterien unser Gehirn bewertet hat und wie die Gefühle entstanden sind. Wir haben zudem auch keinen Einfluss darauf, welche begleitenden Gedanken in unser Bewusstsein gespielt werden. Der australische Hirnforscher Allan Snyder fasst das flapsig so zusammen: »Bewusstsein ist nur eine PR-Aktion deines Gehirns, damit du denkst,

du hättest auch noch was zu sagen.« Doch zurück zu den begleitenden Gefühlen. Auch die werden nämlich noch erheblich unbewusst beeinflusst.

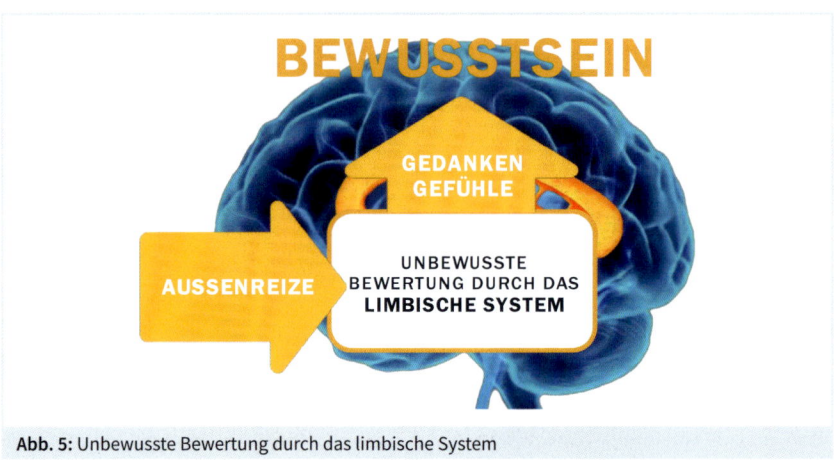

Abb. 5: Unbewusste Bewertung durch das limbische System

Ein Indianer kennt keinen Schmerz
Im schnellen Reflexkreis sind die von uns erlebten Gefühle weltweit ziemlich die Gleichen. Fast immer handelt es sich um Angst-Schreck-Reaktionen. Im langsamen Bewertungskreis, wenn die Bewertung auch noch durch das Großhirn geht, gibt es individuelle und kulturelle Unterschiede. Ein schönes Beispiel dafür ist der Satz: Ein Indianer kennt keinen Schmerz. Angenommen ich und ein US-amerikanischer Navy SEAL werden mit einer Nadel gestochen. Gleiche Nadel – gleiche Einstichstelle. Glaubst du, dass die Gefühlsreaktionen die Gleichen sind? Mit Sicherheit nicht. Der Navy SEAL hat in seiner langen Ausbildung viele schmerzhafte Erfahrungen gemacht und sich an Schmerzen gewöhnt. Mein Leben war im Vergleich dazu ein Weichei-Leben. Der Navy SEAL wird kaum zucken, während ich laut »Aua« schreie. Die Schmerzreaktion im Gehirn ist ziemlich die Gleiche, die Bewertung im Großhirn aber sehr unterschiedlich. Gefühlsberichte von Menschen sind deswegen sehr subjektiv. Sie unterliegen individuellen, kulturellen, aber auch geschichtlichen Einflüssen. Mitte des 19. Jahrhunderts beispielsweise war es üblich, dass Damen der Oberschicht in unangenehmen Situationen tatsächlich in Ohnmacht fielen. Diese emotionale Reaktion war kulturell gelernt. Heute ist die Ohnmacht außer Mode. Der Umgang mit Gefühlen ist auch kulturell sehr unterschiedlich. Im Mittelmeerraum werden Gefühle ausdrucksstark ausgelebt, während sie in Japan oder bei den Inuit stark kontrolliert werden. Zudem gibt es auch in der Gefühlsbezeichnung und Zuordnung kulturelle Differenzen. So ist beispielsweise der Begriff »Trauer« im Persischen auch mit dem Gefühl der Reue verknüpft. In der russischen Kaukasusrepublik Dagestan wird das für Trauer verwendete Wort »darg« auch mit Angst verbunden.

Wofür brauchen wir das Großhirn?
Damit sind wir beim Großhirn. Wofür brauchst du eigentlich diese Riesenkiste? Damit es dir nicht in den Hals rein regnet? Die Hauptaufgabe des Großhirns ist, unsere Antriebe und Wünsche, die aus den Emotionssystemen kommen, mit möglichst bestem Ergebnis in unsere individuelle Umwelt umzusetzen. Das Großhirn ist also eine komplexe emotionale Optimierungsmaschine. Das Großhirn kann in die Zukunft denken und fragen: Was wird passieren, wenn ich das mache? Welche Konsequenzen könnte das für mich haben? Kleines Beispiel: Du ärgerst dich maßlos über deinen Chef und würdest ihm am liebsten eins auf die Zwölf geben. Wenn du kein Großhirn hättest, würdest du deine emotionalen Impulse, hier Wut und Aggression, direkt umsetzen. Die Ohrfeige wäre deinem Boss gewiss. Jetzt kommt aber das Großhirn ins Spiel. Es kramt in seinen Erinnerungen nach ähnlichen Erfahrungen. Das können Erfahrungen sein, die du selbst gemacht hast. Aber auch aus Beobachtungen anderer lernt unser Großhirn. Ja richtig, da war doch was. Vor zwei Jahren war eine Kollegin in einer ähnlichen Situation. Aber sie hat den Chef nur beschimpft und laut als Volldepp bezeichnet. Allerdings: Einige Wochen später wurde sie entlassen. Das Großhirn »sagt« aufgrund dieser Erfahrung dem limbischen System: »Ist das ok, wenn wir den Ärger runterschlucken? Wir wollen doch unseren Job behalten.« Nun geht auch unser Wunsch nach Sicherheit auf unsere Emotionssysteme zurück. Aus diesem Grund kommen limbisches System und Großhirn in enger Abstimmung zum Schluss: »Ok, Ärger runterschlucken.«

Was ist Verstand?
Im Großhirn sitzt auch unser Verstand. Verstand ist aber etwas anderes als Vernunft, wie wir noch sehen werden. Verstand bedeutet, Wege, Wissen und Techniken zu kennen und zu nutzen, wie wir ein emotionales Ziel erreichen. Angenommen, du willst Pilot bei einer Fluglinie werden. Das ist ein spannender Job und mit viel Anerkennung verbunden. Um dieses (hochemotionale) Ziel zu erreichen, brauchst du viel Verstand: Du musst lernen, mit Hilfe der Elektronik zu navigieren. Du musst die gesamte Technik des Flugzeugs und alle Notfallprozeduren kennen. Und du musst ein spezielles Englisch lernen, um mit den Fluglotsen zu sprechen. Für all das brauchst du dringend dein Großhirn mit seinem Verstand. Aber: Dein Großhirn will von sich aus nicht Airline-Kapitän werden. Der Antrieb dazu und die Power, dranzubleiben, auch wenn es mal schwierig wird, kommen aus dem limbischen System. Das Großhirn und der Verstand sind also so etwas wie die Erfüllungsgehilfen des limbischen Systems. Das wusste übrigens auch schon der schottische Philosoph David Hume im 18. Jahrhundert. Mit seiner Erkenntnis »Reason is the slave of the passions« (»Der Verstand ist der Sklave der Emotionen«) hat er schon damals den Nagel auf den Kopf getroffen. Kehren wir nun zurück zum Großhirn und den mit seiner Entwicklung ermöglichten menschlichen Leistungen: Der Mensch macht Musik, er geht zum Arzt, er fliegt auf den Mond und mitunter wirft er Bomben auf seine Artgenossen. Alle diese Errungenschaften sind zweifellos dem menschlichen Verstand zuzurechnen. So weit, so gut, wenn da nicht noch eine wichtige Frage wäre, die man in diesem Zusammenhang keinesfalls vergessen

sollte: die Frage nach dem Warum. Warum macht er Musik? Warum geht er zum Arzt? Warum fliegt er auf den Mond? Warum wirft er Bomben? Die Antwort auf diese Fragen finden wir ein Stockwerk tiefer: im limbischen System.

Was ist Vernunft?
Wie wir gesehen haben, hilft uns das Großhirn bei unserer Zielerreichung. Wir handeln vernünftig, wenn wir unsere Ziele erreichen, ohne dabei allzu oft auf die Schnauze zu fallen. Wir werden in Kapitel 5 sehen, dass es zwischen den Emotionssystemen Widersprüche und Zielkonflikte gibt. Einer dieser Zielkonflikte besteht zwischen unserem Wunsch nach Karriere und gleichzeitig unserem Wunsch nach einer harmonischen Familie. Ein Beispiel:

Nehmen wir an, du bist Pharmakologe und möchtest in der Pharmaindustrie Karriere machen (ein scheinbar hoch rationaler Arbeitsbereich). Tag und Nacht arbeitest du mit chemischen Formeln und High-Tech-Instrumenten im Labor. Während deine Kollegen schon längst zu Hause sind, bist du noch engagiert mit deinen Versuchen zugange. Einem Vorschlag deines Unternehmens, ein Jahr für ein Forschungsprojekt ins Ausland zu gehen, stimmst du begeistert zu. Nach weiteren vier oder fünf Jahren hast du das Ziel erreicht: Der Porsche steht vor der Tür und du sitzt im Vorstand des Pharmaunternehmens. Leider hat das Ganze seinen Preis. Deine Scheidung läuft. Deine Kinder und deine Frau sind ausgezogen, weil sie dich auf deinem Karrieretrip fast nie gesehen haben. Zur Zielerreichung hast du zwar deinen gesamten Verstand und deine Intelligenz gebraucht. Aber vernünftig war das alles nicht. Denn jetzt sitzt du nämlich allein zu Hause vor einem Trümmerhaufen. Und dein silbergrauer Porsche ist als tröstendes Kuscheltier höchst ungeeignet.

Was also ist Vernunft? Unser Gehirn kennt eigentlich nur eine Vernunft: Schaue, dass du deine emotionalen Ziele und Vorgaben mit möglichst bestem emotionalem Gesamtergebnis in deinem Leben umsetzt. Im letzten Kapitel »Quintessenz« schauen wir uns das noch mal genauer an.

Von Mitläufern und anderen Wendehälsen
Mit dieser Vernunftbeschreibung unseres Gehirns rasseln wir aber direkt in ein ziemlich delikates Problem. Die Wende und der Mauerfall sind nun über 30 Jahre her. Und wie nach dem Fall des Naziregimes stellt sich seitdem immer wieder die Frage: Warum gab es viel mehr Mitläufer, die diese Regimes unterstützt haben, als Menschen, die sich dagegen gewehrt haben? Die Antwort mag hart klingen: Weil es zu der jeweiligen Zeit aus Sicht des Gehirns höchst vernünftig war mitzumachen. Unser Großhirn sorgt dafür, dass wir unsere emotionalen Ziele zum besten Ergebnis bringen. Das beste Ergebnis, nämlich Karriere, Ausbildung der Kinder, Gehalt etc., erreicht man nur innerhalb des Systems. Jetzt wirst du entrüstet sagen: Aber diese Systeme waren höchst unmoralisch. Leider gibt es hier ein weiteres Problem: Unser Gehirn kennt

keine universelle, verbindliche Moral. Die einzige Moral, die unser Gehirn kennt, sind die Spielregeln und Normen der Gemeinschaft, in der wir leben. Daran orientieren wir uns unbewusst. Diese Spielregeln geben vor, was gut und böse ist. Gut und Böse sind für unser Gehirn also relativ. Auch ein Investment Broker an der Wall Street hat überhaupt keine Skrupel, einem Kunden wertlose Papiere anzudrehen. Warum? Weil es alle so machen. Ein schönes Beispiel dafür ist der Film »The Wolf of Wall Street« mit Leonardo DiCaprio.

Die Bezugsgruppe, der wir uns zugehörig fühlen, ist für unser Gehirn moralisch relevant. Vernünftig und moralisch ist es, diesen Spielregeln zu gehorchen. Auch ein (für uns) grausamer und überzeugter IS-Kämpfer handelt aus seiner Sicht moralisch und vernünftig, wenn er einen Ungläubigen tötet. Innerhalb der Islamischen Front sind das die gültigen Normen. Das klingt, zugegeben, erneut ziemlich hart. Es hat aber noch härtere Konsequenzen. Wer glaubt, der Mensch hätte sich moralisch weiterentwickelt und so etwas wie der Holocaust könnte niemals mehr passieren, der irrt. In anderen Konstellationen, aber mit den gleichen Mechanismen, sind solche Ereignisse zu jeder Zeit an jeder Stelle der Welt wieder möglich. Nach diesen etwas düsteren Erkenntnissen zurück in den Alltag und einer weiteren Frage, die eng mit Emotion und Vernunft zusammenhängt. Die Frage nach den berühmten Bauchentscheidungen.

Warum Bauchentscheidungen nicht im Bauch fallen

Neben unserem Gehirn haben wir die meisten Nervenzellen in unserem Magen-Darm-Trakt. Als man diese komplexen Nervenstrukturen vor ca. 30 Jahren entdeckt hatte, schrieb die Publikumspresse euphorisch »Jetzt entdeckt: Unser 2. Gehirn – Wo Bauchentscheidungen fallen«. Das ist und war aber Unsinn. Tatsächlich ist das Nervengeflecht da unten fast so groß wie ein Katzengehirn. Seine Aufgabe ist es aber nicht, dem Gehirn besserwisserische Konkurrenz zu machen. Es soll einzig und allein einen der komplexesten Vorgänge in unserem Körper steuern: die Verdauung. Unser Kopfgehirn und unser »Bauchgehirn« sind aber eng vernetzt. Erinnere dich, was passiert, wenn dir im Wald ein Bär entgegenkommt: Das Kopfgehirn erkennt die Gefahr und gibt dem Bauchgehirn den Befehl: »Könntest du mal kurz mit der Verdauung aufhören, wir bräuchten das Blut in den Muskeln zum Abhauen.« Es gibt aber nicht nur den Weg vom Kopf in den Bauch. Das Bauchgehirn beeinflusst auch unser Kopfgehirn. Wenn wir etwas Falsches gegessen haben und uns schlecht ist, sehen und spüren wir die Welt ganz anders, als wenn in unserem Bauch alles prima läuft. Insbesondere sind unsere Grundstimmungen sehr stark von unserem gesamten Körperzustand abhängig.

Was Bauchentscheidungen wirklich sind

Nun zu den wirklichen Bauchentscheidungen. Wie funktionieren die? Dein Gehirn speichert letztlich alles ab, was du erlebst. Die negativen Erfahrungen genauso wie die positiven. Diese sind immer mit Emotionen verknüpft, denn sonst wären sie für unser Gehirn bedeutungslos. In diesen riesigen Erfahrungsschatz in deinem Gehirn hat dein bewusstes Ich fast keinen Einblick. Du (= bewusstes Ich) weißt nicht, was du (= dein Gehirn) alles weißt! Nun kommst du in eine schwierige Entscheidungssituation. Längst ist dein Gehirn schon aktiv und vergleicht das vorliegende Entscheidungsmuster mit all den Mustern, die im Unbewussten gespeichert sind. Dein Gehirn erkennt Ähnlichkeiten mit der aktuellen Situation. Damals waren die emotionalen Konsequenzen negativ. Und genau diese damaligen emotionalen, körperlichen Reaktionen werden jetzt wieder aktiviert. Und weil der Bauch bei unserem körperlich-emotionalen Erleben eine wichtige Rolle spielt, spürst du ihn dabei. Gleichzeitig erhält dein Bewusstsein vom Unbewussten eine Warnung. Zum Beispiel: »Lass die Finger davon«. Und in der Regel bist du klug beraten, die Signale aus dem Unbewussten ernst zu nehmen.

3 Emo-Logik: Warum der Life Code einfach genial einfach ist

Nachdem wir jetzt wissen, was Emotionen sind und wo und wie sie im Gehirn verarbeitet werden, wird es höchste Zeit, den Life Code zu knacken. Wie also schaut das emotionale Programm aus, das dich, mich, deine Katze und die gesamte belebte Welt beherrscht? Wir werden unser emotionales Betriebssystem in diesem Kapitel Schritt für Schritt entdecken. Keine Angst, es wird nicht kompliziert, denn der Life Code ist in seiner emotionalen Logik (kurz: Emo-Logik) einfach genial und genial einfach.

Im Zentrum allen Denkens und Handelns: Nahrung und Sex
Im ersten Kapitel haben wir gesehen, was unsere zentralen Lebensziele oder Aufgaben aus Sicht der Evolution sind: überleben und fortpflanzen. Beginnen wir also mit dem Überleben. Das Wichtigste, was wir dazu brauchen, ist Nahrung. Wir müssen essen und trinken. In unserem Gehirn gibt es einige Bereiche, die sich nur damit beschäftigen, dass wir nicht verhungern oder verdursten. Sie »hören« in uns rein und prüfen zum Beispiel, ob die Salz-/Wasserkonzentration in unserem Körper okay ist. Wenn der Salzanteil zu hoch wird, bedeutet es, dass Wasser fehlt. Diese Nachricht wird deinem Bewusstsein in Form von Durst mitgeteilt. Du machst dich dann auf den Weg, um etwas zum Trinken zu finden. Ähnlich funktioniert es auch bei der Nahrung. Hier ist der Zuckerspiegel, physiologisch genauer: der Glukosespiegel, die relevante Messgröße. Wenn zu wenig Glukose in unserem Blut und Körper ist, heißt das, dass unsere Energie bald verbraucht und die Batterie leer ist. Dieses Ungleichgewicht spüren wir als Hunger. Ab diesem Moment beginnen wir, die Welt nach etwas Essbarem abzusuchen. Damit wir aber nicht alles wahllos in uns hineinschaufeln, gibt es im Gehirn eine wichtige Prüfinstanz: das Ekel- und das Appetitsystem. Das Ekelsystem achtet darauf, dass wir keine verdorbene oder giftige Nahrung aufnehmen. Wir wenden uns voller Grauen ab, wenn etwas unappetitlich aussieht oder schlecht riecht. Das Appetitsystem im Gegenzug signalisiert uns «Los», wenn wir auf Nahrung stoßen, die für unser Überleben förderlich ist. Einen besonderen Jubel löst in unserem Appetitsystem ein süßer Geschmack aus. Warum? Weil dann Zucker enthalten ist, und der ist für unseren Körper der wichtigste Energielieferant überhaupt. In früheren Zeiten, als Nahrung immer knapp war, war es klug, sich hemmungslos ein Fettpolster anzufressen. Man wusste ja nicht, wann es wieder Futter gab. Zudem kamen Hungerperioden so sicher wie das Amen in der Kirche. Leider hat sich dieser Überlebensmechanismus bis heute erhalten. Allerdings ist er inzwischen eher zu einem Todesmechanismus geworden. In Deutschland sind mehr als 50 Prozent der Erwachsenen übergewichtig – Tendenz weiter steigend. Ähnlich sieht es in anderen Wohlstandsnationen aus. Herz-Kreislauf-Krankheiten und ein früherer Tod sind die unmittelbare Folge.

Sexualität: Warum wir andere so nah an uns ranlassen

Nun zur Sexualität. Warum fühlen sich (in der Regel) Männer zu Frauen und Frauen zu Männern hingezogen? Warum tun wir alles dafür, um Sex zu haben? Und warum lassen wir es zu, dass uns andere Menschen so nahe auf die Pelle rücken? Im Alltag bekommen wir doch schon die Krise, wenn uns jemand im Gespräch näher als 80 Zentimeter kommt. Die Antwort ist einfach: Wir erfüllen unseren zweiten Evolutionsauftrag: »Pflanze Dich fort«. Aber wie wird unsere natürliche Abwehrreaktion gegenüber Fremden übertölpelt? Ganz einfach: Wir werden durch die stärkste Lust belohnt, die wir überhaupt empfinden können. Dass wir dem Fortpflanzungsbefehl durch empfängnisverhütende Mittel inzwischen manches Schnippchen schlagen, haben unsere Erbanlagen noch nicht mitbekommen.

Beginnen wir nun auch grafisch mit dem Aufbau unseres emotionalen Betriebssystems. Ins Zentrum setzen wir zwei Kreise für Nahrung und Sex.

Abb. 6: Im Zentrum der Emotionssysteme: Unser Bedürfnis nach Nahrung und Sex

Wenn du allerdings gedacht hast, dass es im Gehirn auch zwei so einfache Kreise oder Kugeln gibt, die die Erfüllung dieser Aufgaben bewerkstelligen, liegst du leider falsch. Die Nervenverbünde, die dafür zuständig sind, ziehen sich durch unser ganzes Hirn (die meisten davon sind im Stamm- und Zwischenhirn). Und diese sind so komplex verschaltet, dass die Technik in deinem Handy im Vergleich dazu ziemlich primitiv ist. Den Kern unseres emotionalen Betriebssystems bilden also Nahrung und Sex, weil diese zentral wichtig für Überleben und Fortpflanzen sind. Aber diese Systeme reichen nicht aus, um die von der Evolution gestellten Aufgaben zu erfüllen.

Balance: Unser Emotionssystem für Angst und Sicherheit

Stell dir einfach einmal vor, du wärst als Mensch nur mit einem Sex- und Nahrungssystem im Gehirn ausgestattet. Hungrig gehst du so in den (Ur-)Wald auf die Suche nach Nahrung. Leider bist du dort nicht allein. Ein Säbelzahntiger ist nämlich ebenfalls auf Nahrungssuche unterwegs. Gott sei Dank hat er dich noch nicht entdeckt. Du ihn aber schon. Jetzt wäre es günstig, du hättest ein Emotionssystem im Gehirn, dass bei dir Angst auslöst und dich anhält, dich in Sicherheit zu bringen. Und natürlich gibt es dieses Emotionssystem in deinem Gehirn. Ich nenne es das Balancesystem. Es ist

das größte und mächtigste Emotionssystem in unserem Gehirn. Seine Vorgaben und Befehle an dich lauten:
- Vermeide jede Gefahr.
- Strebe nach Sicherheit.
- Achte auf deine Gesundheit.
- Vermeide Veränderungen und Fremdes.
- Suche nach Stabilität und Ordnung.
- Baue Gewohnheiten auf und behalte sie bei.

Wenn du in die Welt schaust, wirst du vieles finden, was wir Menschen erfunden haben, um den Vorgaben des Balancesystems Rechnung zu tragen. Das Haus, in dem du wohnst, bietet dir Schutz. Deine Türschlösser sorgen dafür, dass bei dir nicht eingebrochen wird. Auf deinem Schreibtisch liegt eine Versicherungspolice. In deinem Handy hast du ganz oben die Nummern der Polizei und der Feuerwehr gespeichert. Vielleicht gehst du am Sonntag in die Kirche, weil sie dir die Angst vor dem Tod und dem, was danach kommt, nimmt. Dein Auto ist mit einer Sicherheitskarosserie, einem Sicherheitsgurt und vielen Airbags ausgestattet. Wenn du mit dem Rad fährst, trägst du (hoffentlich) einen Helm. Und in der Tagesschau am Abend wird schließlich von der UN-Sicherheitskonferenz und der Suche nach Frieden berichtet. An diesen wenigen Beispielen erkennst du, wie wichtig uns Sicherheit im Leben ist. All das und noch viel mehr geht auf unser Balancesystem zurück. Mit dem Balancesystem können wir nun unserem emotionalen Betriebssystem einen weiteren Baustein hinzufügen.

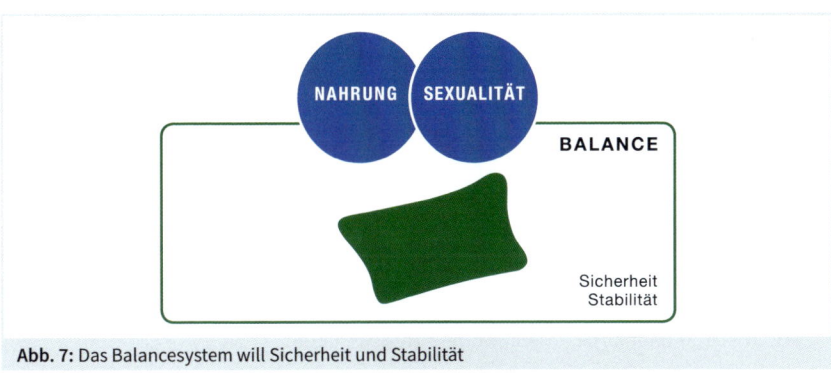

Abb. 7: Das Balancesystem will Sicherheit und Stabilität

Harmonie: Unsere Emotionssysteme für Bindung und Fürsorge

Im Vergleich zu anderen Tieren ist der Mensch eigentlich der Verlierer in der göttlichen Gabenzuteilung. Der Tiger hat ein Fell und scharfe Krallen. Der Vogel kann fliegen, das Pferd schnell rennen. Der Mensch dagegen kommt nackt auf die Welt. Er kann weder fliegen noch schnell rennen. Der Mensch, so sieht es zumindest die Philosophie, ist deshalb das Mängelwesen. Das sind aber längst noch nicht alle Nachteile. Krokodil- und Schildkrötenbabys kommen sofort nach dem Ausschlüpfen allein zurecht. Katzenbabys haben noch einige Monate Mutterschutz. Menschenbabys dagegen brauchen viele Jahre, bis sie allein lebensfähig sind.

Wie kommt es nun, dass wir trotz all dieser Mängel und Handicaps als Art ziemlich erfolgreich sind? Zum einen liegt es sicher an unserem Verstand, der es uns ermöglicht, die Welt so zu gestalten, damit wir darin überleben können. Zum anderen aber sind unsere beiden Emotionssysteme daran schuld, mit denen wir uns jetzt beschäftigen: Bindung und Fürsorge. Der Mensch ist nämlich allein nicht überlebensfähig. Wurde zum Beispiel ein Urwaldindianer von seinem Stamm ausgestoßen, bedeute dies für ihn den sicheren Tod. Wir brauchen die anderen und die anderen brauchen uns. Aus diesem Grund leben wir in Gruppen. Die kleinste Gruppe ist die eheliche oder eheähnliche Partnerschaft, dann kommt die Familie inklusive Opa, Oma, Schwester, Bruder, Onkel, Tante usw. Und das geht noch weiter: das Team am Arbeitsplatz, der Verein, die Gemeinde und schließlich die ganze Nation. Alles sind für uns wichtige soziale Gruppen. Dafür, dass wir uns anderen anschließen, weil sie uns Sicherheit und Geborgenheit geben, haben wir im Gehirn ein eigenes Emotionssystem: das Bindungssystem. Seine Vorgabe lautet:

- Suche die Nähe, den Schutz und die Geborgenheit bei anderen Menschen.

Das beginnt schon beim Baby, das sich reflexhaft an seine Mutter klammert und ihr auch als Kleinkind nicht von der Seite weicht. Auch in der Partnerschaft und in der Familie gibt man sich gegenseitig Schutz und Hilfe. In der Gemeinde hat man sich den Schutz in Form der Feuerwehr gemeinschaftlich organisiert. In Vereinen und Gruppen mit Gleichgesinnten fühlen wir uns geborgen und wohl. Das Bindungssystem gibt uns also vor, bei und mit anderen insbesondere Schutz und Sicherheit zu suchen. Damit das aber funktioniert und wir nicht kalt abgewiesen werden, hat die Natur noch ein zusätzliches Emotionssystem in unser Gehirn montiert: das Fürsorgesystem. Seine Vorgaben lauten:

- Kümmere dich um und sorge für deine Kinder.
- Kümmere dich um und sorge für deine Nächsten.
- Kümmere dich um und sorge für deine Mitmenschen.

Je weiter die Menschen genetisch, verwandtschaftlich oder räumlich von uns weg sind, desto mehr nimmt die Fürsorge und Nächstenliebe ab. Wir tun alles für die eigenen Kinder und ganz viel für den Partner oder die Partnerin. Unsere Freunde können meist auf uns zählen und unsere Arbeitskollegen kommen mitunter auch noch in den Genuss unseres Wohlwollens. Aber auch für weiter entfernte Menschen gilt das Fürsorgesystem häufig noch. Zum Beispiel, wenn wir für Kinder oder Familien in anderen

Erdteilen spenden. Aus Sicht der Evolution ist es am wichtigsten (Du erinnerst dich: »Pflanze dich fort«), dass wir uns um unseren direkten, schutzbedürftigen Nachwuchs kümmern. Aus diesem Grund wird uns warm ums Herz, wenn wir Babys sehen. Vielleicht hast du schon mal etwas vom Kindchenschema gehört. Auch Tierbabys aktivieren diesen Mechanismus in unserem Gehirn. Wir kümmern uns aufgrund dieses Emotionssystems um andere Menschen und auch Tiere. Vor allem, wenn sie Fell haben und schnuckelig sind – ein Piranha tut sich da schwer. Im Alltag treffen wir in vielen Gestalten auf dieses Emotionssystem: Krankenhäuser, Altenheime, Waisenhäuser, Tierheime, Flüchtlingsheime, soziale Initiativen und fast das gesamte Spendenwesen. Sie alle gehen auf unser emotionales Fürsorgesystem zurück.

Man spürt, dass das Bindungs- und das Fürsorgesystem Schutz und Geborgenheit bieten und damit auch eine große Nähe zu unserem Balancesystem haben. Das ist auch in unserem Gehirn so. Zwischen den Emotionssystemen Bindung, Fürsorge und Balance gibt es im Gehirn viele Überlappungen und Verbindungen. Bindung und Fürsorge sind zwar eng mit dem Balancesystem verbunden, sie haben aber trotzdem eigene neuronale Zentren im Gehirn und werden auch von teilweise anderen Nervenbotenstoffen aktiviert. Grafisch stellen wir das so dar, dass wir Bindung und Fürsorge in den großen Balancekasten aufnehmen, sie darin aber eigenständig lassen.

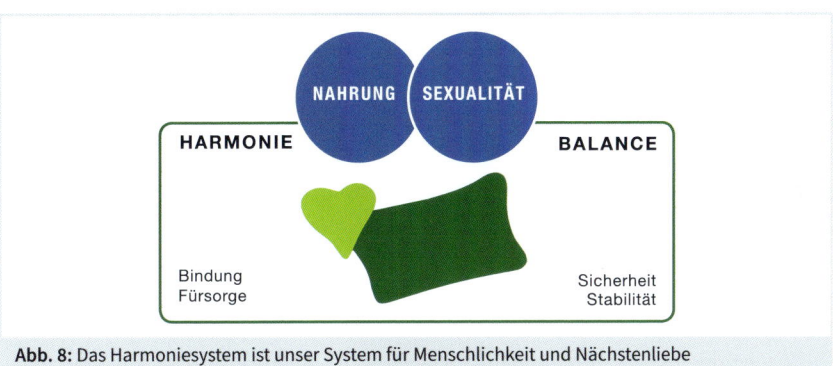

Abb. 8: Das Harmoniesystem ist unser System für Menschlichkeit und Nächstenliebe

Wir spüren auch, dass Bindung und Fürsorge gefühlt mehr Herzenswärme auslösen als Balance (Sicherheit, Stabilität). Deshalb fassen wir Bindung und Fürsorge mit dem Begriff Harmonie zusammen. Übrigens: Im Vergleich zu unseren Säugetierkollegen ist das Harmoniesystem bei Menschen wesentlich stärker ausgeprägt. Das ist auch der Grund dafür, dass bei Menschen die Paarbeziehungen viel stabiler sind und länger halten als bei fast allen anderen Säugetieren. Und weiter geht's zu unserem nächsten Emotionssystem.

Stimulanz: Unser Emotionssystem für Neugier und Entdeckung
Wenn du abends eine spannende Serie anschaust, beim neueröffneten Vietnamesen um die Ecke mit Freude ein neues Geschmackserlebnis genießt oder mit Spaß ein neues Computerspiel ausprobierst, dann kommt der Antrieb dafür aus unserem Stimulanzsystem. Seine Vorgaben lauten:
- Suche nach Neuem.
- Sei neugierig.
- Probiere Neues aus.
- Lerne Neues.
- Entdecke Deine (Um-)Welt.

Dieses System hat die Evolution aber nicht in unser Gehirn eingebaut, damit wir armen Menschen ein bisschen Spaß und Abwechslung in unserem kurzen, tristen Leben haben. Aufgabe des Stimulanzsystems ist einzig und allein die bessere Erfüllung unserer zentralen Ziele Überleben und Fortpflanzen. Schauen wir uns die Hintergründe dafür etwas näher an. Zu früheren Zeiten ging es uns Menschen meist nicht so gut wie heute. Die Nahrung wurde oft knapp. Kälte, Dürre und natürlich die Fresskonkurrenz taten ein Übriges, damit wir nicht allzu fett wurden. Was glaubst du, welche Geschöpfe (inklusive ihrer Kinder) eine höhere Überlebenschance hatten? Natürlich die, denen es gelang, Nahrungsarten und Nahrungsquellen zu entdecken, die der Konkurrenz noch verborgen blieben. Um diese zu finden, war es von Vorteil, nicht faul in der Höhle sitzen zu bleiben, sondern die (Um-)Welt zu erkunden. Es war also günstig, sich ein bisschen von der Horde wegzubewegen und eigene Suchwege zu gehen. Unser gesamter Tourismus basiert letztlich auf diesem Urmechanismus. Aber damit ist der evolutionäre Sinn des Stimulanzsystems noch nicht vollständig erklärt. Wie wir gesehen haben, ist der Mensch ein Mängelwesen ohne angeborene Hilfsmittel wie Krallen, Flügel oder Fell. Doch wie kann man diese Mängel ausgleichen? Indem man laufend neue Fähigkeiten lernt, um sich in der großen, weiten Welt zu behaupten. Unser Stimulanzsystem treibt uns an, neue Wege zu suchen, Neues zu Lernen und neue Fähigkeiten zu erringen. Das ist auch der wichtigste Grund, weshalb insbesondere Kinder so gerne spielen. Durch Spielen werden neue Fähigkeiten und Erfahrungen aufgebaut. Werfen wir jetzt einen Blick auf unseren Alltag, wo wir auf das Stimulanzsystem stoßen. Das wichtigste Stimulanzmittel ist inzwischen unser Handy. Wir spielen darauf, hören Musik, erfahren von unseren Freundinnen und Freunden auf den sozialen Medien, was es Neues gibt. Weiter geht es mit der Unterhaltungselektronik, Kunst, Theater, dem Tourismus und natürlich dem Fußball. Bei Fußball ist allerdings noch ein weiteres Emotionssystem aktiv: das Dominanzsystem. Wir lernen es gleich kennen. Doch vorher fügen wir unserem emotionalen Betriebssystem einen weiteren Baustein hinzu.

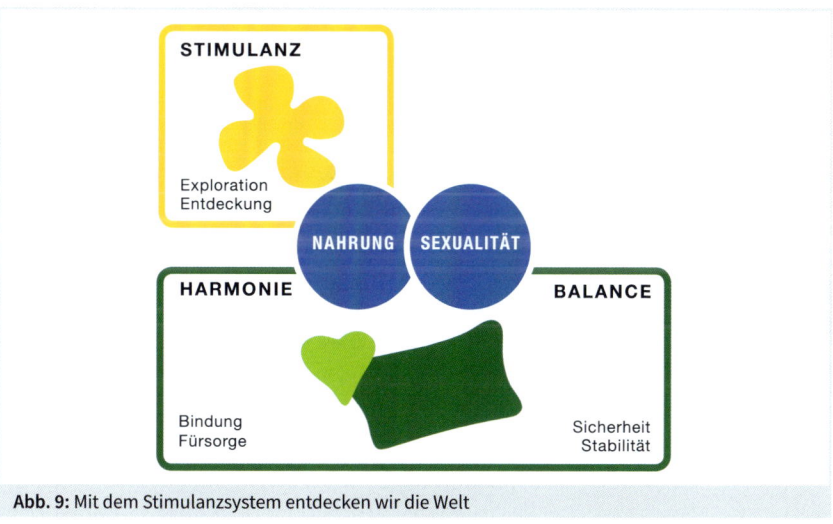

Abb. 9: Mit dem Stimulanzsystem entdecken wir die Welt

Dominanz: Unser Emotionssystem für Durchsetzung und Macht

Wir haben im Abschnitt weiter oben das Harmoniesystem kennengelernt: Friede, Freude und Eierkuchen also überall? Doch ein Blick in die Welt lässt uns an der Vermutung zweifeln. Die Nachrichten sind voller Kriege und Gewaltverbrechen. Wie kommt das? Und: Warum ist ausgerechnet der Mensch manchmal unmenschlich? Die Antwort auf alle diese Fragen finden wir in unserem letzten Emotionssystem, mit dem wir uns jetzt beschäftigen: dem Dominanzsystem. Die Welt und die Natur sind, wie wir wissen, weder ein Streichelzoo noch ein Ponyhof. Der Kampf um Nahrung, um Teilhabe und um Geld ist ein wichtiger Teil unserer Existenz. Um in dieser harten Welt nicht unterzugehen, hat uns die Evolution mit dem Dominanzsystem ausgestattet. Seine Vorgaben lauten:

- Sei egoistisch.
- Achte auf deinen Vorteil.
- Setze dich durch.
- Vergrößere deine Macht und deinen Status.
- Sei besser als die anderen.
- Suche nach Anerkennung.
- Verdränge die Konkurrenz.

Wir spüren sofort, dass uns diese Kraft zunächst nicht sonderlich sympathisch ist. Das hilft aber nichts. Wir brauchen sie. Neben den bösen Seiten, wie Streit und Krieg, bringt sie uns Menschen auch viele Vorteile. Sie ist nämlich zusammen mit der Stimulanz auch die zentrale Kraft des Fortschritts. Gleich ob Computertomografie, Penizillin, Laserlicht, Auto oder Handy: Ohne die Dominanzkraft gäbe es das alles nicht.

Warum? Weil alle diese Erfindungen von Menschen gemacht wurden. Warum engagieren sich nun manche Menschen jahrelang für ihre Idee und ihre Erfindung? Sicher liegt es auch an der Stimulanz, unserer Kraft für das Neue. Viel wichtiger ist hier aber ein anderer Antrieb: Weil diese Pioniere, weil wir alle, Erfolg suchen und besser sein wollen als die Konkurrenz. Für den Wissenschaftler ist Erfolg, wenn er in möglichst vielen Fachzeitschriften zitiert wird und auf Kongressen sprechen darf. Für den angestellten Ingenieur ist es die Karriere, die Bewunderung der Kollegen und das Geld. Der Erfinder träumt davon, dass er berühmt und reich wird. Aus diesem Grund ist unser ganzer Alltag auch von der Dominanzkraft geprägt und durchsetzt: Der Kapitalismus, die sogenannte Leistungsgesellschaft und die freie Marktwirtschaft basieren letztlich vollständig auf der Dominanzkraft. Wenn wir beim Sport gewinnen oder beim Gewinnen unserer Mannschaft zuschauen, treibt uns diese Kraft an. Auch unser Militär basiert darauf. Selbst, wenn wir eine Bohrmaschine kaufen, um schneller Löcher in die Wand zu bohren, führt diese Kraft die Regie. Die Dominanzkraft treibt uns, wie wir gesehen haben, auch an, unseren Status zu erhöhen und ihn gegenüber anderen zu demonstrieren. Wie zeigen wir unseren Status? Durch Titel, durch Besitz und durch den Kauf von Luxusmarken. Mit diesem letzten Emotionssystem ist unser emotionales Betriebssystem und damit der Life Code komplett.

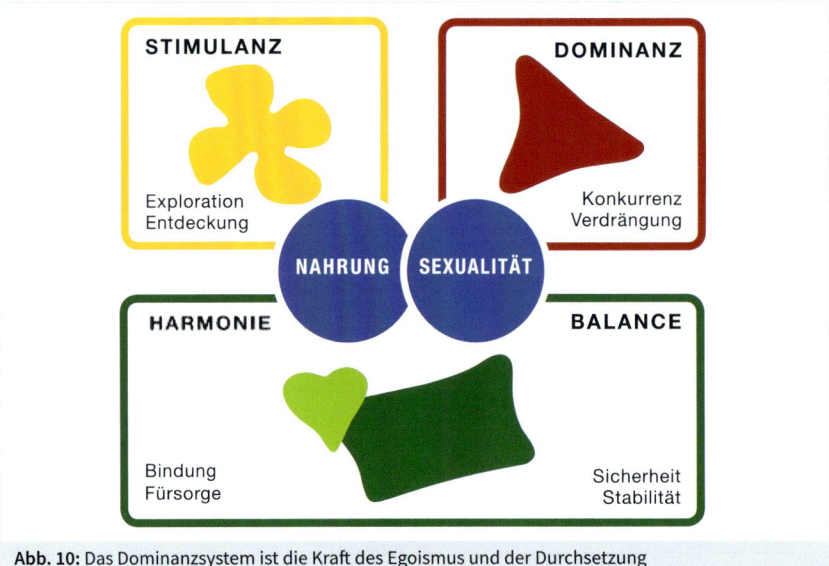

Abb. 10: Das Dominanzsystem ist die Kraft des Egoismus und der Durchsetzung

Und ist das alles auch für die Katz?
Der Life Code findet sich in seiner Grundform, wie schon angesprochen, selbst bei Pflanzen (ohne Sexualität) und erst recht bei Tieren wieder. Bei der Katze oder dem Hund als Säugetier sowieso. Auch Katzen kämpfen um Futter und Sexualpartner. Auch Katzen sind neugierig. Auch Katzen sind ängstlich und suchen Sicherheit. Auch

Katzen suchen Geborgenheit und kümmern sich um ihren Nachwuchs. Konkret: Das Antriebs- und Motivationssystem einer Katze oder eines Hundes ist fast identisch mit dem unseren. Worin wir uns allerdings unterscheiden, ist die Umsetzung der emotionalen Vorgaben in den Alltag. Das kleine Großhirn einer Katze erlaubt ihr nicht, eine Bombe zu entwickeln, um die lästige Konkurrenz loszuwerden. Auch Risikolebensversicherungen (Balance) und Spotify (Stimulanz) findet man bei Katzen eher selten. Der Zukunfts- und Vergangenheitshorizont einer Katze ist ebenfalls eingeschränkt. Das menschliche Großhirn und die dadurch mögliche Sprache erlaubt dem Menschen, auch wesentlich komplexer zu denken und das ist der größte Unterschied: über sich selbst nachzudenken und zu reflektieren. Aber, und darum geht es: Die eigentlichen Antriebskräfte sind die Gleichen.

Spannungsfelder und Widersprüche
Wenn du dir die einzelnen Emotionssysteme und ihre Ziele und Befehle nochmals vor Augen führst, dann wirst du schnell Ungereimtheiten und Widersprüche feststellen. Das Dominanzsystem beispielsweise fordert uns auf, den anderen zu verdrängen, uns durchzusetzen und egoistisch zu sein. Das Harmoniesystem dagegen will das genaue Gegenteil von uns: Sorge dich um den anderen, sei lieb zu den anderen usw. Doch damit nicht genug. Das Stimulanzsystem fordert uns auf, Neues zu entdecken und das Bekannte hinter uns zu lassen. Dagegen rebelliert das Balancesystem. Es hält uns dazu an, ja nichts zu verändern und kein Risiko einzugehen. Kann das sein? Die Antwort lautet: Ja. Unsere Emotionssysteme arbeiten nämlich in einer genialen, übergeordneten Logik zusammen. Aus diesem Grund ist die Grafik unseres emotionalen Betriebssystems auch kein Zufall. Sie bildet die Gesamtlogik unseres Betriebssystems, des Life Code, schon sehr gut ab. In Kapitel 5 werden wir uns mit diesem spannenden Thema genauer beschäftigen.

Warum gerade Balance, Dominanz, Stimulanz & Co.?
Ich werde öfter gefragt, warum ich gerade diese Kräfte (Dominanz, Stimulanz, Balance und Harmonie) nenne. Der Grund liegt darin, dass ich es dir und allen anderen Lesenden so leicht merkbar wie möglich machen möchte. Unser Gehirn ist ein ziemlich fauler Geselle. Es will Energie sparen und vermeidet deshalb das Denken und alles Komplizierte. Aus diesem Grunde habe ich sehr lange daran gearbeitet, das Ganze einfach zu machen. Auch die grafische Aufbereitung mit den Symbolen soll dazu beitragen. Albert Einstein hat mal gesagt: »Mache die Dinge so einfach wie möglich, aber nicht einfacher.« Was er damit meint ist klar. Das Ganze soll so einfach wie möglich sein, aber es darf nicht so einfach sein, dass Wahrheit und Erkenntnis darunter leiden. Die Einfachheit ist aber immer ein Spagat. Was nutzt ein kompliziertes Modell, wenn es nur ein kleines Häufchen von Kopfmasochisten versteht? Die Kunst besteht also darin, so viel wegzulassen wie möglich, aber so viel zu behalten, dass die Wahrheit nicht verfälscht wird, »Reduce to the max« sozusagen. Dieses Prinzip der Einfachheit hilft uns überall im Leben. Wenn du beispielsweise mit deinem Navigationssystem im

Auto unterwegs bist, dann siehst du eine Straßenkarte. Auch die funktioniert nur, weil Unwichtiges weggelassen wurde. Das plätschernde Bächlein durch den Wald siehst du genauso wenig wie den gelben Schmetterling auf der bunten Pusteblume. Brauchst du auch nicht. Denn würdest du dich auch noch darum kümmern, würdest du dich vor lauter unwichtiger Informationen verfahren und niemals ankommen. Darum geht es auch hier: Der wesentliche Kern soll klar und deutlich werden.

Wie neu sind diese Erkenntnisse?
Eine weitere Frage, die mir immer wieder gestellt wird: »Ist das alles neu?« Die Antwort: ja und nein.

Nicht neu sind die Emotionssysteme als solches. Nehmen wir als Beispiel das Stimulanzsystem. In der Psychologie gibt es viele Forschungen und Theorien darüber. Einige Forscher nennen es »diversive Neugier«, andere »Sensation Seeking« und wieder andere betrachten die Stimulanzkraft als Teil der »Extraversion«. Auch die Hirnforscher beschäftigen sich damit. Sie verwenden oft andere Begriffe wie »Exploration« und verorten es im mesolimbischen und mesokortikalen Dopaminsystem. Die Soziologen sprechen vom »Spannungsmilieu« und der Philosoph Søren Kierkegaard beschreibt es als »ästhetisches Leben«. Das Gleiche gilt auch für die anderen Emotionssysteme, die du kennengelernt hast. Man findet sie in wissenschaftlichen Disziplinen in irgendeiner Form und unter verschiedensten Begriffen wieder. Oft nicht als Emotionssystem, sondern als Persönlichkeitseigenschaft, soziales Motiv usw. Das Problem dabei ist, dass sie oft in den Disziplinen versteckt ihr Leben fristen. In den einzelnen Disziplinen findet man noch viele, viele weitere »Mikrotheorien«. Die ungeheure Menge solcher Mikrotheorien verhindert aber den Blick auf das Wesentliche und das Ganze. Ein zentrales Ziel war es deshalb, die Spreu vom Weizen sauber zu trennen und nur solche Kräfte mit aufzunehmen, die in allen wissenschaftlichen Disziplinen vorkommen und eine gewisse Bedeutung haben.

Neu ist, dass es weltweit keinen Ansatz gibt, der die Gemeinsamkeit aller Wissenschaftsdisziplinen in dieser Frage so konsequent herausgearbeitet hat. Im Modell wurden nur solche Theorien berücksichtigt, die sowohl in Neurochemie, Genetik, Hirnforschung als auch in der Psychologie eine wissenschaftliche, fundierte Grundlage haben.

Nicht neu ist, dass wir von unbewussten Naturkräften beherrscht werden und diese unser ganzes Denken und Handeln (meist unbewusst) in Beschlag nehmen. Arthur Schopenhauer war es, der 1819 in seinem Buch »Die Welt als Wille und Vorstellung« diese Erkenntnis zum ersten Mal überzeugend formulierte. Seine Quintessenz: »Ein Mensch kann zwar tun, was er will, aber nicht wollen, was er will.« Mit seinen Erkenntnissen stellte Schopenhauer das vorherrschende Weltbild auf den Kopf. Nietzsche und auch Freud wären ohne Schopenhauer undenkbar. Die Struktur der Emotionen und ihr Grundprinzip kannte Schopenhauer damals nicht. Würde er heute dieses Buch lesen, würde er sich sicher vor Freude auf die Schenkel klatschen.

Neu ist, wie die Emotionen in einer übergeordneten Gesamtlogik zusammenspielen.

Neu ist zudem, dass sich aus dieser Gesamtlogik die Motivation, die Persönlichkeit und vieles andere erklären lassen. Es gibt weltweit keinen Ansatz, der eine solche Erklärungsbreite und Erklärungstiefe hat wie dieser. Das vorliegende Buch ist dafür ein eindrucksvoller Beweis.

4 Lust & Frust: Warum wir nie zufrieden sind

Beginnen wir dieses Kapitel am besten mit zwei Beispielen:

Du hast quälenden Hunger. Vielleicht ist noch etwas im Kühlschrank. Fehlanzeige. Gott sei Dank hat der Kiosk um die Ecke noch geöffnet. Du kaufst dir eine große Currywurst mit Pommes. Danach bist du satt und für den Moment glücklich.

Dir ist so richtig langweilig. Das hältst du nicht lange aus. Kurze Zeit später sitzt du gebannt vor deinem Tablet und schaust einen spannenden Film an.

Was haben diese Beispiele nun gemeinsam? In beiden Fällen beherrschen zunächst quälende oder unlustvolle Gefühle dein Bewusstsein. Diese Unlustgefühle sorgen dafür, dass du aktiv wirst, um sie möglichst schnell loszuwerden. Du besorgst was zu essen oder schaltest dein Tablet ein. Nach kurzer Zeit verschwinden die negativen Gefühle und du bist, zumindest für eine Zeit, zufrieden. Offensichtlich wird unsere Gefühlswelt von schlechten und guten Gefühlen beherrscht. Und klar ist auch: Die schlechten Gefühle wollen wir so schnell wie möglich loswerden, während wir von den Guten gar nicht genug kriegen können. Aber woher kommt das? Was läuft da in unserem Kopf ab?

Die zweiten Seiten unseres Lebens: Lust & Frust
In unserem Gehirn gibt es ein Belohnungs- und ein Bestrafungssystem. Das Belohnungssystem erfreut uns mit guten Gefühlen, das Bestrafungssystem ärgert uns mit den schlechten. Wie hängt das aber mit den Emotionssystemen zusammen, die wir im vorherigen Kapitel kennen gelernt haben? Ganz einfach: Alle unsere Emotionssysteme haben immer zwei Seiten. Und die sind direkt mit dem Belohnungs- und Bestrafungssystem verbunden.

Abb. 11: Lust & Frust: Die zwei Seiten unserer Emotionen

4 Lust & Frust: Warum wir nie zufrieden sind

Gehen wir mal die einzelnen Emotionssysteme durch, um uns das näher anzuschauen.

- Beginnen wir mit dem Stimulanzsystem. Das negative Gefühl der Stimulanzkraft ist die Langeweile. Du kennst das: Nichts passiert, keiner ruft an. Das kann ziemlich frustrierend sein. Wenn wir dagegen etwas Neues erfahren, ein spannendes Erlebnis haben, dann spüren wir das als freudiges Prickeln oder als Überraschung.
- Nun zum Dominanzsystem: Was passiert, wenn dir jemand die Vorfahrt nimmt oder wenn du bei einer Beförderung übergangen wirst? Da kommt richtig Wut und Ärger auf. Das genaue Gegenteil passiert, wenn du gewinnst oder Karriere machst. Du wirst durch Sieges- und Erfolgsgefühle belohnt.
- Weiter geht es zum Balancesystem: Tief in der Nacht kommen dir auf der leeren Straße zwei finstere Gestalten entgegen. Welches Gefühl hast du dabei? Es ist die Angst. Auch Unsicherheit und Sorge gehören zur negativen Seite des Balancesystems. Seine positiven Gefühle sind die Sicherheit und die Geborgenheit. Stell dir dazu eine Berghütte mit offenem, brennendem Kamin vor. Draußen stürmt und schneit es. Du aber sitzt geschützt im Warmen in ein Lammfell eingehüllt.
- Auch beim Harmoniesystem gibt es diese beiden Seiten: Das negative Gefühl ist die Einsamkeit: »Keiner kümmert sich um mich. Ich habe keine Freunde« oder die Trauer, wenn du einen geliebten Menschen verloren hast. Das positive Gefühl ist die menschliche Nähe und die Liebe. In unserem Beispiel von gerade: Du sitzt in der Berghütte nicht allein, dein Partner oder deine Partnerin sitzt neben dir und ihr trinkt gemeinsam einen Glühwein. In Abbildung 12 sehen wir das Ganze noch mal auf einen Blick.

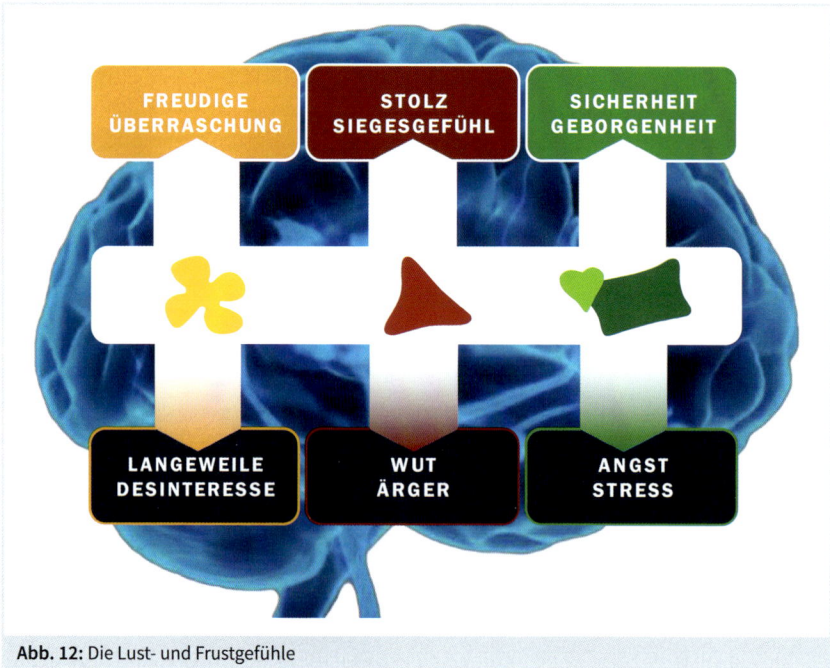

Abb. 12: Die Lust- und Frustgefühle

Oft sind die Emotionssysteme auch zeitgleich aktiv, daraus entstehen dann sogenannte Mischgefühle. Die Scham ist dafür ein gutes Beispiel. Sie entsteht, wenn du gegen Regeln der Gemeinschaft verstoßen hast und dann fürchtest, abgelehnt oder ausgestoßen zu werden. Es droht also der Verlust an Fürsorge und Bindung (Harmonie) und gleichzeitig nimmt das soziale Ansehen spürbar ab.

Unser emotionaler Autopilot steuert uns durchs Leben
Aber warum gibt es diese beiden Seiten? Die Antwort: Lust und Frust halten uns auf (Lebens-)Kurs. Wie wir in Kapitel 1 gesehen haben, ist eine der zentralen Aufgaben unserer Emotionssysteme zu bewerten, ob wir unseren übergeordneten Zielen (Überleben, Fortpflanzung) näherkommen. Wenn wir auf gutem Kurs sind, gibt es Belohnung, wenn wir vom Kurs abweichen, gibt es Bestrafung. Der Bewertungsmechanismus ist ziemlich einfach.

- Das Stimulanzsystem fragt die Welt: Hast du was Neues, Spannendes für mich oder langweilst du mich?
- Das Dominanzsystem fragt die Welt: Machst du mich stärker, vergrößerst du meine Macht oder hältst du mich auf und drückst mich runter?
- Das Balancesystem fragt die Welt: Gibst du mir Sicherheit und Geborgenheit oder löst du Angst und Stress bei mir aus?
- Das Harmoniesystem schließlich fragt die Welt: Kümmerst du um mich, hast du mich lieb oder lässt du mich allein?

Klar ist, dass wir uns so wenig wie möglich negative Gefühle einfangen wollen, während wir von den lustvollen Gefühlen gar nicht genug bekommen können. Wenn uns das gelingt, sind wir aus Sicht der Evolution voll auf Erfolgskurs. Diese unbewusste, emotionale Steuerung merken wir meist nicht. Sie führt uns, wie ein Autopilot im Flugzeug, meist mit sanften Steuerbewegungen durchs Leben.

Die Achterbahn der Gefühle
Wir kennen alle diese Redeweise, wenn es um den schnellen Wechsel der Gefühle geht. Zuerst ist es das lustvolle Prickeln aus dem Stimulanzsystem, wenn wir in die Achterbahn einsteigen und nach oben fahren. Spätestens in dem Moment aber, wenn der Wagen mit uns fast senkrecht in die Tiefe saust, schlägt das Ganze um. Wir spüren Angst, Panik und schreien laut. Das sind die Bestrafungsgefühle des Balancesystems. Doch schon einen kurzen Moment später ist alles vorbei: Wir sind, vielen Dank, wieder in Sicherheit. Dieses Wechselbad der Gefühle spielte sich in wenigen Sekunden ab. Und genau der abrupte Wechsel zwischen dem Belohnungs- und dem Bestrafungssystem ist es, der unser Gefühlserleben enorm verstärkt. Im Kino erleben wir das Gleiche. Schauen wir uns ein Beispiel an: Zunächst eine friedliche Szene, die Familie sitzt harmonisch beim Essen. Plötzlich klirrt Glas und ein enormer Krach folgt: Eine Horrorgestalt ist mit Gewalt eingedrungen. Wenn du ein bisschen nachdenkst, werden dir viele Filmszenen einfallen, in denen es ähnlich abrupte Wechsel gibt. Dieser schnelle

Wechsel kann Schreck und Panik hervorrufen, wenn wir, wie in unserem Kinobeispiel gerade, von der Geborgenheit urplötzlich in die Bedrohung fallen. Der schnelle Wechsel kann auch große Freude auslösen, wenn sich extrem negative Gefühle, wie zum Beispiel Schmerz, in wenigen Sekunden in nichts auflösen. Der französische Philosoph Michel de Montaigne hat das mal wunderschön beschrieben: »Die schönsten Ereignisse in meinem Leben waren immer die, wenn meine Gallensteine abgingen und der riesige Schmerz plötzlich vorbei war.«

Gier oder warum wir nie genug haben
Das Belohnungssystem haben wir in Grundzügen kennengelernt. Aber wir sind noch nicht fertig mit ihm. Es hat nämlich eine bemerkenswerte Eigenheit, die dein, mein und das Leben aller Menschen gewaltig beeinflusst: Es ist nie zufrieden. Es will immer mehr. Denk mal drüber nach, wie lange du dein jetziges Handy hast. Ein Jahr oder zwei Jahre? Meist nicht länger. Kaum kennen wir uns mit unserem Handy aus, kommt nämlich schon ein neues raus. Das ist noch schneller und schicker, hat mehr Speicherplatz und macht noch bessere Fotos. Dann dauert es nicht lange, bis wir das dringende Bedürfnis haben: Das will ich auch! Dieser Wunsch nach immer mehr durchzieht unser ganzes Leben. Unsere Reisen gehen in immer fernere Länder und werden immer luxuriöser. Unsere Autos werden immer größer, stärker und schneller. Zudem erhalten sie immer mehr elektronische Spielereien. Unsere Kleiderschränke sind kurz vor dem Platzen. Wir wollen Karriere machen und damit mehr Macht haben. Aber nicht nur wir sind von dieser Gier nach Mehr betroffen, in fast allen Industrie- und Schwellenländern dieser Welt grassiert sie. Unsere ganze Konsumgesellschaft verdankt ihre Existenz dieser Eigenschaft.

Aber was ist der Grund dafür? Unser Belohnungssystem besteht eigentlich aus zwei Teilen: einem Belohnungserwartungssystem und einem Belohnungskonsumsystem. Ich mach das mal an einem Beispiel deutlich, worin der Unterschied zwischen den beiden liegt. Vielleicht bist du gerade dabei, einen Urlaub in der Sonne zu buchen. Du träumst von den Palmen, dem weißen Sand und dem blauen Meer. Aus Sicht deines Gehirns erwartest du also eine Belohnung. Diese Erwartung einer Belohnung treibt dich an, dafür aktiv zu werden. In deinem Fall besteht die Aktivität darin, ein Reiseziel zu suchen, die Angebote zu vergleichen und dann zu buchen. Endlich ist es dann soweit. Du fliegst los und sitzt am Strand. Wenn du Glück hast, ist es so schön, wie du es dir vorgestellt hat. Du bist glücklich. In dem Moment, in dem du den Strand genießt, bis du im Konsummodus. Jetzt ist das Belohnungskonsumsystem aktiv. Im Gehirn hängen beide zusammen, funktionieren aber etwas unterschiedlich. Das Belohnungserwartungssystem wird durch den Nervenbotenstoff Dopamin angetrieben. Den brauchen wir auch, um Bewegungen zu starten. Das Konsumsystem dagegen wird durch körpereigene Opioide belohnt. Insbesondere das Belohnungserwartungssystem gewöhnt sich schnell an eine Belohnung. Je öfters das Konsumsystem die gleiche Belohnung bekommen hat, umso fauler wird das Erwartungssystem das nächste Mal.

Wenn du zwei- oder dreimal hintereinander am gleichen Urlaubsort warst, wird es irgendwie langweilig. Es ist noch schön, aber lange nicht mehr so aufregend wie beim ersten Mal. Jetzt meldet sich dein Belohnungserwartungssystem, weil es die gleichen aufregenden Gefühle wie beim ersten Mal wieder erleben will. Das funktioniert aber nur, wenn du ihm ein neues Ziel vor die Nase hältst, das noch exotischer und noch schöner ist als das letzte. Dieser Wunsch nach Steigerung durchzieht unser Privatleben. Jeder Seitensprung geht mit darauf zurück. Der Sex mit dem Partner oder der Partnerin ist zwar schön, aber nicht mehr so aufregend wie beim ersten Mal. Einen zusätzlichen Verführungsschubs gibt es noch vom Stimulanzsystem, das sich über alles Neue freut.

Ein Leben wie der Sonnenkönig
Dieser Wunsch nach immer mehr Belohnung (= Lust) wird durch unsere Konsumgesellschaft verstärkt. Und die verdankt ihre Existenz voll und ganz dem Belohnungserwartungssystem. Täglich sind wir vielen Kaufanreizen ausgesetzt, denen wir gerne nachgeben. Wir empfinden diese vielfältigen Belohnungen, die wir so täglich in unserem Leben bekommen, als ganz normal. Wir haben uns vollständig an sie gewöhnt. Was uns nicht bewusst ist: dass die meisten von uns eigentlich ein besseres und komfortableres Leben führen als der Sonnenkönig Ludwig XIV. Objektiv müssten wir jeden Tag schreien vor Glück. Aber das Gegenteil ist der Fall: Weil wir uns an alle diese Annehmlichkeiten gewöhnt haben und eine Steigerung immer schwerer möglich ist, sind wir unzufrieden. In Kapitel 7, in dem es speziell um Konsum und Einkaufen geht, kommen wir darauf nochmals zurück.

Wo Sucht entsteht
Das Belohnungssystem kann aber auch völlig aus der Bahn kommen: Dann nennt man dieses Phänomen Sucht. Suchtmittel wie Alkohol, Kokain und Heroin zum Beispiel wirken direkt darauf ein und erzeugen den gleichen Effekt. Alle Suchtstoffe erzeugen zunächst ein schönes, belohnendes Gefühl. Unser Gehirn gewöhnt sich aber schnell an diese Mittel. Wenn wir das gleiche, schöne Gefühl wieder erleben wollen, müssen wir die Dosis immer weiter erhöhen.

Warum wir so gar nichts hergeben wollen
Nun zum Bestrafungssystem: Auch das hat seine Eigenheit. Sehenden Auges bewegt sich die Menschheit auf die Klimakatastrophe zu. Die Klimaforscher fordern vehement den CO_2-Rückgang. Aber leider ist der nur mit einer dramatischen Veränderung unserer Lebensweise zu erreichen. Nicht nur »Schluss mit dem immer mehr« wäre angesagt. Besser wäre Verzicht oder Reduzierung. Kleinere Autos, die mit Strom fahren. Keine zwei bis drei Flugreisen im Jahr. Kein Mineralwasser, das tausende Kilometer transportiert wird. Angesichts des bevorstehenden tatsächlichen Untergangs zumindest eines Teils der Welt müssten wir Menschen doch so einsichtig und vernünftig sein und unser Leben ändern. Leider ist eine solche Veränderung extrem schwierig. Denn das Bestrafungssystem will

rein gar nichts hergeben. Konkret: Du fährst ein Auto mit 200 PS (und freust dich über die Beschleunigung und Dynamik). Jetzt zwinge ich dich, auf ein Auto mit mageren 100 PS umzusteigen. Was passiert in deinem Kopf? Dieser Rückgang wird in deinem Gehirn aufgrund des Bestrafungssystems als herber Verlust erlebt. Und Verlust erzeugt erhebliche Unlust. Es kommt noch schlimmer: Der Nobelpreisträger Daniel Kahneman hat gezeigt, dass Verluste in unserem Gehirn doppelt so stark wirken wie Gewinne. Wenn ich dir beispielsweise 100 € schenke, würde sich dein Belohnungssystem ein wenig über die unerwartete Belohnung freuen. Nehme ich dir aber 100 € weg, wäre die negative Gefühlsreaktion doppelt so stark. Dein Bestrafungssystem würde schreien vor Zorn.

Digital: Der Turbolader für unser Belohnungssystem
Wir leben mitten im digitalen Wandel. Die Welt um uns herum verändert sich dadurch genauso dramatisch wie unser Leben. Autos können ohne uns fahren. Wir erledigen unser Leben beruflich und privat am Computer. Unser Handy ist Partnerschaftsbörse, Musikbox, Telefon, Fotoapparat und Kommunikationszentrale in einem. Was macht also das Digitale mit uns Menschen? Es heißt ja immer: In der digitalen Welt werden wir zu anderen Menschen. Betrachten wir das Ganze mal genauer. Was sich nicht verändert sind unsere Bedürfnisse (Balance, Harmonie, Stimulanz und Dominanz). Unsere Emotionssysteme und damit unsere Grundbedürfnisse werden auch in 100.000 Jahren genau die Gleichen sein wie heute. Was sich derzeit aber ganz dramatisch verändert, ist unsere Lebensführung und, besonders wichtig, unsere Belohnungserwartung. Denn was bringen die digitalen Lösungen? Sie helfen uns, unsere Grundbedürfnisse schneller, schöner, besser und einfacher zu erfüllen. Ein Beispiel: Vor 40 bis 50 Jahren waren Musikkassetten der große Renner. Walkman, Kassettenfach im Autoradio usw. versprachen dem Stimulanzsystem beste Unterhaltung. Das Problem: So eine Kassette spielte maximal 90 Minuten, der Klang war eingeschränkt, und wenn man mehr Musik hören wollte, musste man immer ein kleines Köfferchen mit vielen Kassetten dabeihaben. Und heute? Mit digitalen Streamingdiensten wie Spotify & Co hat man zu jeder Zeit und überall mit dem Handy Zugriff auf mehr als 40 Millionen Titel. Durch Premiummitgliedschaften kann man diese zudem in einer einzigartigen Hi-Fi-Qualität hören. Dir fallen sicher noch hundert weitere Beispiele für diese digitale Steigerung ein. Das Problem dabei: Da unsere Wünsche immer schneller und anspruchsgerechter erfüllt werden, wollen wir auch immer schneller immer mehr. Insbesondere für Jugendliche, deren Stimulanzsystem extrem stark ausgeprägt ist und somit das Belohnungserwartungssystem auf Volldampf läuft, ist die digitale Welt wie Kokain für ihr Gehirn. Völlig berechtigt warnt deshalb der Ulmer Hirnforscher Manfred Spitzer vor der digitalen Demenz bei Jugendlichen.

5 Lebensführung: Warum das Glück meist in der Mitte liegt

Das Leben kann ganz schön kompliziert sein. Oft stehen wir vor schwierigen Entscheidungen oder müssen bei Lebenskonflikten den richtigen Weg finden. Ich gebe mal ein Beispiel, um das Ganze zu verdeutlichen:

Du bist beruflich erfolgreich. Eine 60-Stunden-Woche ist für dich normal. Zuhause dagegen steigt die Spannung. Deine Familie rebelliert, weil sie dich nur selten und dann auch noch überarbeitet sieht. An irgendeinem Abend sitzt du mal wieder allein auf einer Geschäftsreise im Hotelzimmer. Du fragst dich, ob es das Gehalt und die Karriere wirklich wert sind, auf die Familie und Freunde zu verzichten?

Noch ein Beispiel:

Eine Party wechselt sich in deinem Leben mit der nächsten ab. Der Alkohol fließt immer reichlich. Nach der fünften Party kriegst du langsam ein schlechtes Gewissen. Du nimmst dir fest vor, eine Zeit lang nichts mehr zu trinken und Sport zu machen. Askese und Disziplin sind angesagt.

Den gleichen Konflikt zwischen Lust und Askese gibt es auch andersherum. Vom Philosophen Immanuel Kant wird erzählt, dass er ein sehr diszipliniertes und asketisches Leben führte. Am Ende seines Lebens wurde er krank und sein Diener Lampe gab ihm zum ersten Mal in seinem Leben Kaffee. Kant, der sich aller Genüsse weitgehend enthielt, stellte fest, wie köstlich und anregend dieses Getränk war. Er ärgerte sich bis zu seinem Tod, dass er sich aufgrund seiner Enthaltsamkeit ein Leben lang um diese Gaumenfreude gebracht hatte.

An diesen Beispielen sehen wir, dass unser Leben voller Spannungen und Widersprüche ist. Richtig leben und richtig entscheiden ist also eine ziemlich komplizierte Sache. Aber woher kommen diese Konflikte? Was ist ihre Ursache? Du ahnst es sicher schon. Unsere Emotionssysteme sind daran schuld. Unsere Emotionssysteme hängen nämlich nicht unabhängig voneinander wie Handtücher an der Wäscheleine. Das Gegenteil ist der Fall: Sie sind in einer übergeordneten und genialen Logik miteinander verbunden. Auch diese Logik ist ein wesentlicher Bestandteil des Life Codes. Wie diese funktioniert, schauen wir uns in diesem Kapitel näher an.

Die Grundspannung unseres Lebens
Erinnerst du dich noch an Abbildung 5 in Kapitel 3 mit unserem kompletten emotionalen Betriebssystem? Oben das Dominanz- und Stimulanzsystem. Unten das Balance- und das Harmoniesystem. Diese Anordnung, ich habe es bereits angedeutet, ist kein

Zufall. Sie verdeutlicht nämlich die Grunddynamik unserer Emotionssysteme. In unserem Gehirn gibt es zwei aktive, nach vorne und in die Zukunft gerichtete Emotionssysteme: das Stimulanz- und das Dominanzsystem. Beide drängen auf Veränderung und Aufbruch und damit auch auf Risiko. Damit wir aber nicht permanent im Risiko untergehen, gibt es zwei starke Gegenkräfte in unserem Kopf, das Balance- und das Harmoniesystem. Die halten uns an, nichts zu verändern und jedes Risiko zu vermeiden. Abbildung 13 zeigt die Grundspannung in unserem Kopf.

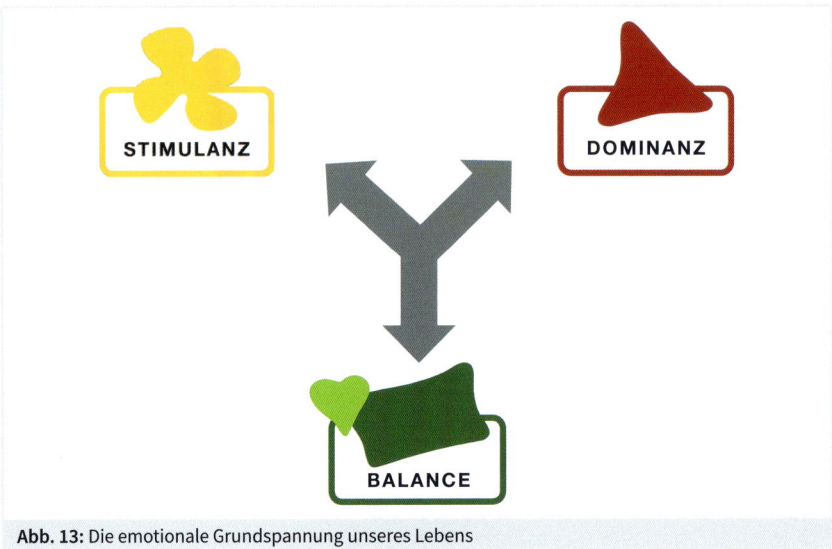

Abb. 13: Die emotionale Grundspannung unseres Lebens

Wir haben schon gesehen, dass wir unsere großen Lebensziele (Überleben und Fortpflanzung) nur erreichen können, wenn wir neues Futter entdecken, neue Fähigkeiten aufbauen und unsere Feinde verdrängen. Um beides zu erreichen, müssen wir aber aktiv werden. Genau dafür sind unser Dominanz- und unser Stimulanzsystem da.

Unsere Emotionssysteme für Aktion und Risiko: Dominanz und Stimulanz
Um deren Funktion genauer zu verstehen, muss man wissen, wo sie evolutionsgeschichtlich herkommen. Das Dominanzsystem wird stark vom Hormon Testosteron angetrieben (auch bei Frauen). Das Testosteron hat aber auch noch eine weitere, wichtige Funktion: Es ist für unseren Muskelaufbau von zentraler Bedeutung. Aber zu was brauchen wir Muskeln? Die Antwort ist klar: Um uns zu bewegen und um körperlich stark für den Kampf zu sein. Diese neurochemischen Zusammenhänge sind hunderte von Millionen Jahre alt und finden sich genauso im ganzen Tierreich wieder.

Ähnlich verhält es sich auch mit dem Stimulanzsystem. Dieses ist besonders stark mit unserem Belohnungssystem verbunden. Sein neurochemischer Treibstoff ist insbesondere das Dopamin. Aber auch das Dopamin ist stark mit körperlicher Bewegung und Aktion verknüpft. Fehlt das Dopamin in bestimmten Hirnbereichen, kommt es zu einer schweren Bewegungskrankheit, nämlich Parkinson. Ein zentrales Merkmal der Parkinsonkrankheit ist, dass es Patienten schwerfällt, Bewegungen in Gang zu setzen. Zudem sind diese stark verlangsamt und nicht gut koordiniert.

Das Dominanz- und das Stimulanzsystem setzen uns also in Bewegung. Das Stimulanzsystem treibt uns an, Neues zu entdecken. Das ist, wie wir aus unserer Lebenserfahrung wissen, mit Risiko verbunden. Denn wenn wir in Urzeiten in neue, unbekannte Gebiete aufgebrochen sind, konnte das ganz schön gefährlich werden. Naturgefahren, wilde Tiere oder menschliche Feinde lauerten uns auf. Auch das Dominanzsystem hat eine starke Risikokomponente. Es treibt uns ebenfalls in den Kampf. Jeder Kampf ist aber auch immer mit Risiko behaftet. Es kann nämlich sein, dass der Gegner stärker ist als wir. Die beiden Systeme stehen zudem für Aufbruch, Veränderung und Wachstum. Ihre großen Gegenkräfte in unserem Gehirn sind das Balance- und das Harmoniesystem. Diese beiden Systeme sind ängstlich und vorsichtig. Sie hassen es, die sichere Höhle zu und das sichere Umfeld verlassen. Wir Menschen leben deshalb immer in einem Spannungsfeld zwischen Gefahr und Sicherheit. Der französische Mathematiker und Philosoph Blaise Pascal hat diese Spannung auf den Punkt gebracht: »Das ganze Unglück der Menschen rührt allein daher, dass sie nicht ruhig in einem Zimmer zu bleiben vermögen.«

Der emotionale Spielraum des Lebens
Die emotionale Grundspannung unseres Lebens kennen wir nun. Wir sind aber noch nicht ganz fertig mit unserer Lebenskonfliktforschung. Um die gesamte Logik zu verstehen, die hinter unseren Emotionssystemen liegt, bedarf es eines weiteren Schrittes. Unsere Emotionssysteme haben nämlich noch eine Eigenschaft: Sie sind meist zeitgleich aktiv. Aus diesem Grund gibt es **emotionale Mischungen** zwischen ihnen.
- Die Mischung zwischen Dominanz und Stimulanz ist **Abenteuer(lust):** Man möchte etwas entdecken und sich dabei selbst durchsetzen. Die Abenteuerlust ist auch durch hohe Risikobereitschaft und Impulsivität gekennzeichnet.
- Die Mischung zwischen Stimulanz sowie Balance und Harmonie ist **Offenheit**. Während das Stimulanzsystem aktiv nach dem Neuen sucht, sind Balance und Harmonie eher passiv. Das kennzeichnet die Offenheit: Man lässt das Neue genussvoll auf sich zukommen und entdeckt die Welt aus dem Theatersitz oder dem Fernsehsessel.
- Die Mischung zwischen Balance und Dominanz ist **Kontrolle**. Das Dominanzsystem möchte die Welt beherrschen, das Balancesystem möchte Stabilität. Genau das zeichnet die Kontrolle aus.

5 Lebensführung: Warum das Glück meist in der Mitte liegt

In Abbildung 14 sehen wir den emotionalen Spielraum unseres Lebens auf einen Blick.

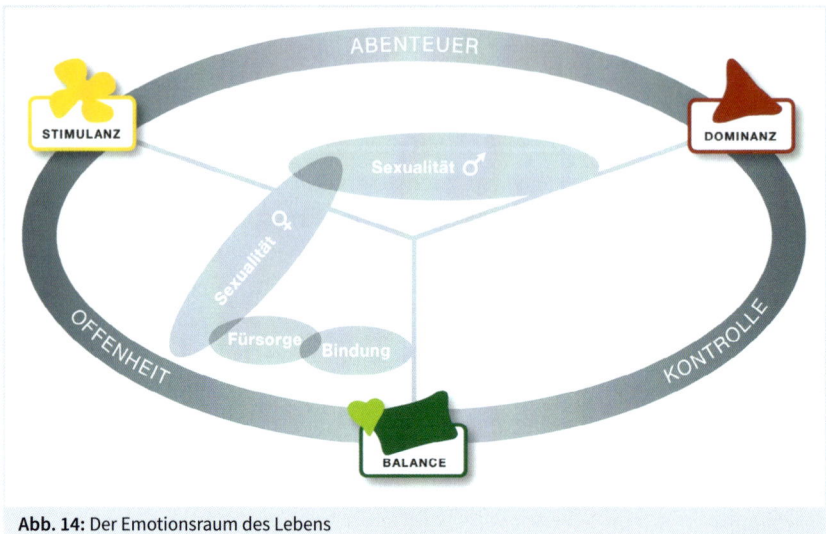

Abb. 14: Der Emotionsraum des Lebens

Wenn wir einen Blick in seine Mitte werfen, treffen wir auf die Sexualität. Wir sehen aber, dass die männliche Sexualität auf einem anderen Platz liegt als die weibliche. Der Grund dafür ist, dass es im Gehirn erhebliche Unterschiede zwischen weiblicher und männlicher Sexualität gibt. Beide sind zwar stark mit dem Belohnungs- und dem Stimulanzsystem verbunden. Sie haben aber noch weitere Verbindungen mit unseren Emotionssystemen. Die männliche Sexualität wird stark vom Testosteron angetrieben. Das Testosteron ist aber auch zeitgleich ein wichtiger Treibstoff des Dominanzsystems. Die weibliche Sexualität hat dagegen über das Östradiol (ein Östrogen) und über einige weitere Nervenbotenstoffe eine starke Verbindung zum Bindungs- und Fürsorgesystem. In Kapitel 15, wenn wir uns mit Geschlechtsunterschieden beschäftigen, werden darauf zurückkommen.

Vom Emotions- zum Werteraum
Im Alltag reden wir oft von Werten. Nein, ich meine jetzt nicht Gold und Diamanten. Ich meine menschliche Werte wie Heimat, Tradition, Mut und Vertrauen. In unserer politischen Diskussion haben Werte, wenn es zum Beispiel um Migration geht, Hochkonjunktur. Den Satz »Die Flüchtlinge müssen sich unseren Werten anpassen« hast du sicher auch schon oft gehört. Aber was sind Werte? Man kann kurz sagen: Werte sind wünschenswerte oder als moralisch gut befundene Eigenschaften. Aber woher kommen Werte? Sind sie uns Menschen per Steintafel von Gott übergeben worden? Eher nicht. Werte kommen aus unseren Emotionssystemen. Anders formuliert: Das, was Werte wertvoll und wichtig macht, sind die Emotionen, aus denen heraus sie entstanden sind.

5 Lebensführung: Warum das Glück meist in der Mitte liegt

Du kannst diesen Zusammenhang mit zwei kleinen Experimenten selbst einmal ausprobieren:
- *Experiment Nr. 1*: Ich nenne dir vier Werte: Kreativität, Pflicht, Neugier, Disziplin. Je zwei dieser Begriffe passen besonders gut zusammen. Welche sind das? Du spürst sofort, was zusammenpasst und was nicht.
- *Experiment Nr. 2*: Nun folgen vier weitere Werte. Lass diese Begriffe kurz auf dich (besser: auf dein Gefühl) einwirken: Sinnlichkeit, Heimat, Präzision, Mut. Überlege kurz, wo du diese Werte ungefähr im Emotionsraum einordnen würdest?

In umfangreichen Untersuchungen wurden viele Testpersonen danach befragt, wo sie verschiedene Werte in unserem emotionalen Lebensraum platzieren würden. Das so erhaltene Ergebnis wurde dann mit modernsten statistischen Methoden nochmals überprüft. Das Ergebnis war weitgehend das Gleiche. Und jetzt schau mal auf Abbildung 15 und suche, wo die in den Experimenten zuvor genannten Werte genau liegen.

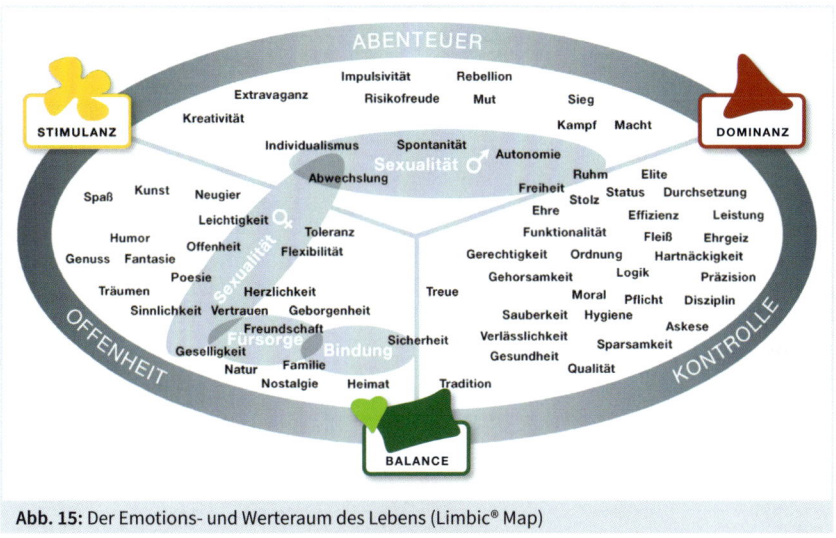

Abb. 15: Der Emotions- und Werteraum des Lebens (Limbic® Map)

Warum sind die beiden Gedankenexperimente relativ einfach zu lösen? In Experiment Nr. 1 spürst du die gemeinsame Kraft zwischen Neugier und Kreativität: Das ist das Stimulanzsystem. Dasselbe gilt für Pflicht und Disziplin. Hier ist das Balancesystem (inklusive Kontrolle) der Treiber. Bei der Einordnung der vier Begriffe aus Experiment Nr. 2 brauchtest du sicher etwas mehr Zeit. Aber auch hier ist die Lösung offensichtlich. Du spürst instinktiv: Sinnlichkeit hat auf keinen Fall etwas mit Kontrolle zu tun und passt viel besser zu Offenheit. Genau gegenteilig wirkt Präzision. Vor dem inneren Auge taucht möglicherweise ein Uhrwerk oder eine Maschine auf. Alles ist berechnet, nichts dem Zufall überlassen. Ähnliche Gegensätze fühlt man auch bei Heimat und Mut. Man spürt, wie Heimat zum Balancepol tendiert und Mut hin zum Abenteuerpol.

Offensichtlich haben auch Werte einen klaren Platz im emotionalen Gehirn! Dieser Emotions- und Werteraum, den wir gerade aufgebaut haben, heißt im Wirtschaftsbereich »Limbic® Map« (englisch *map* »Landkarte«). Im Buch nennen wir diese Grafik, die wir noch häufiger brauchen werden, kurz die »Map«.

Zu Beginn dieses Kapitels haben wir schon einige Lebenskonflikte und Spannungsfelder kennengelernt. Jetzt, wo wir den emotionalen Spielraum unseres Lebens fertig vor uns liegen haben, können wir uns dranmachen, unsere wichtigsten Lebenskonflikte etwas genauer anzuschauen und nach den emotionalen Ursachen zu forschen.

Der Kampf zwischen Aufbruch und Beharrung
Das Grundprinzip dieses Lebenskonflikts haben wir ja schon weiter oben gesehen. Jetzt geht es darum zu schauen, wo und wie es sich im Alltag bemerkbar macht. Ein Beispiel dafür:

Du wohnst mit deiner Familie in einer Großstadt. Ihr fühlt euch dort wohl. Die Kinder haben viele Freunde. Ihr habt nette Nachbarn, seid in einem Sportverein aktiv. Der Supermarkt liegt gleich um die Ecke und zu eurem Arbeitsplatz ist es nur eine Viertelstunde. Nun möchtet ihr bauen, doch leider gibt es in der Gegend keine Bauplätze. Also schaut ihr euch um und findet ein Grundstück, die geplante Lage ist gut, Wald und Natur vor der Haustür. Und endlich mehr Platz für Kinder und Hobbies. Aber das hat seinen Preis: Die Kinder müssen in andere Schulen, der Weg zur Arbeit ist doppelt so lang und der Supermarkt nur mit dem Auto erreichbar. Auch hier ist die Entscheidung schwierig: Sollen wir wegziehen und uns verändern oder bleiben wir nicht doch besser da?

Abb. 16: Der Konflikt zwischen Aufbruch und Beharrung

Dieser Spannung begegnen wir in unserem Alltag sehr häufig. Sie ist immer dann vorhanden, wenn wir unser gewohntes Leben verlassen wollen oder müssen, um zu neuen Ufern aufzubrechen. Aber nicht nur in unserem kleinen privaten Leben stoßen wir auf sie. Auch in der Politik treffen wir sie häufig an. Ein schönes Beispiel dafür ist Stuttgart 21. Die einen, die Modernisten, treten vehement für den Fortschritt ein und sind glühende Befürworter dieses Riesenprojekts. Da es ein Projekt dieser Größe und Komplexität in Deutschland so noch nie gab, ist damit natürlich auch ein erhebliches Risiko verbunden. Die Kosten explodieren, die Bauzeiten verlängern sich. Dagegen rebellieren die Stuttgart-21-Gegner. Mit ihrem Schlachtruf »Oben bleiben« wollen sie nur eins: Dass alles so bleibt, wie es ist. Wer hat nun Recht? Das Teuflische daran ist, dass man das heute noch nicht sagen kann. Es ist möglich, dass sich dieses Projekt zu einem finanziellen und baulichen Fiasko entwickelt. Genauso gut kann es aber der Stadt Stuttgart völlig neue Möglichkeiten der Stadtplanung geben und den Reisenden die Reisezeit erheblich verkürzen. Es gibt viele Beispiele dafür, wo solche Großprojekte wichtig und richtig waren. Denken wir an die Umsiedlung des Münchner Flughafens oder den Wechsel der Bundeshauptstadt von Bonn nach Berlin. Es gibt aber auch genug Beispiele, wo das Ganze fast in einem finanziellen Desaster endete. Das beginnt mit dem Eurotunnel, geht weiter mit Toll Collect, der Elbphilharmonie oder dem Flughafen in Berlin. Frei nach Hermann Hesse gilt: Dem Neuen und Unbekannten wohnt immer ein Risiko inne.

Der Kampf zwischen Dominanz und Harmonie
Kommen wir zum nächsten Spannungsfeld. Wie du siehst, liegt das Dominanzsystem genau gegenüber vom Harmoniesystem. Dieses Spannungsfeld führt in unserem Leben zu einer ganzen Reihe von Konflikten. Schauen wir uns das mal genauer an.

Der Konflikt zwischen Familie und Karriere

Beispiel:

Du wirst eines Tages zu deiner Chefin gerufen. Sie teilt dir mit, dass sie eine gute Nachricht für dich hat. Sie möchte dich befördern und zur Niederlassungsleiterin einer großen Filiale des Unternehmens machen. Mit diesem Schritt würdest du auf einen Schlag auch 30 Prozent mehr verdienen. Sowohl die Aufgabe wie auch das Geld sind sehr reizvoll für dich. Allerdings hat die Sache einen Haken. Du müsstest auch mehr und länger arbeiten. Dir wird gleich klar, wer das mit ausbaden müsste: deine Familie. Die Nacht darauf kannst du nicht schlafen, weil du nur noch an den Konflikt zwischen deiner möglichen Karriere und deinem Familienleben denkst.

Woher kommt nun der Konflikt? Die Antwort ist klar. Es sind die widersprüchlichen Ziele des Dominanz- bzw. des Harmoniesystems.

5 Lebensführung: Warum das Glück meist in der Mitte liegt

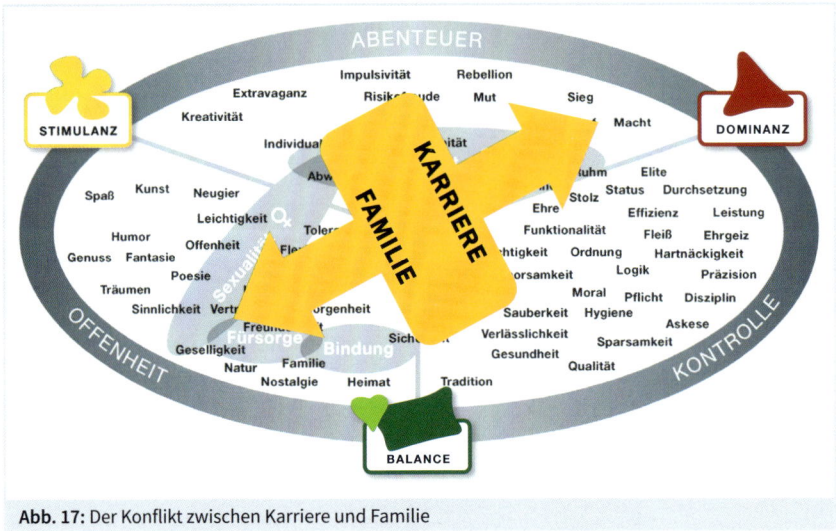

Abb. 17: Der Konflikt zwischen Karriere und Familie

Das Dominanzsystem will Durchsetzung, Macht, Status und damit natürlich Karriere. Karriere ist mit allen diesen Eigenschaften eng verbunden. Und auf der gegenüberliegenden Seite des Emotionsraums liegen Bindung und Fürsorge = Harmonie. Und sie ist der zentrale Treiber für ein harmonisches Familienleben und gute soziale Beziehungen.

Der Konflikt zwischen Ich und Wir

Auf diesen fast gleichen Konflikt zwischen eigenen Zielen und den Interessen und Wünschen anderer stoßen wir häufig im Alltag. Dazu ebenfalls ein Beispiel:

Du hast mit deinem Kumpel einen Mountainbike-Ausflug ausgemacht. Deine Partnerin würde den Tag aber viel lieber mit dir verbringen und spazieren gehen. Es kommt zum Streit. Deine Partnerin wirft dir vor, ein sturer Egoist zu sein, dem die Partnerschaft völlig egal sei.

Auch hier wieder der Grundkonflikt zwischen Dominanz und Harmonie: Das Dominanzsystem ist auch unser Egosystem. Es gibt uns vor, nur uns selbst zu optimieren. Für dich wäre es in der Tat viel spannender, mit dem Mountainbike deine Grenzen auszuloten, als Händchen haltend über die Blumenwiesen zu spazieren. Deine Partnerin dagegen wünscht sich nichts mehr als die traute Zweisamkeit mit dir.

Der Konflikt zwischen Streit und Frieden

Der innere Kampf zwischen Dominanz und Harmonie kann sich aber auch noch etwas anders in unserem Leben bemerkbar machen. Hier ein Beispiel:

Du bist stinksauer auf einen Kollegen, der dir ein richtiges Ei gelegt hat. Du schäumst vor Wut und möchtest ihm ordentlich die Meinung sagen. Auf dem Weg zu ihm musst du aber ein paar Stockwerke gehen und deine Wut schwächt sich etwas ab. Und da kommt auch schon der Gedanke: Vielleicht hat er es gar nicht so gemeint? Letzte Woche hat er dir zudem bei einem Problem geholfen. Anstatt nun voller Zorn seine Tür aufzureißen, klopfst du an und sagst in verbindlichem Ton: »Uwe, ich habe ein Problem, kann ich mit dir mal darüber sprechen?«

Was ist hier passiert? Das Dominanzsystem ist ja auch unser Aggressionssystem. Es ruft zum Kampf, wenn jemand in unser Territorium eindringt oder unsere Interessen tangiert. Das Harmoniesystem dagegen sehnt sich nach Frieden und einem guten Miteinander.

Der Kampf zwischen Stimulanz und Balance
Nun schauen wir uns ein weiteres bedeutendes Spannungsfeld unseres Lebens an. Es ist die Spannung zwischen Stimulanz und Balance. Auch daraus entstehen einige Lebenskonflikte.

Der Konflikt zwischen Spaß und Pflicht

Diesem Beispiel sind wir ja schon in ähnlicher Form am Anfang dieses Kapitels begegnet.

Du bist zu einer tollen Party eingeladen. Die Stimmung ist riesig. Sensationelle Location. Spannende Menschen und der Champagner und sonstiger Alkohol fließen in Strömen. Du fühlst dich super, bist leicht beschwipst und könntest ins Leben reinbeißen vor Freude. Leider fällt dein Blick in dem Moment auf die Uhr: Und die zeigt ein Uhr in der Nacht. Das Problem dabei: Die Party ist an einem Mittwoch und du musst morgen Punkt acht Uhr im Büro zu einer wichtigen Besprechung sein. Und jetzt beginnt es in deinem Kopf zu arbeiten: »Bleibe ich noch hier? So viel Spaß hatte ich schon lange nicht mehr!« Und gleich danach dieser Gedanke: »Ich muss fit und ausgeschlafen im Büro sein, mein Chef erwartet das von mir.«

Nun bist du schon etwas geschult in der Konfliktforschung und du kannst dir denken, woher dieser Konflikt kommt. Auf der einen Seite meldet sich das Stimulanzsystem, das grenzenlosen Spaß und neue Erlebnisse will. Der Gegenspieler in diesem Fall ist das Balancesystem, aber nicht allein – es ist die Mischung zwischen Balance und Dominanz (= Kontrolle). Hier sitzen Werte wie Pflicht und Askese. In folgender Abbildung wird das deutlich.

5 Lebensführung: Warum das Glück meist in der Mitte liegt

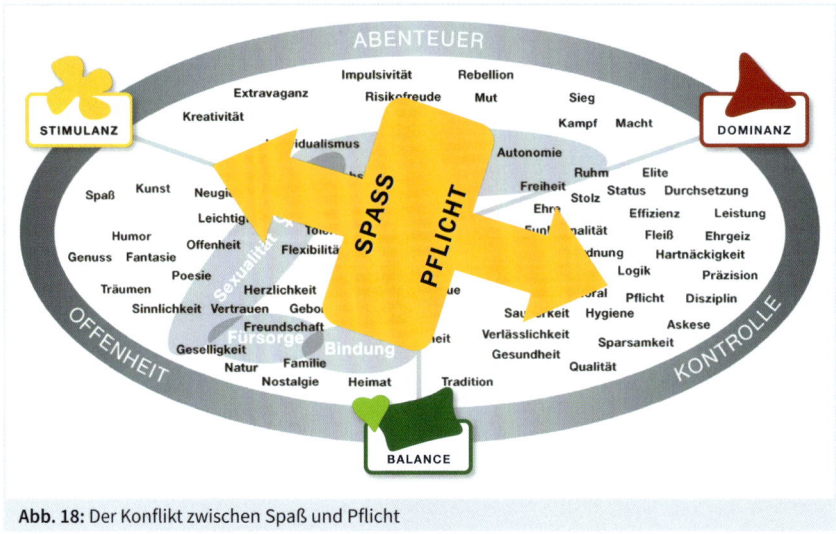

Abb. 18: Der Konflikt zwischen Spaß und Pflicht

Diesem Spannungsfeld begegnen wir häufig im Alltag noch in einer anderen Konfliktform. Auch dazu ein Beispiel:

Du sitzt beim Essen und es schmeckt so lecker. Deine innere Stimme meldet sich: »Hol noch mal eine Portion.« Und genau in dem Moment, in dem du die Hand ausstreckst, kommt die Gegenstimme aus deinem Unbewussten: »Denk an dein Gewicht, die Portion hat über 500 Kalorien.«

Auch hier sehen wir auf der Map den Konflikt. Gegenüber Stimulanz liegt auch Sparsamkeit und Verzicht. Dieses Spannungsfeld zwischen Genuss und Verzicht (Askese) hat in der Philosophie, in der Religion und in der Psychologie eine große Tradition. Nehmen wir ein Beispiel aus der Philosophie. Søren Kierkegaard beschreibt in seinem Werk »Entweder – Oder« diese Spannung zwischen dem ästhetischen Leben (= genussorientiert, sprunghaft) und dem ethischen Leben (= planend, verzichtend). Klar ist, dass für ihn nur das ethische Leben in Frage kommen konnte. In der Religion ist es die Lebensgeschichte von Augustinus. Er war nämlich zuerst ein ziemlicher Lustmolch. Sex, Rausch und Völlerei kennzeichneten sein Leben. Bis zu seiner religiösen Erweckung. Ab da lebte er keusch, asketisch und gottergeben. In vielen Weltreligionen findet man dieses Bild wieder. Auch hier das Gleiche: Dem Genuss entsagen und asketisch und diszipliniert leben bedeutet, Gott zu gefallen. Wer dagegen die Lust und den Genuss vorzieht, hat sich für den Teufel entschieden (der große Verführer).

Auch in der Psychologie finden wir diesen Konflikt in berühmter Form wieder. Es ist der Kampf zwischen »Es« und »Über-Ich« bei Freud. Das »Es« ist spontan und lustorientiert, das »Über-Ich« dagegen will den Verzicht und die Selbstkontrolle. Weder

Kierkegaard, Augustinus oder Freud wussten natürlich, was im Hirn wirklich abläuft. Ihr Blick ins Leben hat ihnen aber gezeigt, dass dieser Konflikt in unserem Leben eine große Rolle spielt. In unserem Alltag begegnen wir ihm täglich. Wenn wir sagen »Ich muss meinen inneren Schweinehund besiegen« meinen wir genau das. Der Schweinehund ist lustorientiert und bequem und soll durch Pflichtbewusstsein und Arbeit ausgetrieben werden.

Der Weg zum Glück: Immer schön in der Mitte bleiben
An diesen beispielhaften Konflikten hast du gesehen, dass es gar nicht so einfach ist, sich richtig zu entscheiden. Die hinter unseren Konflikten liegenden Ziele und Werte sind aus Sicht der Evolution nämlich gleichberechtigt. Wir müssen sie alle erfüllen, um zu überleben und uns fortzupflanzen. Wenn wir nur asketisch und pflichtbewusst leben, entdecken wir nichts Neues, pflanzen uns nicht fort und das Leben ist ziemlich öde und langweilig. Wenn wir dagegen den Herrgott einen guten Mann sein lassen und das Lustprinzip über alles stellen, werden wir, wenn wir nicht mit einer guten Erbschaft oder einem Lottogewinn abgesichert sind, ins finanzielle Chaos driften. Aber gibt es einen Königsweg in unserem Leben? Ja, laut Aristoteles gibt es ihn. Aristoteles hat schon vor mehr als 2300 Jahren erkannt, dass das Leben voller Spannungen und Widersprüche, voller Tugenden und Untugenden ist. In seiner Mesotes-Lehre (griechisch *mesotes* »Mitte«) hat er formuliert, wie man zu einem glücklichen und zufriedenen Leben (griechisch *eudaimonia*) kommt. Sein Ratschlag: immer schön in der Mitte bleiben. Denn wenn wir nur die Karriere im Kopf haben, geht unser Sozial- und Familienleben vor die Hunde. Wenn wir uns aber wie Meerschweinchen nicht aus dem Haus bewegen, weil wir nur die Familie im Auge haben, wird es auch schwierig. Es geht als darum, einigermaßen die Mitte zwischen unseren Kräften und ihren widersprüchlichen Zielen zu finden. Aristoteles kannte damals die Emotionssysteme in unserem Gehirn nicht – aber das Prinzip »Bleib schön in der Mitte« ist bis heute gültig.

Work-Life-Balance: Alter Wein in neuen Schläuchen
Jetzt sagst du vielleicht: »Diesen Ratschlag habe ich in ähnlicher Form schon mal auf einem Persönlichkeitsseminar oder Führungstraining gehört.« Die Trainerin sprach dabei von Work-Life-Balance. Das hörte sich für dich super und modern an. Merkst du was? Na klar, alter Wein in neuen Schläuchen. Es nichts anderes, als den gesunden Ausgleich zwischen Beruf und Freizeit zu finden. Genauer: zwischen Karriere und Familie und zwischen Pflicht und Spaß. Das Leben in der Mitte ist sicher ein guter Ratschlag. Es hat aber einen Nachteil: In der Mitte ist es für manche Menschen ziemlich langweilig. Denn, wie wir in Kapitel 11 sehen werden, unterscheiden wir Menschen uns in unserem emotionalen Setting. Und deswegen gibt es die ideale Mitte nicht. Die müssen wir für uns selbst finden.

Fortunas und Felicitas: Das schnelle und das tiefe Glück
Ein Weg zum Glück wäre es also, schön in der Mitte zu bleiben und so ein zufriedenes Leben zu leben. Aber es gibt viele Menschen, die eine völlig andere Vorstellung von Glück haben, Lottofans zum Beispiel. Woche für Woche hoffen sie auf einen Sechser und damit auf das große Glück. Du spürst sicher, dass diese Form des Glücks etwas ganz anderes ist als das glückliche Leben in der Mitte. Schon die alten Römer erkannten, dass es verschiedene Glücksformen gibt. Mit »Fortunas« bezeichneten sie das schnelle, laute Glück, mit »Felicitas« das tiefe, leise. Auch die englische Sprache unterscheidet zwischen diesen beiden Glücksformen. »Joy« steht für das schnelle, »Happiness« für das tiefe Glück.

Beginnen wir mit Fortunas. Der Prototyp für diese Glücksform ist das Lottoglück. Aber was ist Lottoglück? Es ist der überraschende Gewinn von Geld. Geldgewinn bedeutet aber für unser Gehirn eine unerwartete Belohnung. Und damit ist unser Belohnungssystem aktiv. Das gleiche Glück erlebst du, wenn du einen unerwarteten Bonus bekommst. Du freust dich riesig darüber. Nach einer gewissen Zeit ist das Glück aber vorbei und der Alltag hat uns wieder. Diese schnellen und überraschenden Glücksmomente würzen unser Leben. Wir treffen in vielfältiger Weise auf sie. Es kann ein köstliches Essen sein, ein traumhafter Sonnenuntergang mit einem Gin Tonic in der Hand, der Gewinn eines Tennismatches, ein paar neue, modische Schuhe. Alle diese Formen des schnellen Glücks haben eine gemeinsame Heimat in unserem Gehirn: Es ist unser Belohnungssystem. Das schnelle Glück entsteht, weil wir etwas Positives und Lustvolles bekommen, das wir in dieser Form noch nicht kannten oder viel mehr ist, als wir erwartet haben. Das Problem dieser Form des Glücks: Es vergeht genauso schnell wieder, wie es gekommen ist.

Nun zu Felicitas, dem tiefen Glück. Das haben wir im Abschnitt weiter oben kennengelernt: Es ist die gelingende Lebensführung. Wir schaffen es hier, die unterschiedlichen Ziele unserer Emotionssysteme unter einen Hut zu bekommen. Wir haben eine glückliche Partnerschaft und ein gutes Familienleben, gleichzeitig können wir uns auch beruflich verwirklichen. Wir haben den Raum und die Freiheit, neue Erfahrungen zu machen und leben gleichzeitig in sicheren und stabilen Verhältnissen. Dieses Gefühl geht viel tiefer und ist viel dauerhafter. Aber im Vergleich zu Fortunas, dem schnellen Glück, das viel heftiger und lauter ist, ist dieses Glück viel sanfter und leiser.

Welches ist das wahre Glück?
Fragt man Theologen, welches das richtige Glück ist, erhält man fast immer die Antwort, dass nur das tiefe Glück das richtige sei. Zweifellos haben sie darin recht, dass dieses Glück von besonderer Bedeutung für unser Leben ist. Da das schnelle Glück aber eng mit dem Lustprinzip zusammenhängt und damit, wie wir oben gesehen haben, das Glück des Teufels ist, wundert es nicht, dass Theologen ein gespaltenes Verhältnis dazu haben, zumindest in der Predigt. Wenn man aber, was nicht selten

ist, im Leben auf wohlbeleibte Kleriker trifft, merkt man doch, dass es am Fuße des Leuchtturms mitunter dunkel ist. Wir sollten uns den Spaß nicht gänzlich verderben lassen. Ohne die schnellen »Fortunas-Glücksmomente« wäre das Leben doch ziemlich fad und langweilig. Aber es wäre gut, wenn wir dabei unser Belohnungssystem und seine Gier nach immer mehr schön im Zaum halten würden. Wer dem Drängen des Belohnungssystems permanent nachgibt, wird auf Dauer nicht glücklich werden. Wie der Heroinjunkie braucht man nämlich immer größere Dosen, um Ruhe zu finden. Die wahre Lebenskunst besteht darin, sich an diesen Glücksmomenten zu erfreuen, aber das Belohnungssystem immer fest am Zügel zu halten. Im letzten Kapitel kommen wir nochmals darauf zurück.

6 Geld: Warum ohne Moos nix los ist

Wie heißt es so schön: Geld regiert die Welt – und damit auch uns. Jetzt wirst du ins Zweifeln kommen. Bis jetzt behauptet dieser Häusel, dass Emotionen die Welt beherrschen und jetzt plötzlich soll es auch das Geld sein. Wie geht denn das zusammen? Ganz einfach: Unsere Freude an Geld kommt daher, dass Geld hochemotional ist. Wir haben uns im vorherigen Kapitel am Beispiel des Lottoglücks bereits mit Fortunas beschäftigt. Machen wir an diesem Thema nahtlos weiter und schauen uns den Glücksspender »Geld« mal etwas näher an. Wie heißt es so schön: »Geld allein macht nicht glücklich.« Der bayerische Kabarettist Stefan Kröll sagt dazu: »Das stimmt, denn man braucht auch noch Gold, Aktien und Immobilien dazu.«

Aber was ist Geld?
Man kann Geld aus der Sicht der Ökonomen beschreiben und bekommt dann diese Erklärung: «Geld ist jedes allgemein anerkannte Tausch- und Zahlungsmittel.« Man kann Geld auch aus der Sicht es emotionalen Gehirns beschreiben. Meine entsprechende Beschreibung lautet in etwa so: »Geld ist konzentrierte Lust in der Hosentasche oder auf dem Bankkonto, verbunden mit einer Zukunftsoption.« Während die erste Definition aus dem Großhirn von Ökonomen stammt, kommt meine direkt aus dem limbischen System. Denn nur dort erklärt sich, warum wir Menschen so eine große Freude an Geld haben, dass wir gierig danach werden und gar nicht genug davon bekommen können. Meine Definition besteht aus zwei Teilen, die wir jetzt mal näher unter die Lupe nehmen. Teil 1: Geld ist konzentrierte Lust. Teil 2: Geld eröffnet Zukunftsoptionen. Beginnen wir mal mit Teil 1 und der Lust, die mit Geld verbunden ist. Und das Zentrum der Lust ist, wie wir wissen, unser Belohnungssystem.

Geld ist konzentrierte Lust in der Hosentasche

Um das zu verstehen, mache ich mit dir ein kleines Gedankenspiel. Angenommen, ich würde dir 100.000 € schenken. Das kann sicher nicht passieren, weil ich Schwabe bin. Aber wir können es einfach mal geistig simulieren. Was würde da in deinem Gehirn und Bewusstsein passieren? Schon nach kurzer Zeit würden dir Dinge einfallen, was du mit so viel Geld anstellen könntest. Vielleicht träumst du von einer schönen Fernreise (Stimulanzsystem) oder einem Sportwagen (Dominanzsystem). Vielleicht stockst du deine Altersvorsorge damit auf (Balancesystem) oder steckst es in die Ausbildung deiner Kinder oder Enkel (Harmonie- und Fürsorgesystem). Aber egal, was du mit dem Geld tust, deine Emotionssysteme inklusive Belohnungssystem sind immer im Spiel. Die schöne Fernreise verspricht spannende Erlebnisse und Überraschungen, der Sportwagen gibt dir das Gefühl der Allmächtigkeit. Die aufgestockte Altersvorsorge lässt dich ruhiger schlafen und das Ausbildungsgeld für deine Kinder belohnt dich mit dem guten Gefühl, deinen Liebsten etwas Gutes getan zu haben.

Das ist die direkte Belohnung, die durch Geld erzeugt wird. Geld wirkt aber auch indirekt auf das Belohnungssystem. Wer Geld hat (und dies zeigt), wird von anderen als stark und einflussreich eingeschätzt. Wer Geld hat, kann Macht kaufen. Bestechliche Politiker gehören bekanntermaßen nicht zu den aussterbenden Arten. Aber auch unser Unlust- und Bestrafungssystem freut sich über Geld. Es befreit mich von Existenzsorgen (Balance). Es hilft, die Langeweile zu vertreiben (Stimulanz), weil ich mir Erlebnisse jeder Art kaufen kann. Und Geld macht Wege frei, die mir bis dato versperrt waren (Dominanz).

Geld eröffnet Zukunftsoptionen

Nun zum zweiten Aspekt des Geldes, der Zukunftsoption. Es heißt immer: Zeit ist Geld. Das stimmt so nicht, weil Geld einen anderen Charakter hat. Zeit kann man weder aufsparen noch anhalten. Geld dagegen kann ich zurücklegen und horten. Damit ist die Kraft und Macht (die Potenz) des Geldes immer verfügbar, wenn ich sie zukünftig brauche. Dieser Aspekt wird in der Philosophie »Potenzialität des Geldes« genannt. Diese noch unbestimmte Potenz des Geldes wirkt auch auf unser Belohnungssystem. Wenn ich Geld habe, weiß ich, dass mir viel weniger passieren kann, weil ich Schutz und Gesundheitsbehandlung (Balance) kaufen kann. Zudem habe ich die Gewissheit, dass mir in Zukunft viele Möglichkeiten offenstehen (Dominanz, Stimulanz). Damit habe ich auch Macht über die Zukunft.

Geld macht egoistisch
Das Gefühl der Macht, das mit Geld verbunden ist, verändert Menschen. Die Forschergruppe um Kathleen Vohs von der University of Minnesota machte folgenden Versuch: Die Versuchspersonen wurden in zwei Gruppen aufgeteilt. Die eine Gruppe, die neutrale Gruppe, spielte zunächst ein Unterhaltungsspiel und musste dann Sätze mit allgemeinen Begriffen ergänzen. Die zweite Gruppe, die Geld-Gruppe, spielte zunächst um Geld und musste dann Sätze ergänzen, die Geldworte als Lösung forderten. Der Effekt: Die Versuchspersonen aus der Geldgruppe handelten egoistischer, fragten bei schwierigen Aufgaben weit weniger nach Hilfe und hielten eine größere räumliche Distanz zu anderen Mitspielern.

Diesen Zusammenhang gibt es auch im realen Leben: Je reicher die Menschen sind, desto asozialer sind sie im Durchschnitt. Bill Gates und Warren Buffet, die laufend große Teile ihres Vermögens spenden, sind da eine rühmliche Ausnahme. Dieses egoistische Verhalten von wohlhabenden Menschen wurde auch in einer Untersuchung bestätigt, die der Psychologe Paul K. Piff von der University of California in Berkeley durchgeführt hat. Piff und sein Team untersuchten das Verhalten von Verkehrsteilnehmern in San Francisco. Das Ergebnis: Fahrer von teuren Oberklasseautos verhielten sich deutlich aggressiver und rüpelhafter als Fahrer von Kleinwagen. Sie schnitten an

Straßenkreuzungen anderen häufiger den Weg ab. Zudem bremsten sie auch an Zebrastreifen viel weniger als die Fahrer von kleineren Wagen.

Macht Geld glücklich?
Geld aktiviert, wie wir gesehen haben, direkt unser Belohnungserwartungs- und Belohnungskonsumsystem. Aus diesem Grund ist es auch vollständig den Gesetzen dieses Systems unterworfen. Konkret bedeutet das: Wir können nie genug Geld haben und wir wollen immer mehr! Geld ist deshalb auch ein Suchtmittel und macht viele von uns gierig danach. Aber alle Suchtmittel haben immer das gleiche Problem: Die Dosis muss immer weiter gesteigert werden, um dasselbe Glücksgefühl zu erhalten. Ein kleines Beispiel dazu:

Angenommen du bist Nepalesin und arbeitest in einem Touristenhotel. Dein Einkommen monatliches Einkommen beträgt umgerechnet 100 €. Nun bekommst du, weil du Tag und Nacht schuftest, eine Gehaltserhöhung von 30 €. Ich bin sicher: Da würdest du drüber jubeln. Nun zurück zu uns. Du bist im oberen Management einer Firma und verdienst 10.000 € im Monat. Nun bekommst auch du eine Gehaltserhöhung von 30 €. Darüber würdest du nur lachen. Selbst wenn dir dein Chef 3.000 €- mehr gäbe, wäre der Jubel nicht so groß wie der der Nepalesin.

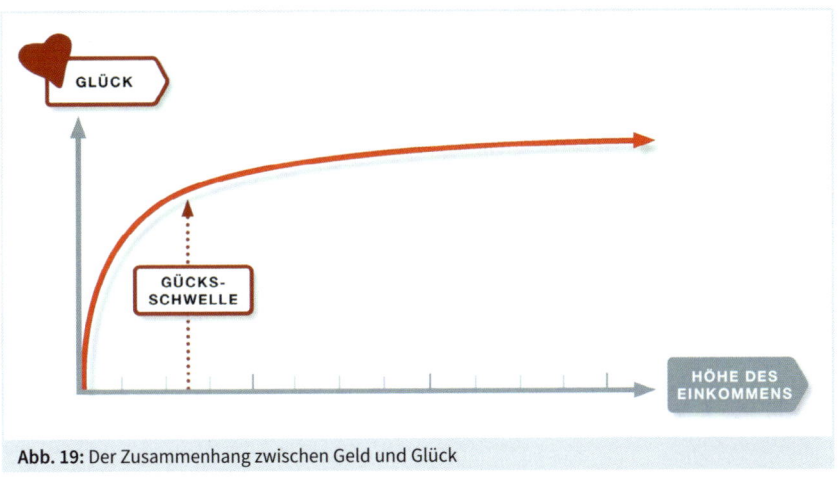

Abb. 19: Der Zusammenhang zwischen Geld und Glück

Nun gibt es viele Untersuchungen zum Zusammenhang zwischen der Höhe des Einkommens und des Glücks. Die Ergebnisse dieser Untersuchungen münden immer in der gleichen Kurve, die du in Abbildung 19 siehst. Am Anfang der Kurve erhöht eine Zunahme des Einkommens das Glücksgefühl erheblich. Je weiter wir aber nach rechts kommen, desto teurer wird es, mit mehr Geld auch mehr Glück zu bekommen. Am rechten Ende der Glückskurve muss man für eine Einheit Glück etwa hundertmal mehr Geld ausgeben als am Anfang (siehe linke Seite der Grafik). Das ist auch einleuchtend: Am Anfang, bei den Kleinsteinkommen, geht es ums Überleben. Jeder kleine Geldbetrag kann in Essen usw. umgesetzt werden und verbessert die persönliche Lage erheblich. Aber ab einem bestimmten Einkommen hat man im Prinzip alles, was man zum Leben braucht und was der Nachbar auch hat. Mit mehr Geld wird manches davon noch etwas schöner und besser, aber das Glücksgefühl ist lange nicht mehr so hoch, wie am Anfang der Geld-/Glückskurve. In Entwicklungsländern liegt die Glücksschwelle – das ist der Punkt, wo die Kurve beginnt abzuflachen – bei 10.000 € im Jahr. In Deutschland sind es ca. 50.000 € und in den USA ca. 70.000 €. Neben der unterschiedlichen Kaufkraft ist unser Geldglück auch sehr abhängig vom sozialen Niveau eines Landes, oder konkreter: wie unser »Nachbar« lebt. Wir kommen gleich darauf zurück. Zudem gewöhnt sich unser Belohnungssystem schnell auch an ein höheres Einkommen. Das führt dazu, dass wir dadurch auf Dauer nicht viel glücklicher werden. Das ist auch der Grund, warum Gehaltserhöhungen nur eine begrenzte zeitliche Wirkung haben. Am Anfang jubelt das Belohnungssystem, aber nach zwei bis drei Monaten hat es sich an das höhere Gehalt gewöhnt. Gehaltserhöhungen sind aber trotzdem wichtig. Warum? Weil sie unsere soziale Stellung verbessern und unseren »Nachbarn« beeindrucken.

»Nachbarn« trüben das Geldglück

Was hat es mit dem »Nachbarn« auf sich, dem wir gerade begegnet sind? Den Begriff »Nachbar« nutze ich etwas umfassender. Ich zähle dazu neben den eigentlichen Nachbarn auch deinen Freundeskreis, deine Arbeitskollegen und deine Vereinskameraden. Warum? Wir Menschen leben nicht allein in dieser Welt, sondern in sozialen Gruppen. Und gerade in sozialen Gruppen läuft unser Dominanzsystem richtig heiß. Es hat ja das Ziel, dass wir uns durchsetzen und besser sind als unsere Konkurrenz. Auch wenn wir ein gutes Verhältnis zu unseren »Nachbarn« haben, unbewusst gleicht unser Dominanzsystem laufend unseren sozialen Status ab. Und da unser Gehirn im Prinzip faul ist, versucht es diese Bewertung mit einfachsten Mitteln zu machen. Es vergleicht weniger die beruflichen, künstlerischen oder sportlichen Fähigkeiten. Es nimmt den Maßstab, der im Kapitalismus die zentrale Rolle spielt und einfach zu beobachten ist: Einkommen und Geld. Und wenn jemand aus deinem vergleichbaren Umfeld mehr Geld hat also du, gibt das einen kleinen Stich ins Herz. In einer repräsentativen Studie wurden US-amerikanische Studierende befragt, in welcher dieser beiden Besitzwelten sie leben wollten.

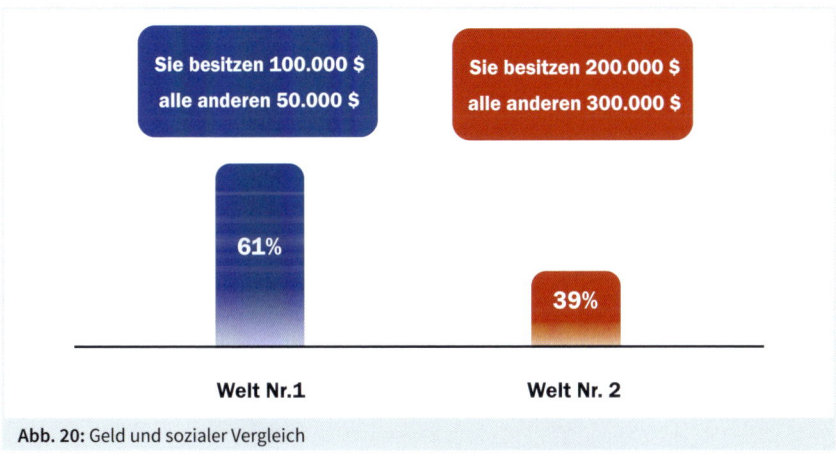

Abb. 20: Geld und sozialer Vergleich

Obwohl der persönliche Besitz in Welt Nr. 2 doppelt so groß wäre, wählt die Mehrheit Welt Nr. 1. Warum? Weil wir es nur schwer ertragen, wenn andere mehr haben. Auch im Hirntomografen kann man das nachweisen. Der Bonner Hirnforscher Bernd Weber hat diesen Versuch gemacht. Man bringt Versuchspersonen in eine Wettbewerbssituation mit einem Mitspieler. Man gibt ihnen eine Aufgabe, für deren Lösung sie Geld bekommen. Wenn man ihnen für die Lösung 30 € gibt, ihnen aber mitteilt, dass der Mitspieler für die gleiche Lösung 60 € bekommen hat, gibt es fast keine Aktivierung im Belohnungssystem. Völlig anders dagegen, wenn es genau umgekehrt läuft. Die Versuchsperson kriegt 60 €, der Mitspieler aber nur 30 €. Da jubelt das Belohnungssystem. Ein kleiner Trost für die Humanisten: Wenn beide das Gleiche bekommen, jubelt das Belohnungssystem bei 75 Prozent der Versuchspersonen auch. Bei 25 Prozent allerdings jubelt das Belohnungssystem besonders, wenn der andere weniger bekommt. Kurz und gut: Wir ertragen es halt nur schwer, wenn wir im Spiel des Lebens die schlechteren Karten gezogen haben. Wenn eine Kollegin oder ein Kollege für die gleiche Arbeit mehr bekommt, dann tut das weh – egal, wie hoch unser Einkommen auch ist. Aus diesem Grund ist Armut zwar schlimm, aber sie ist viel erträglicher, wenn alle arm sind. Wenn ich dagegen sehe, dass andere in Saus und Braus leben und ich nicht, kommt Wut und Ärger auf. Deshalb ist in Ländern mit extremen Einkommensunterschieden auch die Kriminalität so hoch. Besonders in den skandinavischen Ländern, aber auch bei uns in Deutschland, sind die durchschnittlichen Einkommensunterschiede eher moderat. Natürlich gibt es Milliardäre und es gibt viele, die an oder unter der Armutsgrenze leben. Aber wir haben eine sehr breite Mittelschicht mit vergleichbaren Einkommen. Die Kriminalität ist vergleichsweise gering. Das genaue Gegenteil finden wir in vielen Schwellenländern wie Brasilien, Nigeria usw. mit großer sozialer Ungleichheit. Die Kriminalität explodiert dort.

Geld bekommen ist schön – Geld verlieren tut höllisch weh
Bis jetzt haben wir uns nur mit dem Geld gewinnen oder einnehmen beschäftigt. Es gibt aber auch die andere Seite: Wir geben Geld aus oder verlieren Geld, z. B. an der Börse. Was passiert da in unserem emotionalen Gehirn? Angenommen du gewinnst im Lotto oder an der Börse 1000 €. Dann freut sich, abhängig von deiner sozialen Lage, dein Belohnungssystem. Damit haben wir uns gerade schon beschäftigt. Aber was passiert, wenn wir Geld (Besitz) hergeben müssen und du beispielsweise an der Börse 1000 € verlierst? Dann ist der Verlustschmerz auf der negativen Seite, wie wir schon in Kapitel 4 gesehen haben, doppelt so groß. Wenn man das Ganze im Hirntomografen beobachtet, sieht man, was passiert. Bei Geldgewinn ist das Belohnungszentrum aktiv, bei Geldverlust aber das Bestrafungszentrum plus das eng damit verschaltete Schmerzzentrum. Im Hirnscanner sind deswegen bei Verlust auch die Zentren mit aktiv, die bei Zahnschmerz aufleuchten!

Wie wir mit Geld umgehen
Wir haben uns bisher angeschaut, was Geld für das Gehirn ist und wie es auf unser Belohnungs- und Bestrafungssystem wirkt. Doch damit sind wir noch nicht fertig. Ein weiterer, sehr wichtiger Aspekt ist, wie wir mit Geld umgehen. Denn es gibt ziemlich große Unterschiede im Geldverhalten. Am besten werfen wir mal einen Blick aus dem Fenster und beobachten einige Menschen in ihrem Umgang mit Geld. Um das etwas plastischer zu machen, geben wir den Menschen auch Namen.

Die sparsame Maria:

Maria ist eine extrem sparsame Frau. Sie kauft, obwohl sie sich auch etwas Teureres leisten kann, immer das Billigste. Zudem legt sie das ersparte Geld sicher und ohne Risiko an. Sie hat Sorge, was die Zukunft noch alles bringt und möchte finanziell immer auf der sicheren Seite stehen. Dieses Geldverhalten nennen wir »**Geld-Sicherung**«.

Der geizige Olaf:

Olaf hat mit Maria vieles gemeinsam. Auch er ist sparsam, aber noch viel extremer als Maria. Er heizt sein Haus erst ab Mitte November. Lebensmittel werden auch lange nach dem Verfallsdatum noch gegessen. Olaf schaut mehrmals in der Woche auf seine Finanzen und kontrolliert sie. Olaf ist der prototypische Geizkragen. Sigmund Freud hätte ihn als Analcharakter bezeichnet. Dieses Geldverhalten nennen wir »**Geld-Geiz**«.

Der clevere Jan:

Jan liebt Geld. Es motiviert ihn. Vor allem, wenn es mehr wird, freut ihn das besonders. Deswegen kennt sich Jan mit Geld und Geldanlagen bestens aus. Jeden Tag schaut er sich Aktienkurse an und kauft und verkauft Aktien. Jan hat nur ein Ziel: Viel Geld zu haben und reich zu werden. Dieses Geldverhalten nennen wir »**Geld-Leidenschaft**«.

Der risikofreudige Uli:

Auch Uli interessiert sich für Geld. Aber die Geldanlage ist für ihn, im Unterschied zu Jan, keine Arbeit, sondern ein prickelndes Spiel. Er liebt den Kick an der Börse und ist süchtig danach. Er sitzt täglich am Computer, um mit Aktien oder Optionsscheinen zu zocken. Dieses Geldverhalten nennen wir »**Geld-Spiel**«. Der Name Uli ist übrigens nicht zufällig gewählt.

Die sorglose Lisa:

Lisa freut sich zwar über Geld, aber die Verwaltung und die Anlage von Geld ist für sie eine mühsame Arbeit, die sie vermeidet. Bankbesuche lösen bei ihr ähnliche Gefühle aus wie ein Besuch beim Zahnarzt. Die Beschäftigung mit Zahlen und Tabellen hasst sie. Und während Jan seine Geldanlage über viele Jahre voraus im Blick hat, lebt Lisa von einem Tag zum anderen. Langfristige Vorsorge oder Sparen für die Zukunft ist nicht ihre Sache. Diese Form des Umgangs mit Geld nennen wir »**Geld-Bequemlichkeit**«. Nun schauen wir uns mal an, wo diese unterschiedlichen Umgangsformen mit Geld in unserem Emotionsraum sitzen:

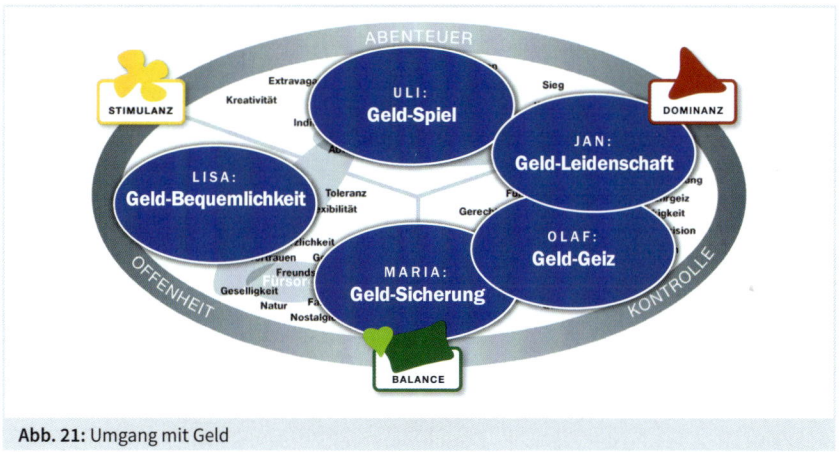

Abb. 21: Umgang mit Geld

Die Risikologik des Emotionsraums haben wir ja noch im Kopf. Deswegen wundert es uns nicht, dass der risikofreudige Uli ganz oben und die vorsichtige Maria ganz unten im Emotionsraum sitzen. Zur Risikoeinordnung ihrer Kunden sind auch Banken per Gesetz verpflichtet. Wenn du zum Beispiel bei der Bank ein Depot eröffnest, musst du zunächst einen Fragebogen ausfüllen. Du wirst gefragt, ob du dein Geld eher konservativ, mit geringem Risiko und damit geringeren Gewinnerwartungen anlegen willst, oder ob du in Erwartung großer Renditen auch große Risiken akzeptierst. Die Hoffnung vieler unerfahrener Anlegerinnen und Anleger, maximale Sicherheit und eine weit überdurchschnittliche Rendite zu bekommen, nutzen Finanzbetrüger gerne aus. Im realen und reellen Finanzleben gibt es diese Kombination so gut wie nicht. Seriöse Banken machen auch nur solche Anlagevorschläge, die zu ihrer selbstgewählten Risikoeinschätzung passen. Entsprechend dieser Einordnung schlagen sie diesen unterschiedlichen Risikogruppen auch unterschiedliche Finanzprodukte vor. Und siehe: Auch Finanzprodukte haben einen klaren Platz auf der Map, wie Abbildung 22 zeigt.

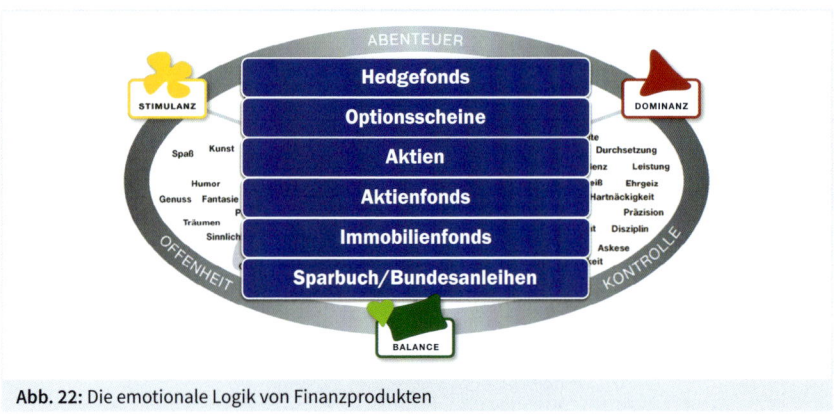

Abb. 22: Die emotionale Logik von Finanzprodukten

In dieser Grafik sind die Finanzprodukte entsprechend ihrem durchschnittlichen Risiko dargestellt. Innerhalb der meisten Produktkategorien gibt es weitere Risikounterschiede. Innerhalb der Kategorie »Aktien« beispielsweise gibt es sowohl hochspekulative Aktien wie auch sogenannte Witwen- und Waisenpapiere, die eine verlässliche Ausschüttung bei geringer Kursschwankung versprechen. Trotzdem sind Aktien weit risikobehafteter als Bundesanleihen oder ein Sparbuch.

Von Bullen und Bären
Wie wir unser Geld anlegen hängt, wie wir gesehen haben, stark davon ab, wie sehr uns Finanzanlagen interessieren und inwieweit wir bereit sind, Risiken einzugehen. Je risikobereiter wir sind, desto riskantere Finanzprodukte kaufen wir und umso mehr spielen wir an der Aktienbörse mit. Wenn du die Tagesschau oder sonstige Nachrichten verfolgst, ist ja häufig ein täglicher Bericht von der Börse mit dabei. Normalerweise passiert da nichts Dramatisches. Der DAX schwankt mal so ein bis zwei Prozent, das war es meist. Während ich dieses Kapitel hier schreibe (März 2020), ist allerdings aus dem sanft dahinplätschernden DAX ein stürmisches Meer geworden. Ausgelöst durch die Panik um das Corona-Virus ging der DAX in den Sturzflug und hat dabei fast 20 Prozent eingebüßt. Aber warum? Weil die Anleger in wilder Panik ihre Aktien verkauft haben. Nun ist Panik aber nichts anderes als eine besonders starke Reaktion unseres Balancesystems, das ja für Angst oder Sicherheit zuständig ist. Wir sehen: Auch

die scheinbar rationale Börse wird von Emotionen regiert. Diesen Schicksalskräften haben die Börsianer Namen gegeben. Es sind die berühmten Bullen und Bären. Die Bullen sind los, wenn die Börse steil nach oben geht und von einem Rekord zum anderen strebt. Die Bären dagegen treiben ihr Unwesen, wenn die Kurse stark fallen. Aber was ist der Grund für diese Schwankungen? Es sind die emotionalen Erwartungen, wie die Anleger die wirtschaftliche Zukunft sehen. Wenn du die (wirtschaftliche) Zukunft rosig siehst, regiert das Prinzip Hoffnung und Optimismus. Wenn du dagegen schwarzsiehst, regieren Angst, Sorge und Pessimismus. Aber woher kommen diese Stimmungsschwankungen? Ganz einfach: Ihre Ursache liegt in der Dynamik unserer Emotionssysteme. Abbildung 23 zeigt diese Logik.

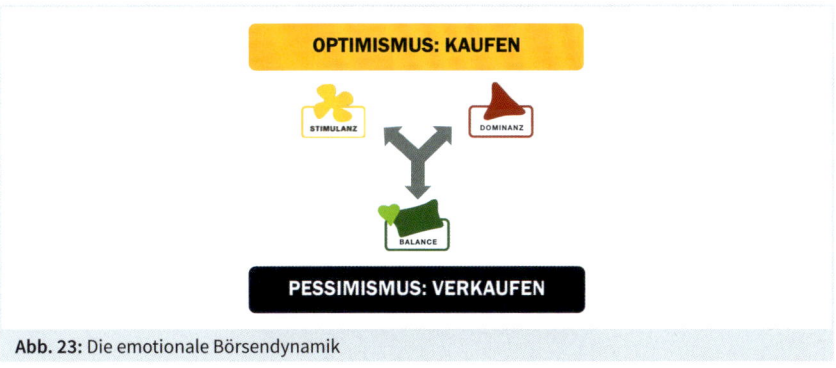

Abb. 23: Die emotionale Börsendynamik

Wie du weißt, sind unser Dominanz- und unser Stimulanzsystem unsere handlungsorientierten und risikofreudigen Systeme im Gehirn. Zudem sind diese beiden Systeme etwas stärker mit dem Belohnungssystem verknüpft. Auf diese Weise sehen sie optimistisch in die Zukunft. Sie sehen vor allem die Chancen. Diese beiden Emotionssysteme treiben die Bullen. Völlig anders dagegen betrachtet das Balancesystem die Zukunft: Es sieht Gefahren und Risiken. Es ist deshalb pessimistisch und zudem stärker mit dem Bestrafungssystem verknüpft. Das Balancesystem treibt die Bären an. Normalerweise schwanken wir immer leicht zwischen diesen Stimmungswelten hin- und her. Wenn aber plötzlich ein gefährliches Corona-Virus die Welt bedroht und die Wirtschaft erste Umsatzrückgänge meldet, kommen Angst und Panik auf und die Talfahrt beginnt. Die so entstehenden Kursstürze bilden nicht den tatsächlichen Wirtschaftsrückgang ab. Sie werden von der übertriebenen Angst der Anleger ausgelöst. Ein Merkmal der Panik ist, dass das Großhirn, das sonst oft beruhigend und moderierend eingreifen kann, völlig ausgeschaltet wird. Zudem ist der Mensch ein Herdentier. In seiner Unsicherheit rennt er bei seinen Entscheidungen blind den anderen hinterher. Wenn einige Anleger beginnen, ihre Aktien zu verkaufen, dauert es nicht lange, bis die gesamte Masse kopflos verkauft. Das verstärkt die Panik und treibt die Kurse weiter nach unten.

Diese Reaktion gibt es auch andersherum, das ist dann die Masseneuphorie, die dafür sorgt, dass die Börsen-Bullen losrennen. Es beginnt meist mit einigen ersten, guten Wirtschaftsnachrichten. Große professionelle Anleger kaufen verstärkt, was zu einem Kursanstieg führt. Und wieder rennt die breite Masse hinterher und kauft. Wenn diese Kurzuwächse dann längere Zeit anhalten, werden auch Anleger angelockt, die sonst nicht an der Börse zu finden sind. Durch den konstanten Kursanstieg wiegen sie sich in Sicherheit. Noch mehr unerfahrene Anleger steigen ein, um beim sicher geglaubten Geldgewinn auch dabei zu sein. Aber je höher man klettert, desto tiefer ist der Fall. Während die breite Masse der Anleger immer mit der Herde rennt, verhalten sich erfolgreiche Börsenprofis antizyklisch. Wenn die Kurse längere Zeit steigen und immer mehr Börsenlaien kaufen, haben sie schon längst verkauft. Wenn die Kurse dann stark fallen und alle panisch verkaufen, um ihre Verluste zu begrenzen, steigen sie ein und beginnen damit, Aktien billig aufzukaufen. Der berühmte und erfolgreiche Börsenguru André Kostolany gab deshalb den Tipp: »Kaufe, wenn die Kanonen donnern! Verkaufe, wenn die Violinen spielen.«

7 Konsum: Warum wir Sportwagen und Hundekörbe kaufen

Jetzt wird es höchste Zeit, dass wir das Geld, über das wir im vorigen Kapitel gesprochen haben, auch mit beiden Händen ausgeben. Aber warum haben wir so eine Freude am Einkaufen, obwohl wir doch schon alles haben? Und warum überhaupt kaufen wir Produkte? Wir kaufen, um unsere Wünsche zu erfüllen. Aber woher kommen unsere Wünsche? Natürlich kennst du längst die Antwort: aus unseren Emotionssystemen. Unsere Emotionssysteme sind dazu da, unser Überleben und unsere Fortpflanzung zu gewährleisten.

- Das Balancesystem sorgt für Sicherheit.
- Das Harmoniesystem sorgt für Geborgenheit und Fürsorge.
- Das Stimulanzsystem will Neues entdecken.
- Das Dominanzsystem will, dass wir uns durchsetzen und nach oben kommen.

Und um diese Vorgaben zu erfüllen, kaufen wir Produkte. Die Map hilft uns, die emotionale Logik von Produkten und Konsum besser zu verstehen. Auf ihr können wir die Produkte entsprechend ihrer emotionalen Heimat einordnen. Überlege dir dazu doch mal, warum du folgende Produkte kaufst: eine Unfallversicherung, einen Haushaltsreiniger, einen Sportwagen, eine Bohrmaschine, ein Mountainbike, ein Partykleid, eine Zimmerpflanze, einen Hundekorb. Nun nehmen wir die Map und ordnen die Produkte ein.

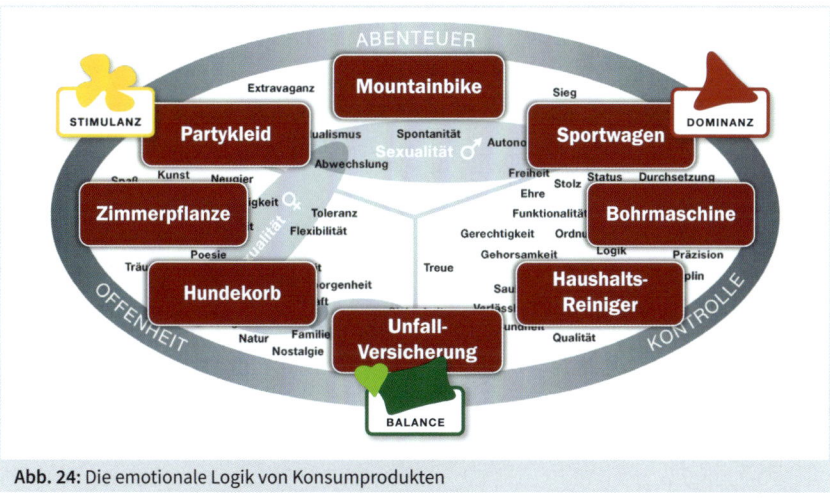

Abb. 24: Die emotionale Logik von Konsumprodukten

Beginnen wir mit der *Unfallversicherung*. Hier ist unschwer zu raten, weshalb wir sie abschließen. Es ist unser Wunsch nach Sicherheit. Kein Wunder also, dass diese und die meisten anderen Versicherungen reine Balanceprodukte sind.

Weiter geht es zum *Haushaltsreiniger*. Den kaufen wir ebenfalls, um Ordnung und Sauberkeit im Haus oder in der Wohnung herzustellen. Ordnung und Sauberkeit kommen aus dem Balancesystem. Gleichzeitig erfüllen sie auch unseren Wunsch nach Kontrolle.

Die *Bohrmaschine* macht uns effizienter und stärker. Sie hilft uns, unsere Ziele schneller und besser zu erreichen. Sie sitzt deswegen nahe am Dominanzsystem. Ziel des Dominanzsystems ist es auch, uns durchzusetzen. Was gibt es da Besseres als einen Bohrhammer bei einer Betonwand?

Spannend wird es beim *Sportwagen*. Hier schauen wir uns zunächst das Auto im Allgemeinen an. Ein Auto vergrößert unsere Freiheit und unsere Autonomie. Es hilft uns, unsere Ziele besser und schneller zu erreichen. All das kommt vom Dominanzsystem. Der Sportwagen hat noch einen weiteren Aspekt. Er ist auch meist ein (männliches) Sexualsymbol. Der laute Auspuff und die breiten Felgen signalisieren Macht und Potenz. Das ist leicht nachzuvollziehen: Das Dominanzsystem hat im Gehirn eine starke Verbindung zum männlichen Sexualsystem und wird stark vom Testosteron befeuert.

Weiter geht›s zum *Mountainbike*. Mit dem wollen wir Spaß haben und ein prickelndes Abenteuer erleben, wenn wir einen steilen Gebirgsweg runterfahren. Wir fühlen uns stark und unschlagbar, was zumindest bei Männern auch etwas mit Potenzdemonstration zu tun hat.

Bleiben wir bei der Sexualität und schauen uns das *Partykleid* an. Zum einen wollen auch Frauen auffallen und auf sich neugierig machen. Dafür ist das Stimulanzsystem zuständig. Sie möchten die Blicke auf sich ziehen und sexuell attraktiv sein. Deswegen ist das (weibliche) Sexualsystem stark am Partykleid-Kauf beteiligt.

Nun zur *Zimmerpflanze*. Die kaufen wir, um unsere Wohnung schöner zu machen und unser Heim zu genießen. Ihr Platz auf der Map ist bei Offenheit und Genuss.

Den *Hundekorb* kaufen wir schließlich, damit sich unser vierbeiniger Bello richtig wohlfühlt. Der emotionale Antrieb dafür ist auch klar: Es ist unser Harmoniesystem, das für Bindung und Fürsorge zuständig ist. Wenn Bello bei uns ist, fühlen wir uns nicht allein (Bindung) und damit es ihm gut geht, kaufen wir schöne Sachen für ihn. Das ist dann die Fürsorge.

Wir sehen: Jedes Produkt hat seinen emotionalen Treiber. Jetzt wirst du vielleicht fragen: »Schön und gut, aber schau dir mal mein *Handy* an. Wo würdest du das auf der Map einordnen?« Die Antwort: überall! Aufgrund seiner vielfältigen Funktionen bedient es nämlich alle Emotionssysteme zugleich. Wenn wir mit Freunden telefonieren oder chatten, sind das Harmonie- und das Stimulanzsystem aktiv. Wenn wir unsere Lieblingssongs hören oder ein Spiel spielen, freut sich unser Stimulanzsystem. Wenn wir mit Google Maps schneller ans Ziel kommen, geben wir dem Dominanzsystem Futter. Die Wetter-App befriedigt unser Kontrollbedürfnis, weil wir uns auf die Wetterlaunen besser einstellen können. Und unser Handy kann natürlich noch viel, viel mehr. Aufgrund dieser emotionalen Superaufladung legen wir das Handy auch fast nicht mehr aus der Hand.

»Nachbar«-Produkte sind teuer
Im vorherigen Kapitel kam ja schon der »Nachbar« (Nachbarinnen, Arbeitskollegen, Freundeskreis) ins Spiel. Erinnern wir uns: In allem, was wir tun, sind wir nicht allein auf der Welt. Wir bewegen uns immer in verschiedenen sozialen Gruppen. Und egal, in welcher Gruppe wir uns gerade befinden: Wir wollen anerkannt sein und einen möglichst hohen Status erreichen. Die Höhe unseres Einkommens ist, wie wir gesehen haben, ein wichtiges soziales Signal für unseren Status. Die Höhe unseres Einkommens demonstrieren wir aber auch mit dem Kauf von teuren Produkten, die wir sichtbar zeigen und nutzen.

Das Dominanzsystem: Der Treiber für Status

Wer mit dem Porsche demonstrativ vor der Pizzeria parkt, wer seine Louis Vuitton-Handtasche stolz hin- und herschwingt, der und die will damit zeigen, dass er oder sie einen höheren Status für sich reklamiert. Und für Produkte, die Status signalisieren, sind viele Menschen bereit, sehr viel Geld auszugeben. Ein Beispiel: Du kaufst eine Armbanduhr. Für 30 € bekommst du schon eine vernünftige Uhr mit einem genauen Quarzuhrwerk. Die macht allerdings nichts her. Wenn du aber angeben möchtest, kaufst du dir eine Rolex für 5000 €. Mit dieser Uhr wirst du keine Sekunde pünktlicher sein, du wirst auch keine Sekunde Zeit gewinnen und sie geht auch nicht genauer als dein 30 €-Billigmodell . Im Freundeskreis wirst du aber, wenn du diskret den Ärmel zurückziehst, auf deine Rolex angesprochen. Bedenke dabei: Auch Status ist relativ. Wenn du unter Multimillionären verkehrst, ist deine Rolex eher eine Uhr für Sozialhilfeempfänger. Da sollte es dann schon eine Patek Phillipe-Uhr für mindestens 100.000 € sein. Aber auch mit dieser Luxusuhr wirst du keine Zeitvorteile haben, die Statuspunkte hingegen sind dir sicher. Wir geben also gerne mehr Geld für Produkte aus, mit denen wir Status zeigen können. Damit machen wir dem Dominanzsystem eine Freude.

Das Stimulanzsystem: Der Treiber für Individualität

Aber auch das Stimulanzsystem verführt uns, teurere Produkte zu kaufen, um unseren »Nachbarn« zu beeindrucken. In sozialen Gruppen legen wir nämlich nicht nur Wert darauf, Status zu zeigen, wir möchten auch anders sein als die breite Masse. Konkret: Wir möchten unsere Individualität unter Beweis stellen. Ein Beispiel dazu:

Stell dir mal vor, du gehst zu einer Party und ziehst dein schönstes Kleid an. Du drehst dich voller Freude vor deinem Spiegel. Dann betrittst du die Location und dein Schreck ist groß: Zwei weitere Frauen haben genau das gleiche Kleid an wie du.

An dem Beispiel siehst du, wie wichtig es vielen ist, anders und einzigartig zu sein. Deshalb sind auch viele Menschen bereit, mehr Geld für Produkte auszugeben, mit denen sie Individualität demonstrieren können. Apple beispielsweise verdankt seinen Erfolg, neben den zweifellos guten Produkten, dem Individualitätsmotiv. Als Apple auf den Markt kam, wurden die Produkte, im Unterschied zu Microsoft, von Designern und Kreativen verwendet. Kennzeichnend für diese Berufsgruppen ist der Wunsch, anders zu sein als die breite Masse. Apple-Produkte wurden deshalb auch von vielen jungen Menschen gekauft, um ihr persönliches Image mit Individualitätssignalen aufzupeppen. Dass heute fast alle ein Apple-Handy, eine Apple-Uhr etc. haben, tut der Sache keinen Abbruch.

Das Individualitäts- und das Statusmotiv nennt man Unterscheidungsmotive. Das Stimulanzsystem sucht die Individualität, das Dominanzsystem will Status.

Das Balance- und das Harmoniesystem: Die Treiber für Gleichheit

Was aber wollen das Harmonie- und das Balancesystem in dieser Hinsicht? Sie wollen das genaue Gegenteil von Unterscheidung. Sie möchten, dass wir nicht auffallen und dass wir so sind wie alle anderen auch. Wenn wir Produkte kaufen, die alle anderen auch haben, beweisen wir unbewusst unseren Wunsch nach Zugehörigkeit und Bindung. Wer einen Hyundai oder einen klassischen VW-Golf kauft, legt geringen Wert auf Status oder Individualität. Auf der Map in Abbildung 25 sehen wir, wo Unterscheidungsmotiv und Zugehörigkeitsmotiv sitzen.

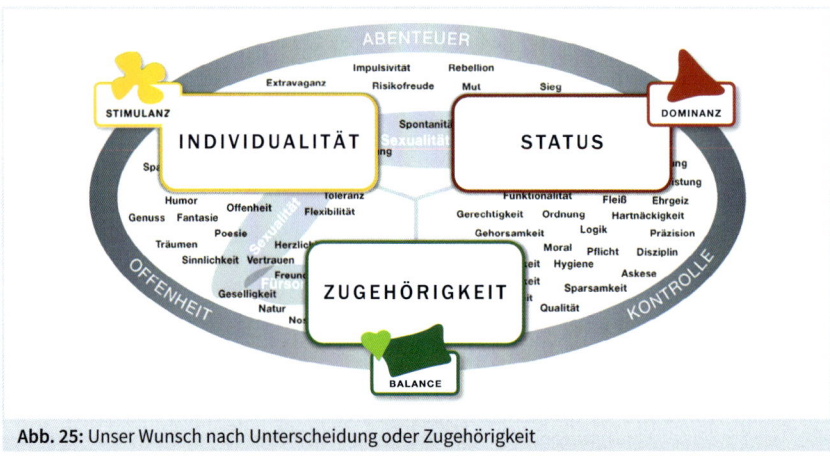

Abb. 25: Unser Wunsch nach Unterscheidung oder Zugehörigkeit

Wie wir in Kapitel 11 noch sehen werden, unterscheiden sich Menschen in der Stärke ihrer Emotionssysteme. Menschen mit einem stärkeren Dominanzsystem geben gerne mehr Geld für Statusprodukte aus. Wenn das Stimulanzsystem im Kopf regiert, ist die Bereitschaft hoch, für Produkte mit Individualitätsversprechen mehr auszugeben. Das Balance- und das Harmoniesystem dagegen suchen keine Unterscheidung. Sie möchten nicht auffallen und suchen die sichtbare Zugehörigkeit. Menschen, die hier ihren emotionalen Schwerpunkt haben, sparen so viel Geld.

Wie Werbung und Marken wirken
Für Produkte, die Status und Distinktion versprechen, bezahlen wir weit mehr, als sie eigentlich Wert sind. Ein Luxusparfüm mit Statusversprechen beispielsweise kostet inklusive Verpackung in der Herstellung etwa sieben bis zehn Euro. Wenn wir es kaufen, müssen wir 70 bis 100 € dafür bezahlen, also das Zehnfache. Auch der Handel will daran verdienen, er bekommt 40 Prozent des Verkaufspreises (ohne Mehrwertsteuer). Trotzdem bleibt für den Hersteller immer noch eine schöne Summe über. Aber das ist noch kein Reingewinn. Damit wir bereit sind, so viel für ein Produkt zu bezahlen, muss der Hersteller es in unserem Kaufgehirn verankern und wertvoll machen. Wert schaffen aber nur Emotionen. Das Unternehmen muss sein Produkt also emotional aufladen. Das geschieht beispielsweise durch eine besondere (schwere) Glasflasche und durch eine edle Verpackung. Vor allem geschieht es aber durch die Marke, unter der das Produkt verkauft wird. Marken lösen in unserem Kopf emotionale Bilder, das sogenannte Marken-Image aus. Diese Bilder und die damit verbundenen Emotionen werden nun in unserem Gehirn unbewusst mit dem Produkt verknüpft und erhöhen so unsere Bereitschaft, mehr Geld auszugeben. Der Aufbau dieser Markenbilder in unserem Kopf erfolgt über Werbung. Wir haben in Kapitel 5 gesehen, dass unsere Emotionssysteme in einem Spannungsverhältnis und in einem Widerspruch zueinander stehen. Deshalb kann eine Marke nicht alle Emotionssysteme zugleich aktivieren. Das wäre, wie wenn man eine Zwiebelsuppe und eine Mousse au Chocolat zeitgleich essen würde. Aus diesem Grund suchen sich starke Marken ein Emotionsfeld als Heimat aus. Weil es sehr lange dauert und viel Werbegeld kostet, bis man sich im Käufergehirn festgesetzt hat, verändern Marken das einmal besetzte Emotionsfeld in der Regel nicht. Die Anzeigen und die Werbespots werden von Zeit zu Zeit etwas modernisiert, aber die angesprochenen Emotionen bleiben die Gleichen.

Wo Biermarken emotional sitzen

Um das zu verdeutlichen, wenden wir uns Alltagsprodukten zu, deren Werbung wir häufig sehen, in unserem Beispiel dem Bier. Die Wenigsten können Bier, wenn die Marke nicht sichtbar ist, allein vom Geschmack her unterscheiden. Die Unterschiede, die wir zwischen den Bieren wahrnehmen, kommen fast ausschließlich von den Biermarken und den damit verbundenen emotionalen Vorstellungsbildern. Wie das funktioniert, schauen wir uns auf der Map mit drei erfolgreichen Biermarken an.

7 Konsum: Warum wir Sportwagen und Hundekörbe kaufen

Abb. 26: Wo Biermarken sitzen

Beginnen wir mit Beck's. In der Werbung sehen wir junge Leute in ausgelassener Partystimmung. Auch die Schrift wirkt spontan. Eine Party an diesem Platz in dieser Form zu feiern signalisiert Spaß und Individualität. Mit der Marke sollen also Stimulanzemotionen verstärkt werden.

Radeberger dagegen positioniert sich im Dominanzfeld. Der Slogan »Gebraut mit dem Anspruch, das Beste zu sein« unterstreicht den Elite- und Dominanzanspruch des Bieres. Seit vielen, vielen Jahren wird Radeberger mit dem Bild der festlich beleuchteten Semperoper in Dresden verbunden. Und wer besucht in der Regel die Oper? Menschen mit Status und kulturellem Anspruch. Radeberger verspricht durch den Kauf des Bieres Status und Kennerschaft.

Völlig anders dagegen Krombacher. Krombacher vermittelt mit dem Naturmotiv eine heile, harmonische und natürliche Welt. Zusätzlich wird signalisiert, dass auch die Inhaltsstoffe des Bieres rein und natürlich sind. Status oder Individualität werden von diesem Bier überhaupt nicht versprochen. Es ist ein Bier für die breite Masse, die Sicherheit, Natürlichkeit und Geborgenheit sucht. In Kapitel 14 werden wir sehen, dass die Mehrheit der Bevölkerung mit ihrer Persönlichkeit hier zu Hause ist. Aus diesem Grund ist Krombacher in Deutschland auch Marktführer.

Wie Emotionen zu Geld werden
Inzwischen wissen wir: Nur Emotionen geben der Welt Sinn, Wert und Bedeutung. Der Begriff »Wert« darf dabei wörtlich genommen werden. Denn je mehr (positive) Emotionen ein Produkt auslöst, desto wertvoller wird es für uns und desto mehr Geld sind wir bereit, dafür auszugeben. Ein vorrangiges Ziel der Konsumgüterindustrie ist es

deshalb, ihre Produkte mit möglichst viel Emotion aufzuladen. In Abbildung 27 wird dieses Prinzip der emotionalen Wertsteigerung deutlich.

Abb. 27: Wie Emotionen Wert schaffen

Angenommen du kommst auf die Idee, Kaffee zu verkaufen. Dann bekommst du für die Menge gerösteten Kaffee, die ein Konsument braucht, um sich eine Tasse zu brühen, etwa einen Cent. Davon wirst du nicht reich. Was kannst du jetzt tun, damit du mehr Geld für deinen Kaffee bekommst? Du weißt es inzwischen: Du musst ihn emotionalisieren. Wie machst du das? Indem du aus dem Kaffee ein Markenprodukt machst. Marken verknüpfen, wie wir gesehen haben, das Produkt mit emotionalen Bildern und geben zusätzlich die Sicherheit des Bekannten (= Balance). Und plötzlich bekommst du siebenmal so viel. Doch hast du damit schon das Ende der emotionalen Möglichkeiten erreicht? Nein, du kannst den Kaffee noch weiter emotionalisieren. Du schaffst nicht nur eine Marke, sondern bereitest den Kaffee auch zu. So aktivierst du alle Sinne im Kopf des Kunden. Wenn alle Sinne zeitgleich angesprochen werden, kommt es nämlich in unserem Gehirn zu einer extremen emotionalen Verstärkung. Also erzählst du eine emotionale Geschichte, wo der Kaffee herkommt (inklusive Nachhaltigkeit) und wie sorgfältig er geerntet und geröstet wurde. Schließlich achtest du noch darauf, dass der Kaffee in einer schönen, emotionalen Umgebung von freundlichen Menschen serviert wird. Das Umfeld eines Produkts hat nämlich erheblichen Einfluss darauf, wie wir seinen Wert einschätzen. Und wenn alle diese kleineren und größeren Emotionalisierungen erfolgt sind, klingelt es in der Kasse. Von anfänglich einem Cent ist der Wert nun auf 3,50 € gestiegen: das sind 350-mal so viel!

Macht Einkaufen glücklich?

Fast jede Woche bekomme ich von einem Fernseh- oder Radiosender oder einer Zeitschriftenredaktion eine Anfrage, ob Menschen durch Konsum und Einkaufen glücklicher würden. Wenn du das Buch bis hier aufmerksam gelesen hast, könntest inzwischen du diese Anfragen auch beantworten. Die Antwort lautet: Ein wenig für den Moment, aber nicht dauerhaft. Warum? Weil wir durch das Einkaufen unsere Emotionssysteme und deren Wünsche befriedigen. Die Freude, die wir dabei empfinden, wird aber in unserem Belohnungssystem ausgelöst. Nun wissen wir ja, dass unser Belohnungssystem nur für das schnelle, aber nicht das lange und tiefe Glück zuständig ist. Wir freuen uns im Moment über das neue Kleid oder das neue Handy. Aber schon nach kurzer Zeit sind die Freude und das Glück darüber vorbei, weil wir uns schnell daran gewöhnt haben. Wenn wir nun das gleiche Glücksgefühl beim Einkaufen nochmals haben wollen, muss das nächste Handy oder das nächste Kleid noch besser oder noch schöner sein. Das Belohnungssystem ist deshalb der eigentliche Motor unserer Konsumgesellschaft. Und weil es nie zufrieden ist, konsumieren wir immer weiter und weiter, obwohl die Schränke voll sind und wir im Prinzip alles haben. Aber das, was immer und immer wieder auf den Markt kommt, ist ein klein wenig besser, schöner, leistungsfähiger und neuer als das, was wir bereits haben. Und schon beginnt unser Belohnungssystem mit seiner Forderung »Das will ich unbedingt haben«. Natürlich würzt die Freude am neuen Kleid oder am Handy unseren Alltag und macht ihn manchmal etwas schöner – nur das tiefe Glück werden wir durch Konsum nicht erreichen.

Warum wir trotz Klimakrise immer größere Autos kaufen
Wir wissen alle: Die Klimakrise und Erderwärmung bedrohen uns. Ein Gegenmittel, das in der Presse publiziert wird, heißt: Verringerung unseres ökologischen Fußabdrucks, was konkret bedeutet, unser Konsumverhalten extrem zu verändern: Elektroautos, weniger Flugreisen, Lebensmittel, die nicht mit Palmöl hergestellt wurden, das von abgeholzten Urwaldplantagen stammt. Alle diese Verhaltensweisen wären vernünftig – aber die Realität sieht völlig anders aus. Unsere Autos werden immer größer und stärker. Die Verkaufszahlen für SUVs (Sport Utility Vehicles) erklimmen immer neue Rekordhöhen. Die Flugreisen nehmen immer weiter zu (im Moment des Schreibens ist zwar Corona-Pause, aber die hört auch wieder auf). Trotz Klimakrise ist die Freude am Konsum ungebrochen und wird, wenn es keine gesetzlichen Regelungen gibt, auch weitergehen.

Warum sind wir Menschen so doof? Wir wissen, was uns droht und verhalten uns (in der Mehrheit) völlig irrational. Was ist der Grund dafür? Zum einen liegt es daran, wie unser Gehirn die Welt wahrnimmt. Hier gibt es zwei Mechanismen, die unser Verhalten negativ beeinflussen.
- Der erste Mechanismus ist, dass für unser Gehirn konkrete und plastische Gefahren eine weit höhere Bedeutung haben als abstrakte. Ein Bär oder ein Gangster, der uns bedroht, hat große Relevanz. Ein abstraktes Konzept zur Bekämpfung der Klimakrise, das wir nicht sehen, hören, riechen und schmecken können, aktiviert unser Gehirn nur wenig.
- Der zweite Mechanismus ist unser Zeitempfinden. Ereignisse, die konkret in nächster Zeit stattfinden, aktivieren unser Gehirn viel stärker als solche, die sich

in einem, fünf oder gar zwanzig Jahren ereignen können. Zwar können wir uns die Klimakrise vorstellen. Weil sie aber »scheinbar« weit weg ist bzw. wir sie ignorieren, hat sie nur eine geringe Relevanz. So gesehen gleicht der Mensch einer Eintagsfliege.

Neben diesen beiden geschilderten Mechanismen gibt es aber noch einen stärkeren Grund für unser irrationales Verhalten. Dieser Grund hat zwei Namen: das Belohnungs- und das Bestrafungssystem. Wir wissen nun, dass die Emotionen unbewusst den Verstand regieren und nicht umgekehrt. Unser Belohnungssystem ist dabei auf Steigerung eingestellt: Es will immer mehr, es will es schneller, schöner, stärker, besser. Waren wir vor 50 Jahren noch glücklich, wenn wir eine Woche nach Österreich oder an die Nordsee fahren konnten, machen wir heute drei- bis viermal Urlaub im Jahr und die Malediven liegen defacto vor unserer Haustür. Während die ersten Volkswagen-Käfer nach dem Krieg noch mit 24 PS unterwegs waren, hat sein Nachfolger, der Golf, heute mindestens 90 PS. Und weil eine konkrete, baldige Belohnung für unser Gehirn eine wesentlich größere Bedeutung hat als eine ferne, abstrakte Bedrohung, konsumieren wir fröhlich weiter. Dieses unvernünftige Verhalten wird zusätzlich durch eine Eigenschaft unseres Bestrafungssystems verstärkt. Verzicht und Verlust haben, wie wir wissen, eine doppelt so starke Wirkung wie Belohnungsgewinn. Anders formuliert: Abgeben von Dingen, Reduzieren des Lebensstandards und des erreichten Belohnungsniveaus sind für unser emotionales Gehirn eine mittlere Katastrophe. Alle diese aufgezählten Mechanismen führen dazu, dass wir sehenden Auges in die Katastrophe laufen. Dazu kommt noch die Entwicklung in den Schwellenländern: Hier verlassen Milliarden Menschen gerade die Armut und dürfen zum ersten Mal mit an den Konsum-Belohnungstopf. Wenn wir aus den reichen Industrieländern diesen Menschen nun Verzicht predigen, zeigen sie uns zu Recht den Finger.

So konsumierst du glücklicher
Nun wollen wir aber den Konsum nicht pauschal verdammen, weil das Leben ohne diese kleinen Freuden auch langweilig wäre. Es gibt aber Wege, wie wir die Freude und das Glück beim Geldausgeben und Konsumieren noch etwas steigern können.

Das US-amerikanische Forschertrio Elisabeth Dunn, Daniel Gilbert und Timothy Wilson hat eigene Untersuchungen zu dem Thema gemacht und zudem viele weitere Untersuchungen ausgewertet. Dieses Wissen haben die Forscher zu acht Ratschlägen zusammengefasst.

1. *Gib mehr Geld für Erlebnisse und Erfahrungen aus und weniger für materielle Güter*
Schöne Erlebnisse speichern wir in unserem Gedächtnis und können uns immer wieder und lange mit Freude daran erinnern. Materielle Güter verlieren dagegen schnell ihren Glanz.

2. Mach mit deinem Geld anderen eine Freude
Wenn wir das Geld nehmen und unseren Liebsten und guten Freunden eine Freude machen, aktivieren wir nicht nur unser Fürsorgesystem. Das freudige Gesicht und das herzliche »Danke«, das wir zurückbekommen, haben für unser Gehirn einen höheren emotionalen Wert als der, der von Produkten ausgeht.

3. Kaufe lieber viele kleine Sachen als etwas Großes
Die Summe der Freuden, die wir bei vielen kleinen Belohnungen bekommen, übersteigt die einmalige Freude einer großen Sache erheblich. Die Freude am Großen ist zudem nur von kurzer Dauer, während man sich an vielen kleinen Dingen länger erfreut.

4. Verzichte darauf, zusätzliches Geld für Garantien oder Versicherungen auszugeben
In dem Moment, indem wir etwas kaufen, jubelt unser Belohnungssystem und das gekaufte Produkt hat einen enormen psychologischen Wert für uns. Wenn uns nun beim Kauf eine verlängerte Garantie mit angeboten wird, richtet sich unser Gedanke auf den Verlust des Produkts und dieser Verlust wäre in diesem Moment schrecklich. Direkt beim Kauf überbewerten wir den Wert des Produkts und sind deshalb bereit und zugleich anfällig, übertreuerte Garantien zu bezahlen. Wenn das Produkt dagegen nach zwei, drei Jahren kaputtgeht, haben wir längst die Freude daran verloren. Zudem haben wir dann eine innere Rechtfertigung, etwas Neues, Schöneres zu kaufen.

5. Verzögere den Konsum – warte, bis du zuschlägst
Dieses Prinzip kannst du auch beim Sex ausprobieren. Ein sofortiger Orgasmus ist zwar schön, aber noch schöner ist es, wenn man den Moment bis dahin noch lange rauszögert. Beim Konsum ist es nicht anders. Oder wie das alte Sprichwort sagt: Vorfreude ist die schönste Freude.

6. Denke darüber nach, ob du viele teure Produkteigenschaften wirklich im Alltag brauchst
Wir geben oft viel Geld für besondere Eigenschaften von Produkten aus, die wir uns beim Kauf als reines Glück und Paradies vorstellen. Das Problem: Im Alltag, wenn wir das Produkt einsetzen, nutzen wir diese Eigenschaften nicht. Dieses Phänomen, dass wir uns von solchen Eigenschaften das Geld aus der Tasche ziehen lassen, kann einzelne Eigenschaften oder auch ein Produkt insgesamt betreffen. Ich erinnere mich noch, wie unsere früheren Nachbarn freudestrahlend erzählten, dass sie sich einen Schokoladenbrunnen gekauft haben und wie toll es nun wäre, ihn jeden Sonntag und jeden Kindergeburtstag laufen zu lassen. Das Ding wanderte schon nach zweimaliger Nutzung auf ewig in den Keller. Nicht nur, dass sich die Familie schnell satt gegessen hatte. Auch die lange, notwendige Reinigung nach jeder Benutzung trübte die Freude schnell.

7. *Höre auf, Produkte bis ins kleinste Detail zu vergleichen*
Dieses Prinzip hat eine ähnliche psychologische Grundlage wie das vorherige. Vor dem Kauf verbringen wir lange Zeit damit, Produkteigenschaften zu vergleichen, die nachher im Alltag völlig unwichtig sind. Das ist nicht nur zeitaufwendig, es erzeugt auch Stress und zerstört die reine Vorfreude.

8. *Kaufe das, was andere vor dir schon glücklich gemacht hat*
Der Mensch ist ein Herdentier und orientiert sich unbewusst am Verhalten anderer. Wenn diese anderen ihre Produkterfahrungen mit einem Produkt als gut und schön bewerten, wird das Produkt nicht nur beim Kauf selbst attraktiver. Auch in der täglichen Nutzung haben wir eine größere Freude dran, weil unsere tatsächlichen Produkterfahrungen erheblich durch die positiven Bewertungen der anderen beeinflusst werden. Ein kleines Beispiel dazu: Wenn wir mit anderen in einem Restaurant sitzen und gemeinsam einen Wein trinken, wird der uns viel besser schmecken, wenn die anderen sagen, dass sie selbst noch nie so einen guten Wein getrunken haben.

8 Ästhetik: Warum wir über Geschmack nicht streiten sollten

Du kennst sicher diese Bemerkungen: »Also, Helene Fischer finde ich doof, dieses Gesülze. Ich stehe auf Rammstein, AC/DC oder Eminem.« Oder: »So, wie sich Karl und Ute eingerichtet haben, würde ich mich nie einrichten, die haben doch null Geschmack.« Oft genug kommt es darüber auch in Familien zum Streit, vor allem, wenn die ästhetische Präferenz des einen unmittelbar die der anderen tangiert. Lucas, der Junior, zum Beispiel steht auf Apache 207 und lässt diese Musik in gehöriger Lautstärke in seinem Zimmer laufen. Gisela und Horst, die Eltern, lieben die Kastelruther Spatzen. Für sie ist Apache 207 nur störender Krach, während Lucas die Kastelruther Spatzen zum Schlagerteufel jagen könnte. Da sowohl die Musik von Gisela und Horst wie auch die von Lucas in der ganzen Wohnung zu hören ist, kommt es häufig zu Diskussionen, was gute oder schlechte Musik sei. Natürlich ohne Ergebnis. Auf diese unterschiedlichen Geschmacksurteile treffen wir überall in unserem Alltag, gleich ob es sich um Musik, Einrichtung oder Autodesign handelt. Aber woher kommen die Unterschiede und die damit verbundenen Bewertungen und Vorlieben? Zunächst einmal ist es die Kultur. Jede Kultur hat ihre eigene Ästhetik. Die Inneneinrichtung eines Hauses in Japan beispielsweise unterscheidet sich völlig von der eines durchschnittlichen Hauses in Mitteleuropa. Gleich verhält es sich mit Musik und Alltagsdesign. Zudem haben auch Farben in unterschiedlichen Kulturen eine unterschiedliche Bedeutung. Aber: Auch innerhalb von Kulturen gibt es erhebliche Unterschiede. Und diese Unterschiede gehen weitgehend auf unsere Emotionssysteme zurück. Jedes Design wird dafür gemacht, dass es Menschen gefällt. Gefallen ist aber ein tief emotionaler Prozess. Deswegen sind es letztlich auch die Emotionssysteme der Gestalter oder Komponisten, die Design- oder Musikstile hervorbringen. Und es sind die Emotionssysteme von uns Adressaten, die das Ergebnis als schön oder weniger schön empfinden. Machen wir deshalb einen kleinen Streifzug durch Musik, Einrichtung und Mode.

Die emotionale Logik der Musik
Beginnen wir mit der Musik. Da nicht jeder klassische Musik hört, schauen wir uns die Unterhaltungsmusik durch die Brille unserer Emotionssysteme an. Diese Musik hören wir täglich über die unterschiedlichsten Kanäle. Nehmen wir einfach ein paar prototypische Stars und ihre Musik. Die verorten wir dann gemeinsam auf unserer Map.

Schauen wir zunächst auf die Volksmusik, genauer, die volkstümliche Musik. An wen denke ich da spontan? An die Kastelruther Spatzen oder an Marianne und Michael. Die Inhalte aller Lieder lassen sich mit Herz, Schmerz, Heimat und Gemeinschaft zusammenfassen. Natürlich werden auch die Plattenhüllen so gestaltet, dass sie diese emotionale Welt ausdrücken. Man muss nicht lange nachdenken, wo dieses Genre sitzt: im Balancebereich.

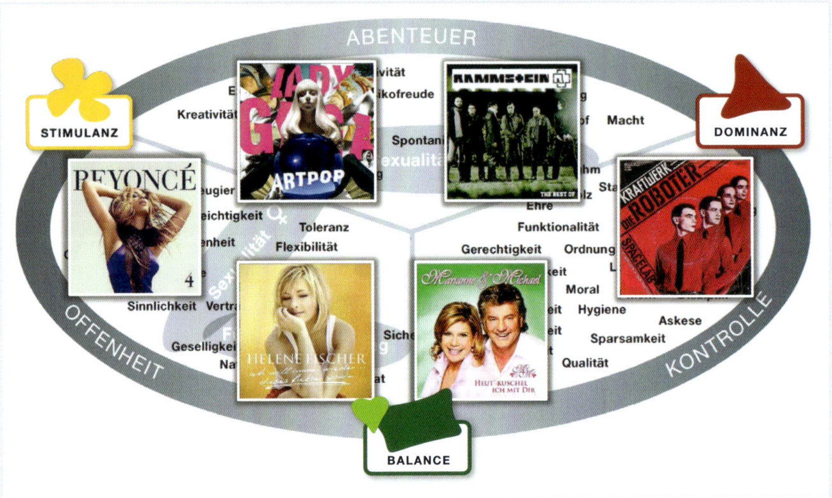

Abb. 28: Die emotionale Logik der Unterhaltungsmusik

Gehen wir weiter zum (deutschen) Schlager. Bei den weiblichen Stars steht sicher Helene Fischer unangefochten auf Platz eins, gefolgt von Beatrice Egli und Andrea Berg. Die Musik ist fröhlich und harmonisch, hier geht es um Liebe und die kleinen Abenteuer des Alltags. Wenn wir Helene Fischer auf der Map verorten, liegt sie zwischen Offenheit und Balance. Bei den männlichen Stars liegen Max Giesinger und Xavier Naidoo, aber auch Herbert Grönemeyer auf einer ähnlichen, vielleicht etwas stimulanteren Position.

Ziemlich genau zwischen Stimulanz und Balance liegt der Mainstream-Pop. Typische Vertreterinnen sind Beyoncé oder Taylor Swift.

Nun schauen wir ins Stimulanzfeld. Hier wird die Musik ein Stück experimenteller. Neue Stilformen betreten die Bühne. Die Texte lösen sich aus den Konventionen. Sexuelle Botschaften und eine klare, provokante Sprache sind häufige Stilmittel. Prototypische Vertreterinnen sind Lady Gaga oder Billie Eilish.

Wandern wir weiter in Richtung Abenteuer. Dieses Feld ist auch das Feld der Provokation und Rebellion. Ein dazu gehöriger Musikstil (inklusive Text) ist sicher der Rap. Diese Szene ist eher männlich geprägt. Aus der deutschen Szene fallen mir da Capital Bra, Apache 207 oder Alligatoah ein, international beispielsweise Drake oder Pusha T.

Ein kleines Stück weiter von Abenteuer in Richtung Dominanz wird es härter und brutaler. Die Musik ist laut mit hartem Beat und aggressiven Riffs. Hier kommen wir in die

Welt von Hard Rock, Heavy und Power Metal und Gothic. Beispielsweise AC/DC, Metallica, Sabaton. Die Gesamtmischung dieser Stile verkörpert prototypisch Rammstein.

Nahe am Dominanzbereich, aber mit einem kleinen Schuss Ordnung und Struktur, landen wir bei Techno, Synth-Pop, in der Electro-Welt. Protagonist für viele dieser Richtungen war und ist Kraftwerk. Das Stilmittel ist eher gleichbleibender Rhythmus, geringe Lautstärken-Unterschiede und eine gewisse Strukturiertheit.

Natürlich gibt es jetzt Spezialisten, die mir vorwerfen, man könne doch zum Beispiel Techno und Synth-Pop oder Hard Rock und Gothic nicht in einen Topf werfen. Das kann alles sein. Wenn man aber diese großen Genrewelten einfach unverstellt auf sich wirken lässt, treten die emotionalen Gemeinsamkeiten doch klar hervor.

Die emotionale Logik der Einrichtung
Von den Ohren zu den Augen. Besuchen wir mal einige Familien oder Paare Zuhause und schauen, wie sie sich einrichten. Auch hier werden wir feststellen, dass die prototypischen Einrichtungsstile eine klare emotionale Sprache sprechen.

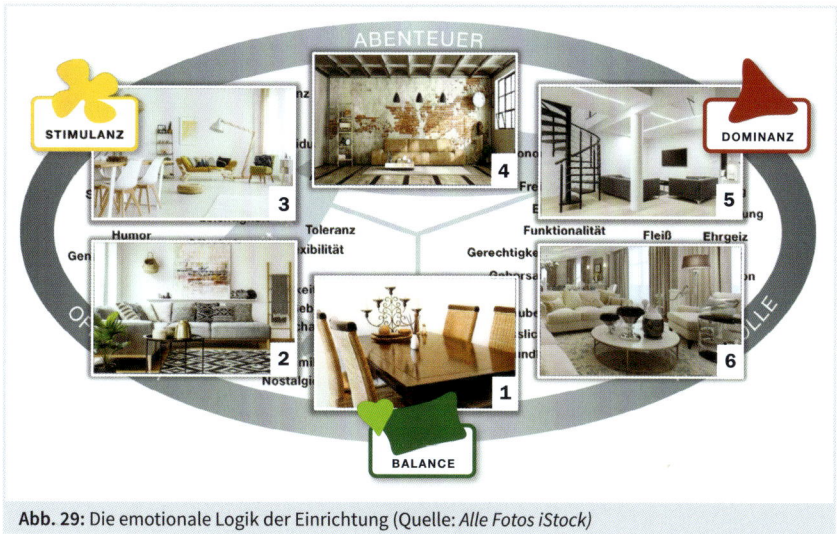

Abb. 29: Die emotionale Logik der Einrichtung (Quelle: *Alle Fotos iStock*)

Beginnen wir unseren Heimrundgang im Balancesystem (Stilwelt 1). Das Balancesystem will, wie wir wissen, Sicherheit. Es klammert sich an Bewährtes und liebt Tradition. Genauso sieht die entsprechende Einrichtungswelt aus. Traditionelle Formen und warmes Holz dominieren. Alles macht einen soliden und schweren Eindruck. Da man sich auch bei der Einrichtung auch immer am »Nachbarn« orientiert, will man mit seiner Einrichtung nicht auffallen oder anders sein. Man möchte zeigen, dass man ordentlich und zuverlässig ist.

Nun wandern wir vom Balancesystem in Richtung Harmonie und Stimulanz. Die Stilwelt 2, auf die wir treffen, bleibt in ihrer grundsätzlichen Formensprache auch eher traditionell. Aber alles ist leichter, verspielter und offener. Auch die dekorativen Elemente werden kreativer eingesetzt. Ihre emotionale Herkunft bleibt aber das Balancesystem. Auch die Anordnung der Möbel im Raum ist noch eher traditionell.

Die Stilwelt 3 in unserem Rundgang liegt beim Stimulanzsystem, das zuständig ist für das Neue und Kreative. Es liebt die (Stil-)Brüche und das Spiel mit scheinbar nicht Zusammenpassendem. Die Grundordnung des Raums wird aufgelöst. Die mitschwingende soziale Botschaft lautet: »Ich bin individuell.«

Mit Stilwelt 4 befinden wir uns im Neuland. Es gibt keine sichtbare Struktur mehr. Man experimentiert mit Form und Material. Die Stilistik ist eher grob und mitunter provokant. Geborgenheit und Gemütlichkeit sind aufgelöst. Konventionen interessieren nicht mehr.

Nun zu Stilwelt 5. Sie liegt im Dominanzbereich mit einem Schuss Kontrolle. Die dahinter liegenden Werte sind Präzision, Effizienz, aber auch Status. Die Formensprache ist klar und kühl – ohne Schnörkel. Alles ist weitgehend auf die Funktion reduziert. Die soziale Proklamation ist Status und Effizienz.

Stilwelt 6 schließlich liegt zwischen Dominanz und Balance. Man demonstriert Status und erreichten Erfolg durch eine teure Einrichtung. Die Formensprache ist aber traditionell.

Die emotionale Logik der Mode
Auch Mode ist im Alltag oft heftiger Kritik unterworfen: »Wie kann man sich auch nur so anziehen?« Eine Frage, die vor allem unter Frauen nicht unbedingt als Kompliment gemeint ist. Am Beispiel der Damenmode werden wir erkennen, dass die Life Code-Gesetze auch dort gelten. Kleidung wird, wie nur wenige andere Konsumgüter, für den »Nachbarn« gekauft. Die Grundfunktionen der Kleidung, Schutz und Wärme, treten, außer bei Arbeits- oder Sportfunktionskleidung, längst in den Hintergrund. Heute, in der Welt des Konsums, ist Kleidung vor allem ein soziales Statement. Wir möchten anderen und uns gefallen. Beginnen wir also mit unserer emotionalen Modeschau entlang der Map.

8   Ästhetik: Warum wir über Geschmack nicht streiten sollten

Abb. 30: Die emotionale Logik der Mode (Quelle: Alle Fotos iStock)

Wie immer starten wir im Balancebereich. Mode, die vom Balancesystem bestimmt wird (Stilwelt 1), ist konservativ. Form, Farbe und Schnitt sind eher traditionell. Das zugehörige »Nachbarsmotiv« ist: »Ich möchte ordentlich sein, ich möchte dazugehören, ich möchte nicht auffallen.«

Auch Stilwelt 2 ist im Prinzip konservativ, aber alles ist schon etwas legerer und lockerer.

Diese Ungezwungenheit findet sich auch in Stilwelt 3 wieder. Sie löst sich aber von der konservativen Farb- und Formensprache. Es werden spielerisch verschiedene Stilrichtungen kombiniert. Dieses Experimentieren wird in Stilwelt 4 weiter verstärkt. Hier regiert vollständig das Stimulanzsystem, es wird Individualismus proklamiert. Der Wunsch zu gefallen, vereint sich mit dem Wunsch aufzufallen.

Stilwelt 5 bringt eine weitere wichtige Grundfunktion der Mode zum Ausdruck: sexuelle Attraktivität. Ähnlich wie in Stilwelt 4 geht es auch ums Auf- und Gefallen. Zugleich werden aber noch deutliche sexuelle Signale ausgesendet. Diese sexuell aufgeladene Stilwelt gibt es auch in der Herrenmode, dort liegt sie aber in der Nähe des Dominanzsystems. Männliche sexuelle Attraktivität ist stärker mit Macht und sozialem Status verknüpft. In Kapitel 15, in dem es um die Unterschiede zwischen Mann und Frau geht, werden wir uns diesem Thema stärker widmen.

Weiter geht es zu Stilwelt 6. Der Wunsch, anders zu sein und aufzufallen, wird häufig bis zur Provokation verstärkt. Hier lautet die Botschaft: »Ich bin stark und unabhängig.« Konventionen und die Zustimmung der breiten Masse interessieren nicht, das Gegenteil ist der Fall. Warum wir in diesen oberen Stilwelten fast nur junge Menschen antreffen, schauen wir uns in Kapitel 16 genauer an, wenn wir uns mit dem Alter beschäftigen.

8 Ästhetik: Warum wir über Geschmack nicht streiten sollten

Stilwelt 7 ist durch eine klare, strenge Formensprache gekennzeichnet. Sie drückt Status und Durchsetzungsfähigkeit aus. Aus diesem Grund trifft man Stilwelt 7 häufig in der Businesswelt. Dort sind Leistung und Effizienz die Leitwerte. In Stilwelt 8 vermischen sich Statussignale mit traditionellen Formen und Farbsprache. Während Stilwelt 7 eher signalisiert »Ich bin auf dem Weg nach oben« ist das Signal von Stilwelt 8 »Ich bin schon lange oben und habe den angestrebten Status längst erreicht«.

Wenn du die Einrichtungs- und die Modestile vergleichst, wirst du sicher feststellen, dass hier fast eine hundertprozentige Ähnlichkeit besteht. Bei den Einrichtungsstilen fehlt lediglich die sexuell aufgeladene Welt. Diese große Ähnlichkeit liegt daran, dass beide Stilwelten eine extrem hohe »Nachbarkomponente« haben.

Von wo das Neue in die Welt kommt
Das Gemeinsame aller Stil- und Geschmackswelten ist ihre emotionale Grundlogik. Traditionelle und gewohnte Stile finden sich bei der Balance, das Neue und Provokante bei Stimulanz und Abenteuer. Allerdings: Wenn wir die gleiche Betrachtung in zehn oder zwanzig Jahren wieder machen würden, wären die Künstler in der Musikbranche und das Design von Einrichtung und Mode sicher andere. Denn sowohl Musik wie auch Design sind einem permanenten kulturellen Wandel ausgesetzt. Wohin dieser Wandel steuert, lässt sich nicht vorhersagen, dazu sind kulturelle Einflüsse viel zu komplex. Wie gesagt: Das Neue und Ungewohnte tritt im Korridor zwischen Stimulanz und Abenteuer in die Welt.

Abb. 31: Von wo das Neue in die Welt kommt

Das können neue Ideen oder Weltbilder sein, z. B. Einsteins Relativitätstheorie. Es können neue Technologien sein, wie der Quantencomputer. Oder einfach nur provokante Haarstile, wie zum Beispiel vor 20 Jahren die Punkfrisuren. Das Neue löst Irritationen aus, weil es ungewohnt ist. Dagegen rebelliert das Balancesystem. Man lehnt es oft ab und bekämpft es mitunter auch. Aber nach einer gewissen Zeit gewöhnen wir uns daran. Je öfter wir etwas hören, sehen oder benutzen, desto selbstverständlicher wird es. Das Balancesystem beruhigt sich. Auf diese Weise bohrt sich das Neue langsam in die Gesellschaft und wandert in der Map in Richtung Balance. Nach einigen Jahren schließlich ist es bei der breiten Masse angekommen. Es gehört zum täglichen Leben und hat den Reiz des Neuen verloren. Dieses Prinzip gilt für alle Lebensbereiche, gleich ob Wissenschaft, Technik, Musik, Kunst, Literatur oder Mode.

Schauen wir uns dazu einige Beispiele aus Musik und Kunst an: Alle großen und bedeutenden Komponisten wie Mozart, Beethoven, Tschaikowski, Bruckner oder Mahler wurden mit ihrer neuen Musik zunächst abgelehnt. Sie brauchten viele Jahre, bis sie von einem breiten Publikum anerkannt wurden. Heute ist diese Musik »klassisch« und sitzt als Genre bei Balance. Das Gleiche sehen wir auch in der Malerei. Ob Dürer, Goya, van Gogh, Gauguin, Picasso oder meine Lieblingsmalerin Maria Lassnig: Sie hatten alle den gleichen, dornigen Weg wie ihre Musikerkollegen. Sie brachten eine neue Bildsprache in die Welt. Die etablierten Künstler und die Welt reagierten mit Ablehnung. Irgendwann wurde das Neue von anderen Künstlern aufgegriffen und damit salonfähig. In den Museen stehen die Menschen heute Schlange vor diesen Bildern. Zudem hängen sie als Drucke in vielen bürgerlichen Wohnzimmern.

Warum die Kastelruther Spatzen nicht schlechter sind als AC/DC
Die Stil- und Geschmackswelten haben alle einen festen Platz im Emotionsraum. Da aber alle unsere Emotionssysteme gleichberechtigt und lebensnotwendig sind, gibt es keine Geschmackswelt, die von sich behaupten könnte, sie wäre wertvoller oder etwas Besseres als die andere. Die Kastelruther Spatzen haben die gleiche Daseinsberechtigung wie AC/DC. Ein Wohnzimmer im Gelsenkirchener Barock hat die gleiche ästhetische Wertigkeit wie ein schniekes Loft mit ausgefallenen Designermöbeln. Aber warum äußern wir uns häufig ablehnend oder missfallend über die Stilwelten der anderen? Warum sind Geschmäcker so verschieden?

Häufig nehmen wir den Geschmack unserer Eltern in unser eigenes Leben mit. Zudem kopieren wir den Stil von Menschen, denen wir nacheifern oder die eine gewisse Vorbildfunktion für uns haben. Eine besondere Rolle spielt dabei unsere Persönlichkeit. Und diese bildet sich aus unseren Emotionssystemen. Wir sehen die Welt immer nur durch unsere eigene emotionale Brille (kurz: Emo-Brille). Deshalb gefällt uns die Musik- oder Geschmackswelt am besten, die gleiche oder ähnliche Emotionsschwerpunkte hat wie unsere eigene Persönlichkeit. In den Kapiteln 11 und 12 betrachten wir das genauer.

9 Politik: Warum Angela Merkel eine kluge Chinesin ist

Bleiben wir beim Streiten. Nicht nur über Geschmack, auch über Politik bekommen wir uns oft lautstark in die Haare. Dabei spielt es keine Rolle, ob dieser Streit im Parlament, in einer TV-Talkshow oder am Stammtisch stattfindet. Die einen sind für offene Grenzen und eine humanitäre Flüchtlingspolitik. Die anderen fürchten den Untergang und die Islamisierung des Vaterlandes. Sie würden am liebsten, so wie Trump, meterhohe Zäune an den Grenzen errichten. Dann gibt es die Zeitgenossen, die predigen »Leistung muss sich lohnen« und hohe Managergehälter für gerecht halten. Andere dagegen proklamieren Solidarität, fordern das bedingungslose Grundeinkommen, das sie mit einer Erhöhung der Vermögens- und Einkommenssteuer finanzieren möchten.

Dann die Corona-Krise. Virologen und Epidemiologen plädieren aus Sicherheitsgründen zum Schutz der Bevölkerung für einen strikten Lockdown. Dagegen wehren sich Verfassungsrechtler und Demonstranten, die uneingeschränkte Freiheit fordern.

Auch wenn alle diese Themen vordergründig rational und sachlich erscheinen, haben sie eine Herkunft: Es sind unsere Emotionssysteme, die alle wichtigen politischen Themen verursachen. Und weil unsere Emotionssysteme auch in der Politik und in den politischen Themen die Regie führen, streiten und diskutieren wir oft mit Inbrunst darüber. Schauen wir uns die Sache genauer an und versuchen, die beispielhaft angeführten Konflikte auf der Map zu verorten. Der erste Konflikt zwischen offener, humanitärer Flüchtlingspolitik und einer rigiden und harten Haltung ist der emotionale Konflikt zwischen Offenheit auf der linken Seite und Kontrolle auf der rechten Seite der Map. Werte, die im Feld der Offenheit liegen, sind Toleranz und etwas weiter unten auch Fürsorge = Nächstenliebe. Rechts auf der Map sind wir in der Welt der Kontrolle und Ordnung. Werte wie Pflicht und Disziplin gehören in diesen Emotionsraum.

9 Politik: Warum Angela Merkel eine kluge Chinesin ist

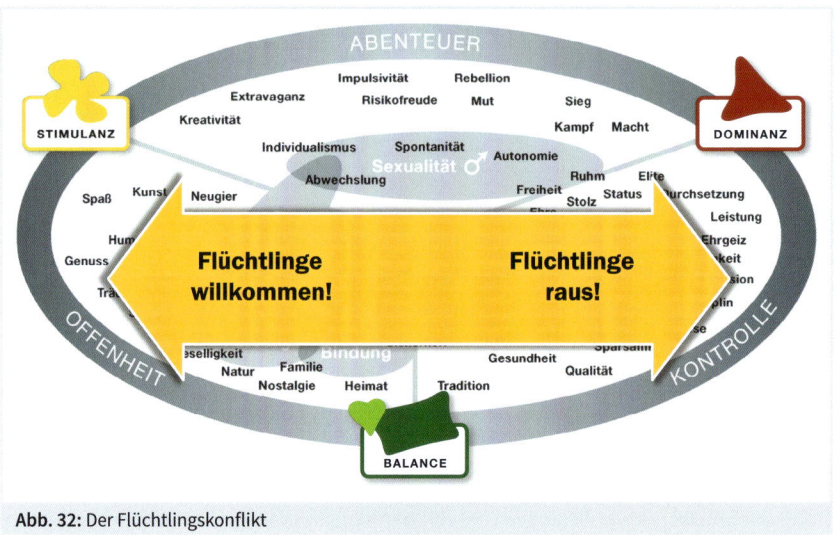

Abb. 32: Der Flüchtlingskonflikt

Nun zum nächsten politischen Disput. Hier geht es um den Vorrang des Leistungsprinzips, das auch hohe Einkommensunterschiede rechtfertigt. Im Gegensatz dazu steht die soziale und solidarische Gesellschaft, die Gleichheit und gerechte Verteilung des Wohlstands fordert. Leistung und Durchsetzung kommen aus dem Dominanzbereich. Der Wunsch nach Solidarität dagegen ist unserem Harmoniesystem zu verdanken, das auf Gemeinschaft und Fürsorge setzt.

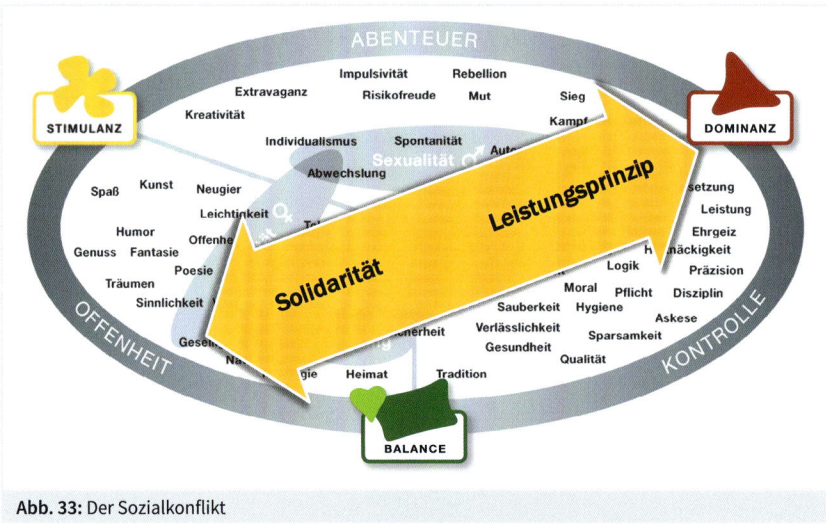

Abb. 33: Der Sozialkonflikt

Einen ähnlichen Konflikt erleben wir auch in der Wirtschaftspolitik. Es gibt viele Ökonomen und Führungskräfte, die dafür plädieren, dass sich der Staat aus der Politik raushalten soll und die Wirtschaft alle Freiheit (Dominanz) erhält und weitgehend selbstbestimmt agieren kann. Diejenigen, die hier am lautesten »Freiheit« rufen, sind dann aber auch die Ersten, die in Krisen wie der Weltwirtschafts- oder der Corona-Krise genauso laut um Staatshilfe (Fürsorge) rufen.

Nun zum Freiheits-/Sicherheitskonflikt. Dieser Konflikt, der gerade während der Corona-Pandemie besonders deutlich sichtbar wird, ist ein zentraler politischer Konflikt, der weit über die Corona-Krise hinausgeht. Denken wir an die vielfältigen Forderungen der Innenminister und der Polizeispitzen nach stärkerer Überwachung des digitalen und öffentlichen Raums. Dagegen wehren sich die Freiheitskämpfer, die eine Einschränkung unserer Freiheit nicht dulden wollen.

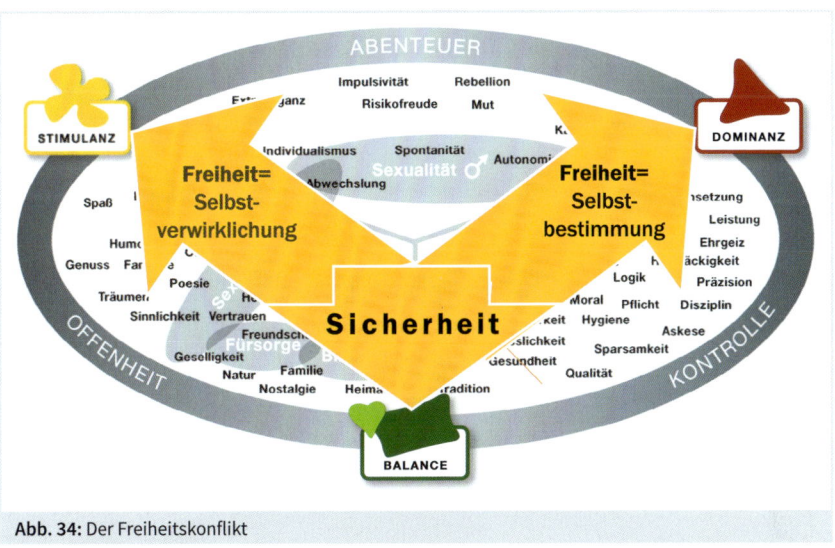

Abb. 34: Der Freiheitskonflikt

Welche Emotionssysteme stecken dahinter? Unser Freiheitsmotiv wird vom Stimulanz- und Dominanzsystem gespeist. Das Stimulanzsystem will Spielraum zur Selbstverwirklichung. Das Dominanzsystem fordert Autonomie und Selbstbestimmung. Dieser Konflikt verkörpert die Grundspannung unserer Emotionssysteme.

Diese Beispiele zeigen, dass unsere Emotionssysteme auch in der Politik die Regie führen. Ich denke aber, es lohnt sich, noch etwas genauer auf die großen gesellschaftlichen und politischen Themen zu schauen, um weitere wichtige Zusammenhänge zu verstehen.

Die emotionalen Bedürfnisse einer Gesellschaft

Eine Gesellschaft wird von Menschen gebildet. Aus diesem Grunde ist es nicht verwunderlich, dass die menschlichen Bedürfnisse, die wir ja inzwischen kennen, auch in gesellschaftlichen Institutionen zum Ausdruck kommen. Wir betrachten dazu Ins-

9 Politik: Warum Angela Merkel eine kluge Chinesin ist

titutionen und Themenfelder, die vom Staat ausgefüllt und unterstützt werden. Privatwirtschaftliche Institutionen betrachten wir aus Platzgründen nicht – sie hätten aber auch einen festen Platz überall auf der Map. Die einzige Ausnahme bilden hier die Kirchen. Ihre Verbindung zum Staatswesen ist so eng, dass sie mit betrachtet werden. Beginnen wir also mit unserem Rundgang durch die Map.

Unser Balancesystem fordert, wie beschrieben, ein Maximum an Schutz und Sicherheit. In jeder politischen Theorie steht die Aufgabe des Staates, für Schutz und Sicherheit seiner Bürger zu sorgen, ganz oben. Die zugehörigen innerstaatlichen Institutionen sind insbesondere die Polizei und die Feuerwehr, außerstaatlich sind es die Streitkräfte. Zum Schutz und zur Sicherheit gehört auch das Gesundheitswesen. Denn Gesundheit ist eines der zentralen Ziele des Balancesystems. Das Gesundheitswesen basiert aber noch auf einem weiteren Emotionssystem: Es ist das Harmonie-, genauer, das Fürsorgesystem. Denken wir an die Krankenhäuser und Pflegeheime, die aus Hospizen und dem Gedanken der Nächstenliebe entstanden sind. Eine ähnliche Funktion haben die Kirchen. Sie geben vielen Menschen Sicherheit im Diesseits und für das Jenseits (Balance), außerdem erfüllen sie viele karitative Aufgaben. Im nächsten Kapitel kommen wir darauf nochmals zurück.

Weiter geht es zur Umweltdiskussion. Auch ihr emotionaler Treiber ist Sicherheit (Erhaltung des Lebensraums für mich) und Harmonie (Erhaltung des Lebensraums für eigene Nachkommen, andere Menschen, Tiere und Pflanzen). Ganz auf Harmonie basieren unsere sozialen Themen: Familie & Jugend, Arbeit & Soziales.

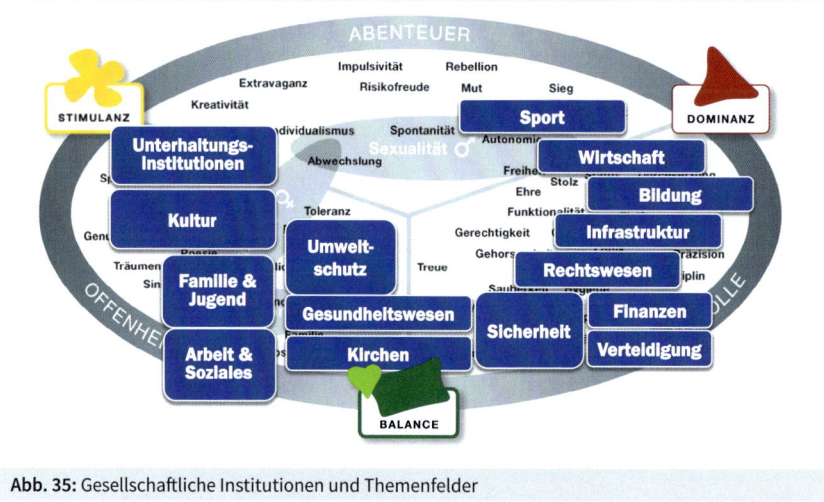

Abb. 35: Gesellschaftliche Institutionen und Themenfelder

Wandern wir weiter im emotionalen Raum in Richtung Offenheit und Stimulanz. Das ist die Welt der Kultur, also Theater, Literatur, Musik. Ihre Aufgabe ist es, für neue

Erfahrungen und für Offenheit zu sorgen. Im Stimulanzbereich, wo es stärker nur um Abwechslung geht, finden wir den öffentlich-rechtlichen Rundfunk. Im Unterschied zu den privaten Sendern, die fast ausschließlich auf Unterhaltung setzen, hat der öffentlich-rechtliche Rundfunk noch einen Bildungs- und Informationsauftrag. Der liegt eher im Bereich Kontrolle. Zwischen Abenteuer und Dominanz finden wir den Sport.

Im reinen Dominanzbereich geht es um Leistung, Zielerreichung und Wettbewerb. Prototypisch für diesen Wertebereich ist die Wirtschaft. Auch die Bundeswehr hat einen Dominanzanteil, das wird aber gerne geleugnet. Etwas weiter unten bei Werten wie Effizienz können wir das Verkehrswesen und die digitale Infrastruktur platzieren. Das Hauptziel in diesen beiden Bereichen: Alles soll schnell und reibungslos gehen. Auch Bildung gehört in den Effizienzbereich: Es geht im Wesentlichen darum, besser zu werden und leistungsfähig zu bleiben.

Bei Kontrolle kommen wir zu Werten wie Ordnung, Disziplin, Präzision und Verlässlichkeit. Diese Funktion wird im Wesentlichen von unserem Rechtswesen übernommen, das sich in der Ausführung unter anderem der Polizei bedient. Da auch Geld mittelbar sehr wichtig ist, haben wir diverse Institutionen, die sich um unsere Finanzen kümmern.

Wir sehen anhand dieser Beispiele: Unsere Gesellschaft, unsere Politik und unsere Institutionen sind im Wesentlichen so organisiert, dass sie unsere emotionalen Bedürfnisse befriedigen. Und wie sieht es mit den Vitalbedürfnissen Nahrung und Sexualität aus? Für die Sicherung der Ernährung gibt es staatliche Institutionen. Um sein Sexualleben dagegen muss sich jeder selbst kümmern.

Die emotionale Parteienlandschaft
Nun stellt sich die Frage, wer das Ganze steuert und die Schwerpunkte setzt. Es ist die Regierung, die es auf allen Ebenen gibt: auf Bundes-, Länder-, Bezirks-, Kreis,- Städte- und Gemeindeebene. In der Demokratie werden die Regierenden gewählt. Die Regierenden (auch die Opposition) repräsentieren dabei immer eine politische Partei. Durch unsere Wahl wollen wir nämlich, dass diese oder die andere Partei mit ihren Ideen und Vorstellungen an die Macht kommt. Aber was sind die Versprechungen der Parteien? Ganz einfach: Sie versprechen uns, unsere oben skizzierten Bedürfnisse zu erfüllen. Aber nicht jede Partei will alle unsere Wünsche gleichzeitig erfüllen. Und sie kann es auch gar nicht, weil, wie wir gesehen haben, diese Wünsche und Vorstellungen oft im Widerspruch zueinander stehen. Eine Partei verspricht deshalb, bestimmte Bedürfnisse besonders zu erfüllen. Je klarer und umgrenzter diese Versprechen sind, desto profilierter sind die Parteien und natürlich auch die Politiker, die sie erfüllen. In Kapitel 7 haben wir gesehen, wie wichtig und wirksam Marken in unserem Gehirn sind. Aus diesem Grund betrachten sich auch politische Parteien als Marken und nutzen die gleichen Mechanismen, um in unserem Wählergehirn einen Logenplatz zu bekom-

men. Politische Parteien versuchen wie Marken, ein klares, emotionales Vorstellungsbild in unserem Gehirn zu erzeugen. Neben ihren Versprechen, diese oder jene unserer Wünsche zu erfüllen, proklamieren sie bestimmte Werte, für die sie stehen. Da aber auch Werte immer einen emotionalen Hintergrund haben, belegen politische Parteien einen sehr klaren Platz im Emotionsraum. Dieser eingenommene Platz ist je nach Partei größer oder kleiner. Das schauen wir uns am Beispiel der deutschen Parteienlandschaft genauer an.

Abb. 36: Wo Parteien im Emotionsraum sitzen

Wieder starten wir im Balancebereich. Dort haben konservative Parteien ihre Heimat und ihren Ursprung. Damit sind wir bei der CDU. Sie wurde nach dem Zweiten Weltkrieg als christliche, überkonfessionelle Partei gegründet mit dem Ziel, konservative Werte (Familie, Heimat, Tradition) durchzusetzen. Gleichzeitig wollte sie eine Wirtschaftsordnung etablieren, die der Wirtschaft eine hohe Freiheit mit nur geringen staatlichen Eingriffen lässt. Im Laufe der Jahrzehnte und durch den Einfluss von Angela Merkel ist die CDU stärker in die Mitte gerückt, was sich auch in unserer Map widerspiegelt. Die CDU wurde liberaler und offener, ohne ihre konservative Grundhaltung aufzugeben. Ihre bayerische Schwesterpartei, die CSU, war lange Zeit noch konservativer und im wahrsten Sinne viel weiter rechts. Tradition, Recht und Ordnung waren und sind bis heute wichtige Kernwerte. Franz-Josef Strauß gab die Richtung vor: Rechts von der CSU darf es keine Partei geben. Was ist aber in den letzten Jahren passiert? Auch die CSU ist ein Stück weit in die Mitte gerutscht. Die schrillen Töne hört man nur noch beim politischen Aschermittwoch in Passau. Durch diese Liberalisierung ist aber auf dem rechten Rand ein Platz frei geworden. Wer hat diesen, unterstützt durch die Flüchtlingskrise, besetzt? Richtig: die AfD. Sie proklamiert geschlossene Grenzen, den Schutz des deutschen Volkes und natürlich auch: Recht und Ordnung.

Bewegen wir uns nun in Richtung Dominanz. Welche Partei predigt die Freiheit und besonders die Freiheit für die Wirtschaft? Welche Partei proklamiert die Leistung des Einzelnen und lehnt staatliche Regulierung oder Umverteilung strikt ab? Das ist die FDP.

Wandern wir weiter in Richtung Abenteuer und Stimulanz. Welche Partei versucht, diesen Platz zu besetzen? Es ist die Piratenpartei. Ihr Slogan macht es deutlich: »Europas digitale Freiheitskämpfer«. Leider ist dieser Bereich im Emotionsraum auch der Platz von Chaos und aufgelöster Ordnung. Aus diesem Grund tut sich die Partei schwer, stabile Parteistrukturen zu schaffen.

Weiter unten im Emotionsraum, im Bereich Stimulanz und Offenheit, stoßen wir auf Bündnis 90/Die Grünen. Begonnen haben sie ihren politischen Weg als absolute Antipartei zur CDU/CSU. Also dort, wo heute die Piraten sitzen. Wenn man an die früheren Parteitage denkt, war das Chaos pur. Heute sind sie bürgerlicher geworden und auf der Map nach unten gerutscht. Das entspricht auch ihrem Versprechen, für Klima, Natur und Nachhaltigkeit zu kämpfen. Gleichzeitig sind es auch die Grünen, die offene Grenzen, eine Multikulti-Gesellschaft usw. fordern. All das basiert auf Werten, die im Bereich der Offenheit liegen.

Weiter geht unsere Reise in Richtung Harmonie. Hier treffen wir auf die SPD. Ihr Anspruch ist Solidarität und sozialer Ausgleich. Während die FDP fordert, dass sich der Staat soweit wie möglich aus dem Leben heraushält, weil die Menschen eigenverantwortlich (= autonom) seien, plädiert die SPD dafür, dass der Staat viele Aufgaben übernimmt. Im Vergleich zu den Linken steht die SPD aber trotzdem noch für eine vergleichsweise liberale Wirtschaftsordnung. Aus diesem Grund ist der Emotionsraum der SPD größer und befindet sich nahezu in der Mitte der Map. DIE LINKE ist der SPD ähnlich, aber deutlich radikaler in der Forderung der sozialen Umverteilung.

Wer kann mit wem koalieren?
Wenn man auf die emotionale Parteienlandschaft mit einem größeren Abstand blickt, erkennt man im Prinzip zwei große emotionale Blöcke. Auf der rechten Seite der Map findet man CDU, CSU, FDP und AfD. Auf der linken Seite dann Bündnis 90/Die Grünen, SPD und DIE LINKE. Beide Blöcke haben ihre radikaleren Randparteien. Auf der linken Seite sind es die Linken und auf der rechten Seite ist es die AfD. Diese grundsätzliche, emotionale Blocktrennung ist wohl universell. Denken wir dabei nur an die Vereinigten Staaten, die mit zwei großen Parteien auskommen: den Demokraten und den Republikanern. Die Demokraten sind im Kern eher sozialdemokratisch und grün. Die Republikaner dagegen vertreten und vereinen die Positionen der CDU, CSU, FDP, aber auch der AfD.

Diese emotionale Verortung der Parteien macht auch deutlich, wer mit wem leicht oder nur mit großen Bauchschmerzen koalieren kann. FDP/CDU und CSU passen gut zusammen, genauso wie die Grünen und die SPD. Fast ausgeschlossen dagegen sind Koalitionen der Grünen mit der AfD oder der Linken mit der FDP. Da CDU, CSU, SPD, Grüne und FDP inzwischen in die Mitte gerückt sind, gibt es dort zwischen all diesen Parteien auch eine Schnittmenge. Diese Schnittmenge macht Koalitionen auch über die großen Blöcke hinaus möglich. Da aber immer noch weite Bereiche der Parteien außerhalb dieser Schnittmenge liegen, führt das zu langen und beschwerlichen Koalitionsverhandlungen.

Wer sollte mit wem koalieren?
Eine spannendere Frage ist, wer mit wem koalieren sollte. Diese Frage haben wir eigentlich schon in Kapitel 5 beantwortet, als es darum ging, wie das glückliche, gelungene Leben aussieht. Die Antwort war: immer schön in der Mitte bleiben. Dieses Grundprinzip können wir eins zu eins auf die Politik übertragen. Wir müssen uns nämlich fragen, ob es eine Partei gibt, die von sich behaupten kann, dass sie im Besitz der absoluten Wahrheit ist und uns so ins Paradies führen kann. Die Antwort lautet: natürlich nicht. Wenn man, wie die Grünen, für offene Grenzen und eine großzügige Einwanderungspolitik ist, dann klingt das sehr menschlich. Wie wir aber bei der großen Migrationswelle 2015 feststellen konnten und bis heute feststellen, schafft das auch enorme Probleme. Dagegen sind die Probleme nicht minder groß, wenn man wie die AfD geschlossene Grenzen und »deutsche« Werte wie Ordnung und Disziplin propagiert und diese politische Idee eins zu eins umsetzen würde. Wer beispielsweise ein deutsches Unternehmen besucht, wer einen Handwerker braucht, in einem Krankenhaus oder Altenheim pflegebedürftig ist oder nur ein Paket von Amazon geliefert bekommt, der wird schnell merken, dass wir Deutschland ohne Migranten oder Menschen mit Migrationshintergrund auf der Stelle zusperren könnten.

Wenn wir, wie von der FDP gefordert, eine neoliberale Politik, die im Prinzip puren Egoismus propagiert, eins zu eins umsetzen würden, wären die Einkommensunterschiede viel größer, als sie heute sind. Auch die Steuerlast wäre geringer, weil die Sozialausgaben, der größte Posten im Staatshaushalt, deutlich sinken würden. Aber der Weg zu US-amerikanischen Verhältnissen wäre ein Stück weit vorgezeichnet. Viele Bundesstaaten geben inzwischen mehr Geld für Gefängnisse als für Schulen aus. In Kapitel 6 haben wir den Zusammenhang von Einkommensungleichheit und Kriminalität ja betrachtet. Würden wir aber, wie von den Linken und der SPD gefordert, den Sozialstaat hin zum Sozialismus umformen, hätten wir auf dem Papier sicher ein Paradies. Alle wären gleich und würden gut vom Staat versorgt und unterstützt. Wo das Geld allerdings herkommt, wenn sich Unternehmertum und Leistungswille nicht mehr lohnen, steht in den Sternen. Die Ergebnisse beider Formen können und konnten wir im Alltag beobachten. Der Neoliberalismus einer Margaret Thatcher schaffte kurz Wachstum, im gleichen Zug aber auch Arbeitslosigkeit und soziales Elend. Der Sozialismus schaffte zwar scheinbare Gleichheit, gleichzeitig aber auch eine völlig kaputte Wirtschaft. Kluges, politisches Handeln und damit auch kluges Wahlverhalten sorgen dafür, dass die verschiedenen emotionalen, politischen Kräfte in der Summe einigermaßen im Gleichgewicht bleiben. Wohlgemerkt: in der Summe! Das kann in Form einer CDU/SPD-Koalition sein, aber auch eine schwarz-grüne Koalition beispielsweise erfüllt dieses »in der Mitte bleiben«. Weniger ideal wären aus dieser Sicht Koalitionen von CDU mit AfD und FDP oder SPD mit Grünen und Linken.

In den USA wird dieses Gleichgewicht über oft unterschiedliche Mehrheiten von Republikanern und Demokraten in Kongress und Senat hergestellt. Zudem wechseln sich demokratische und republikanische Präsidenten meist ab. Vor dem Republikaner Trump waren der Demokrat Obama, davor der Republikaner Bush und davor der Demokrat Clinton an der Macht. Auf diese Weise, wenn nicht dazwischen ein Vollidiot Präsident ist, bleibt das System über die Zeit stabil in der Mitte.

Keine Angst vor Radikalen
Wir müssen eigentlich keine Angst vor den radikalen Rändern haben. CDU, CSU und FDP malen die Linken in Form von Teufelsbildern an die Wand und beschwören den Untergang des Abendlandes, wenn diese gewählt würden. Der Oberteufel für SPD, Grüne und Linke ist die AfD. Aber: Wie in allen anderen Bereichen unseres Lebens werden die emotionalen Ränder der Map immer besetzt sein. Es sind nämlich menschliche Bedürfnisse, die dahinter liegen. Deshalb wird es und kann es auch in einer Demokratie radikale Ränder geben. Solange sich diese Ränder an die demokratischen Spielregeln halten und die Würde des Menschen achten, haben sie, gleich ob links oder rechts, ihre emotionale Existenzberechtigung. Früher gab es die radikalen politischen Strömungen in identischer Form und Größe. Nur waren sie damals Teil der großen Volksparteien. Den linken, sozialistischen Flügel der SPD, den rechten, national-konservativen Flügel der CDU und ein Drittel der früheren CSU konnte man durchaus als radikal bezeichnen. Durch die zunehmende Tendenz der Parteien, stärker in die Mitte zu rücken, wurden diese Ränder frei. Wie bei einer freien Weide finden sich bald Tiere, die beginnen, auf dieser Freifläche zu weiden und sie zu besetzen. Das ist auch ein wesentlicher Grund für die Aufsplittung der Parteienlandschaft. Diese kleineren, neuen Parteien können ihr emotionales Versprechen klarer und deutlicher kommunizieren. Weil unser Stimulanz- und Aufmerksamkeitssystem im Gehirn sowohl auf Neues, aber auch Ungewohntes und Störendes anspringt, finden radikale Positionen auch starkes öffentliches Gehör. Mitte-Positionen, die ein unklares Sowohl-als-auch vermitteln, sind für unser Gehirn außerordentlich langweilig. Wir brauchen solche radikalen Positionen, sowohl rechts wie links. Sie sorgen für wichtige Diskussionen und stellen Gewohntes in Frage. Aber eins zu eins umgesetzt sind sie sehr gefährlich, weil sie die emotionale Stabilität der Mitte des gesamten politischen Systems gefährden.

Die vielgeschmähte Mitte – viel besser als ihr Ruf
In der politischen Diskussion hört man immer wieder verächtliche Worte über die gerade angesprochene Mitte. Sie hätte kein Profil, es würde sich zu wenig bewegen

und Diskussionen im Bundestag wären im Vergleich zu Wehner und Strauß langweilig geworden. Um es nochmals zu sagen: Die Mitte und der Ausgleich der Kräfte sind prinzipiell der Idealzustand. Ein Mensch in der Politik, der mit lauten, radikalen Thesen in die politische Karriere startet und dann zunehmend in der Mitte landet, ist kein Wendehals oder plötzlich angepasst. Er ist ein lernfähiges Wesen, das im politischen Alltag erkannt hat, dass in der Regel nur das Sowohl-als-auch eine gelingende Politik möglich macht. Gute Politik bedeutet, immer einen Ausgleich zwischen den verschiedenen Interessen zu finden, die, wie wir gesehen haben, meist auf die unterschiedlichen Ziele unserer Emotionssysteme zurückgehen. Genau dazu sind die Ausschüsse in den Parlamenten oder die informellen Gespräche in den Parlamentskantinen da. Was häufig als Gemauschel geschmäht wird, ist also ein höchst rationales und kluges Verhalten.

Das System in der Mitte zu halten darf aber nicht mit Unbeweglichkeit und Stillstand verwechselt werden. Da sich die Welt und das globale Umfeld verändern, muss das politische System reagieren können. Es gibt Zeiten, in denen Umwelt, soziale Gerechtigkeit und Sicherheit (Balance und Harmonie) wichtiger sind und es gibt Zeiten, in denen es notwendig ist, als Gesellschaft innovativer oder leistungsfähiger zu werden (Stimulanz und Dominanz). Wie schon erwähnt, schreibe ich dieses Kapitel mitten in der Corona-Krise. Durch Ausgangsbeschränkungen und Schließungen von Restaurants etc. wird die Freiheit (Dominanz und Stimulanz) zum Schutz vor Ansteckung (Balance und Harmonie) stark eingeschränkt. Die Wirtschaft (Dominanz) wird zugunsten der Gesundheit (Balance) runtergefahren. Wie klug die Politik handelt, wird sich in den nächsten Monaten zeigen. Ein hundertprozentiger Schutz der Menschen auf Kosten der Wirtschaft ist genauso unklug, wie wirtschaftliche Interessen in den Vordergrund zu stellen und den Schutz der Menschen zu vernachlässigen.

Angela Merkel, die chinesische Feldherrin
Auch Angela Merkel mit ihrem Politikstil der Mitte wird öfters kritisiert. Sie regiert mit ruhiger Hand und verzichtet auf spektakuläre und pressewirksame Hauruck-Aktionen. Schließlich erwartet man doch von einer Bundeskanzlerin sichtbare Tatkraft. Der französische Philosoph François Jullien, der sich mit dem Unterschied zwischen westlichem und asiatischem Denken beschäftigt, zeigt die Lücken unseres westlichen Denkens auf. Weil wir im Westen in einfachen kausalen Abläufen und Zusammenhängen denken, suchen wir immer nach direkten und sichtbaren Lösungen. In der Geschichte verehren wir die Feldherren, die mit spektakulärem Wagemut unter Kanonendonner eine Bresche in die feindlichen Linien geschlagen haben. Diesen Helden bauen wir dann ein Denkmal. Ganz anders in China: Die erfolgreichen und verehrten Heerführer haben keine spektakulären Aktionen durchgeführt. Sie haben durch viele kleine, kluge, oft wenig sichtbare Entscheidungen das Gesamtsystem beeinflusst und am Ende gewonnen. Kluges politisches Handeln ist deshalb selten spektakulär. Es hat viel mit dem Go-Spiel gemeinsam, indem es auch darum geht, sich mit kleinen intelligen-

ten Spielzügen Vorteile zu verschaffen. Angela Merkel ist Meisterin im politischen Go-Spiel. Erwartet aber wird von unserer Öffentlichkeit und der Presse eher Schach mit einem spektakulären Schachmatt. Das Problem des klugen Regierens ist leider, dass die kleinen, intelligenten Entscheidungen keinen »Aha-Wert« für die Presse haben. Der komplette Antityp im Politikstil zu Angela Merkel ist Donald Trump. Er denkt in primitiven, kausalen Strukturen und genauso handelt er. Auch er spielt Schach. Aber nicht nach den Regeln. Er schmeißt den König einfach um und schreit »Gewonnen«.

10 Wirtschaft: Warum eine Innovation alle hundert Jahre reichen kann

Wenn man einem Vorstand eines DAX-Konzerns sagt, dass auch sein gesamtes Unternehmen von Emotionen gesteuert wird, erntet man in der Regel einen fassungslosen Blick. Er sitzt da in seinem grauen Anzug, verweist auf Umsatz- und Gewinnzahlen und legt zudem eine Unternehmensplanung für die nächsten drei Jahre vor. All das, so sagt er, hätte doch wahrlich nichts mit Emotionen zu tun. Zahlen über Zahlen, alle belastbar, mehr Rationalität, so meint er, wäre nicht möglich. Wenn man ihn dann fragt, warum er denn so viel Zeit und Aufwand in eine Planung steckt, antwortet er: »Ich möchte Sicherheit und Kontrolle über mein Unternehmen.« Spätestens jetzt wird klar, dass all seine Zahlen nur einem Zweck dienen: der Kontrolle. Und Kontrolle, das wissen wir, ist eine Mischung aus Balance und Dominanz. Das Balancesystem möchte Sicherheit und das Dominanzsystem die Macht über das Ganze behalten. Aus diesem Grund lieben Manager Zahlen. Sie suggerieren Rationalität und sind doch nur ein Vehikel, um das Balance- und Dominanzsystem ruhig zu stellen. Nun ja, meint unser Vorstand, es kann sein, dass Planung und Zahlen einen emotionalen Hintergrund haben. Das ist es aber dann mit Emotionen. Die Unternehmenssteuerung, das Management selbst, seien höchst rational. Leider irrt unser Manager schon wieder.

Was ein Unternehmen wirklich antreibt
Kannst du dir vorstellen, dass ein Unternehmen, egal wie groß, letztlich nur von vier Kräften bestimmt wird? Du kennst sie schon: Dominanz, Stimulanz, Harmonie und Balance. Das glaubst du nicht? Schauen wir unserem Manager deshalb mal über die Schulter. Wenn du ihn fragst, was seine Unternehmensziele für die nächsten Jahre sind, dann wird er dir in etwa so antworten: »Wir wollen wachsen und unseren Marktanteil vergrößern. Gleichzeitig wollen wir unsere Wettbewerbsposition stärken.« Hoppla, denkst du, das hört sich aber stark nach dem Dominanzsystem an. Und genauso ist es: Alle diese genannten Ziele gehen auf diese Kraft zurück. Das Dominanzsystem ist das System der Expansion, der Durchsetzung und Verdrängung des Wettbewerbs. Unser Manager ist aber noch längst nicht fertig mit der Beschreibung seiner Ziele. Er macht weiter: »Wir befinden uns gerade mitten im digitalen Wandel. Unser Unternehmen muss viel innovativer werden. Wir müssen völlig neue Produkte und Dienstleistungen erfinden.« Hier brauchst du nicht lange nachdenken, wer diese Ziele befeuert: Es ist das Stimulanzsystem, unser Emotionssystem für das Neue und die Entdeckung. Hören wir unserem Manager weiter zu: »Unser Unternehmen genießt ein hohes Vertrauen bei den Kunden, weil wir so zuverlässig sind und unsere Produkte eine hohe Qualität haben. Dieses Vertrauen wollen wir weiter ausbauen.« Welches Emotionssystem ist für Zuverlässigkeit, Vertrauen und Qualität zuständig? Richtig, das Balancesystem. Unser Manager kommt zum Schluss: »Alle diese Ziele erreichen wir nur gemeinsam mit unseren Mitarbeitern. Nur wenn sich diese bei uns wohl fühlen,

sind wir ein starkes Team.« Das Emotionssystem, das für ein gutes Miteinander und ein menschliches Klima im Unternehmen sorgt, ist das Harmoniesystem.

Jetzt haben wir die vier Kräfte und ihre Funktionen im Unternehmen zusammen und können uns das Ganze in Abbildung 37 anschauen. Was wir sehen, ist die emotionale Kräftedynamik, die jedem Unternehmen zugrunde liegt. Dabei spielt es keine Rolle, ob es sich um einen großen DAX-Konzern oder um ein kleines, mittelständisches Unternehmen handelt.

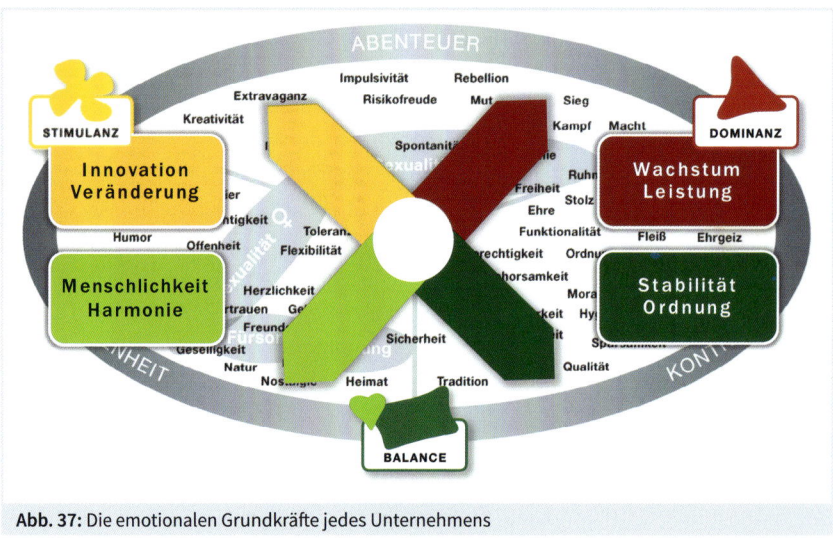

Abb. 37: Die emotionalen Grundkräfte jedes Unternehmens

Alle wesentlichen Ziele eines Unternehmens lassen sich auf unsere Emotionssysteme zurückführen. Das ist auch einleuchtend. Genauso, wie für Gesellschaft und Politik im vorherigen Kapitel beschrieben, ist es auch mit Unternehmen: Sie werden von Menschen gegründet und geleitet. Und wenn wir Menschen von unseren Emotionen gesteuert und befeuert werden, bewegen sich auch unsere Organisationen und Institutionen in unserem emotionalen Rahmen. Doch zurück zu Abbildung 37. Was fällt dir auf, wenn du die Pfeile betrachtest? Richtig, sie zeigen in unterschiedliche Richtungen. Das bedeutet, dass es in Unternehmen, genauso wie in unserem privaten Leben, erhebliche Zielkonflikte gibt!

Die Zielkonflikte des Managements

Den ersten Zielkonflikt erkennen wir zwischen dem Stimulanz- und dem Balancesystem. Das Stimulanzsystem will neue Wege gehen und steht für Veränderung. Das Balancesystem dagegen möchte Stabilität und Ordnung. Das Stimulanzsystem ruft nach kreativer Freiheit, während das Balancesystem alles in Handbüchern festschreiben will und sich gegen das Neue mit Händen und Füßen sträubt. Stell dir vor, was im Kopf des Produktionsleiters vorgeht, wenn er den Entwicklungsleiter trifft und der von einem völlig neuen Produkt schwärmt. Der Produktionsleiter hat viele Jahre daran gearbeitet, die heutige Qualität beim jetzigen Produkt zu erreichen und zu stabilisieren. Leider erfordert, so der begeisterte Entwicklungsleiter, das neue Produkt auch völlig andere und neue Produktionsabläufe. Man muss kein Prophet sein, um die Reaktion des Produktionsleiters auf der nächsten Führungskräftetagung vorherzusagen. Er wird sich vehement gegen eine Umstellung wehren.

Nun zum nächsten Zielkonflikt: Es ist der zwischen dem Dominanz- und dem Harmoniesystem. Das Dominanzsystem fordert von jedem Einzelnen Höchstleistungen, um die Wachstumsziele zu erreichen. Werden diese Leistungen nicht erbracht, reagiert das Dominanzsystem kalt und herzlos. Dem Mitarbeiter droht die Entlassung. Du kannst dir vorstellen, dass das für ein gutes Miteinander im Unternehmen auf Dauer nicht zuträglich ist. Nun kommt die Gegenkraft, das Harmoniesystem, in Form zum Beispiel des Betriebsrats ins Spiel. Der verlangt vom Chef viele soziale Zugeständnisse zum Wohl der Mitarbeiter. Regiert im Unternehmen nur das Harmoniesystem, dann gibt es die schönsten Betriebsausflüge und Mitarbeiterfeiern weit und breit. Das Unternehmen selbst bewegt sich aber nicht. Führt dagegen das Dominanzsystem die Regie, spürt man die Kälte und das Misstrauen schon, wenn man das Unternehmen betritt.

Was ist nun die eigentliche Grundfunktion des Managements? Im Prinzip ganz einfach: Es ist die Steuerung und der richtige Ausgleich dieser emotionalen Kräftedynamik. Wie bei unseren Konflikten in unserem Privatleben, erinnere dich an Kapitel 5, kippt das ganze System, wenn man nur auf eine Kraft setzt. Aber: Jedes Unternehmen agiert in seinem eigenen Umfeld und bietet unterschiedliche Produkte und Leistungen an. Deswegen gibt es nicht den idealen Kräftemix.

Was die zwei erfolgreichsten Unternehmen der Welt unterscheidet
Wenn ich dich frage, welches aus deiner Sicht das erfolgreichste Unternehmen der Welt ist, dann wirst du voraussichtlich, wie die meisten, »Apple« antworten. Diese Antwort ist auch richtig, doch es gibt noch ein mindestens genauso erfolgreiches: die katholische Kirche. Sowohl Apple wie die Kirche wurden als Institutionen von Menschen geschaffen. Allerdings mit höchst unterschiedlichen Zielen. Die katholische Kirche bietet durch den Glauben Sicherheit und Halt im Diesseits und für das Jenseits. Apple bietet innovative, digitale Unterhaltungsprodukte und Services. Der Börsenwert von Apple liegt bei ca. 1,3 Billionen €. Der finanzielle Wert der katholischen Kirche mit dem ganzen Vermögen (Geld, Immobilien, Grundstücke) plus Kunstschätze ist vielleicht im Moment nicht ganz so groß. Man weiß es aber nicht genau, weil die Kirche eine sehr konservative Bewertung ihres Besitzes betreibt. Zudem ist das Vermögen wertstabil. Dagegen kann der Wert der Apple-Aktie genauso schnell fallen, wie er gestiegen ist. Zum Erfolg eines Unternehmens zählt übrigens nicht nur der aktuelle Börsenwert, sondern auch, wie lange ein Unternehmen schon erfolgreich im Markt existiert. Bei Apple sind das gerade mal 45 Jahre. Verglichen mit den 2000 Jahren, die die katho-

lische Kirche bereits existiert, ist das quasi nichts. Nun schauen wir uns einmal die höchst unterschiedlichen emotionalen Kraftfelder dieser beiden Unternehmen an.

Apple: Wachstum und Innovation

Apple ist Pionier im digitalen Markt und schafft es seit seiner Gründung immer wieder, mit bahnbrechenden Innovationen den Markt zu verändern. Um in diesem sich schnell verändernden Umfeld innovativ ganz vorne mitzuspielen, braucht das Unternehmen eine extrem hohe Stimulanzkraft. Da das Unternehmen auch global sehr stark expandiert, muss die Dominanzkraft ebenfalls sehr groß sein. Deshalb erwartet Apple von seinen Mitarbeitern 110 Prozent Leistung. Die Harmoniekraft hingegen ist bei Apple nicht sonderlich ausgeprägt. Werden die hohen Ziele nicht erreicht, gibt es wenig Pardon. Das war schon bei Steve Jobs so und daran hat sich bis heute kaum etwas geändert. Auch die Balancekraft ist gering: Man schafft in Cupertino, dem Stammsitz von Apple in Kalifornien, nur so viel Struktur und Ordnung, wie unbedingt notwendig. Die Emotionsstruktur von Apple ist in Abbildung 38 dargestellt.

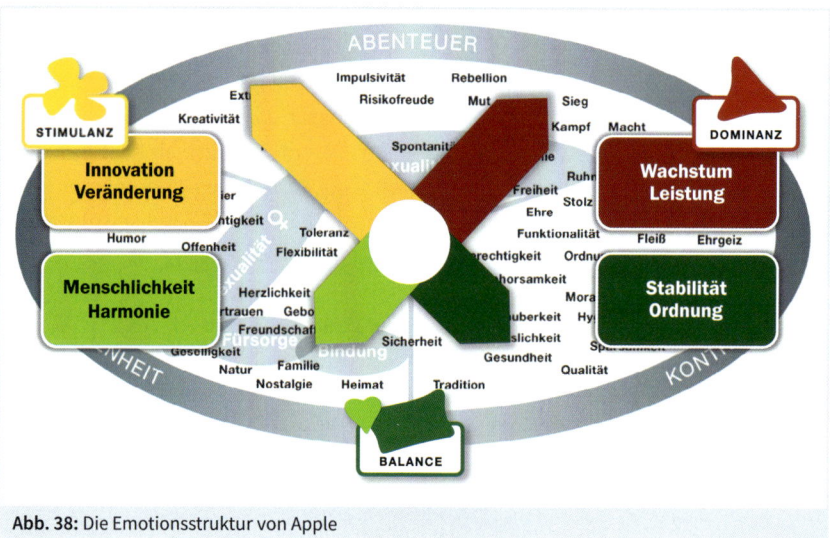

Abb. 38: Die Emotionsstruktur von Apple

Die katholische Kirche: Sicherheit pur

Das genaue Gegenteil von Apple ist die katholische Kirche in puncto Innovation. Größere Veränderungen finden nur im 100-Jahre-Rhythmus statt. Das ist auch gut so. Wer seinen Gläubigen und Kunden Sicherheit bis in alle Ewigkeit verspricht, ist gut beraten, nur ganz, ganz wenig zu verändern. Gegen jede Veränderung rebelliert das Balancesystem, weil damit Verunsicherung ausgelöst wird. Das Balancesystem ist bei der katholischen Kirche deshalb die zentrale und stärkste Kraft. Auch das Harmoniesystem ist sehr stark ausgeprägt, ist doch die Nächstenliebe eine zentrale christliche Botschaft. Die vielen karitativen Einrichtungen überall auf der Welt geben davon Zeugnis. Auch wenn die Zeit der Kreuzzüge und der gewaltsamen Missionierung vorbei sind, ist das Dominanzsystem bei der Kirche nicht vollständig verschwunden. Es liegt im mittleren Bereich. Auch die Machtintrigen im Vatikan gehen auf dieses emotionale Konto. Fast gegen Null dagegen geht das Stimulanzsystem – die Gründe haben wir ja bereits betrachtet. In Abbildung 39 sehen wir die Emotionsstruktur der Kirche.

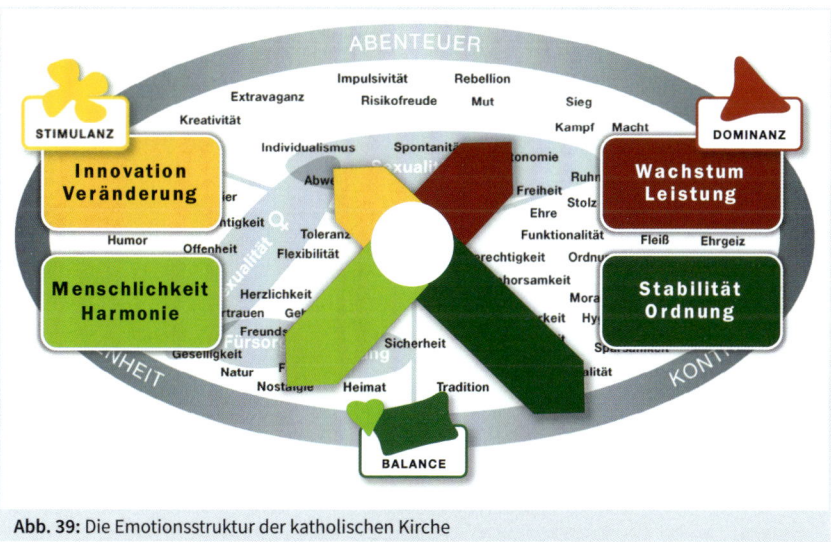

Abb. 39: Die Emotionsstruktur der katholischen Kirche

Wir sehen an diesen beiden sehr erfolgreichen Unternehmen, dass es das allein gültige Erfolgsrezept nicht gibt. Apple und die katholische Kirche sind komplett anders. Trotzdem sind beide konsequent in ihrer Unternehmensführung. Nur: Bei Apple käme niemand auf die Idee, weniger Innovation zu fordern. Geht es aber nach der öffentlichen Meinung, müsste sich die Kirche wie eine Wetterfahne laufend nach dem Zeitgeist richten. Würde sie das allerdings tun, verlöre sie innerhalb weniger Jahre ihre Existenzberechtigung und ihren Zweck.

11 Persönlichkeit: Warum wir so verschieden sind

In den letzten Kapiteln ist deutlich geworden, wie unterschiedlich die menschlichen Präferenzen und Vorlieben sind. Die einen stehen auf Rammstein, die anderen verehren Marianne und Michael. Die einen gehen mit ihrem Geld sorglos um, während die anderen Tag und Nacht Aktienkurse studieren und sich um ihr Geld kümmern. Die einen wählen die Grünen und beschimpfen die AfD. Die anderen sind AfD-Anhänger und verunglimpfen die Grünen. Sowohl die einen wie die anderen sind davon überzeugt, dass sie den richtigen Geschmack haben, gut mit Geld umgehen, politisch voll durchblicken und natürlich im Recht sind. Und das, obwohl die einen das genaue Gegenteil tun und glauben wie die anderen.

Warum sind Menschen so unterschiedlich und so von sich selbst überzeugt? Um das zu verstehen, lade ich dich auf einen kleinen, ungewöhnlichen Ausflug ein. Gehen wir einfach zusammen durch einen Wohnblock. Wir klingeln an mehreren Türen und schauen, was uns da erwartet.

Ein kleiner Rundgang in einem Wohnhaus
Es ist Sonntagmorgen, zehn Uhr, und wir beginnen mit unserem Rundgang. An der ersten Tür treffen wir auf Tim. Tim ist nicht sonderlich begeistert über unseren Besuch. Wir haben ihn aus dem Tiefschlaf geweckt. Gestern Abend war Party und er ist erst gegen fünf Uhr morgens heimgekommen. Die Wohnung sieht ziemlich chaotisch aus. Das Rennrad von Tim steht im Wohnzimmer und halbleere Chipstüten bevölkern das Sofa. Tim arbeitet freiberuflich bei einer Eventfirma als Lichttechniker. Er liebt die Freiheit, die er zwischen den Engagements hat, aber auch die Abwechslung, die der Job bietet. Politisch ist Tim nicht sonderlich interessiert, aus diesem Grund geht er auch nicht wählen.

Wir kommen zur nächsten Tür. Hier öffnet uns Lydia. Welch Unterschied schon beim ersten Eindruck im Vergleich zu Tim. Alles ist ordentlich und sauber. Das Frühstück war schon um sieben Uhr. Auch am Sonntag steht Lydia immer zur gleichen, frühen Zeit auf. Das Wohnzimmer von Lydia besteht aus einem Schrank in Eiche und Polstermöbeln aus dem gleichen Holz. Zentrum des Wohnzimmers ist ein großes TV-Gerät. Lydia arbeitet seit mehr als 20 Jahren in einem Handwerksbetrieb in der Buchhaltung. Seit sie denken kann, wählt sie die CDU, aber auch die AfD findet sie inzwischen sympathisch.

Bei der Tür gegenüber macht zunächst niemand auf. Doch dann kommt vom Treppenhaus ein 35-jähriger Mann im Jogginganzug verschwitzt und keuchend bei uns an. Es ist Oliver. Er bittet uns herein. Der erste Eindruck zeigt: Die Wohnung ist eine High-Tech-Station. Ein großer Bildschirm mit riesiger Surround-Anlage füllt fast das

Wohnzimmer aus. Amazons Alexa in der Ecke steuert Licht und Lautstärke. Auch die Ventile an den Heizkörpern werden von Alexa gemanagt. Die Möbel haben ein klares Funktions- und High-Tech-Design. Oliver, so erzählt er uns, ist unter der Woche meist nicht Zuhause, weil er bei einem internationalen Konzern arbeitet und auf der ganzen Welt unterwegs ist. Sein Ziel ist es, dort Vorstand zu werden. Deshalb ist eine 60-Stunden-Woche für ihn etwas völlig Normales. Für ihn kommt nur eine Partei in Frage und das ist die FDP.

Klingeln wir noch an einer weiteren Tür. Wir treffen auf Julia. Julia ist leger gekleidet und noch ungeschminkt. Im Hintergrund tönt Musik, die sie über ihr Handy und ihren Spotify-Account abspielt. Die Wohnung ist kreativ und verspielt eingerichtet, viele kleine, kreative Accessoires zeigen die Handschrift ihrer Besitzerin. Auf dem Esstisch steht ein großer Obstkorb. Julia ist Vegetarierin. Sie geht gerne aus, aber sie ist auch gerne Zuhause. Sie liebt es zu kochen und Freunde einzuladen. Julia arbeitet als Lektorin in einem Ratgeberverlag. Für sie sind nur die Grünen wählbar.

Wenn du dir diese vier Menschen vor Augen führst, spürst und siehst du deutlich, wie unterschiedlich diese Menschen in ihrem Verhalten und ihrer Lebensweise sind. Aber woher kommt das? Das liegt im Wesentlichen daran, dass diese Vier höchst unterschiedliche Persönlichkeiten haben. Aber wie entsteht eine Persönlichkeit?

Persönlichkeit bildet sich aus unseren Emotionssystemen
Unsere Emotionssysteme sind auch, es wird dich nicht mehr überraschen, das Fundament unserer Persönlichkeit. Jeder Mensch besitzt alle Emotionssysteme, denn sonst wäre er nicht überlebensfähig. Aber die Stärke der einzelnen Systeme ist individuell sehr verschieden. Ungefähr 50 Prozent unserer individuellen Prägung sind angeboren. Die anderen 50 Prozent werden vom Leben geformt. Elternhaus und Erziehung, die Kultur, in der wir leben, Freunde, mit denen wir uns umgeben, Erfolge und Misserfolge, alle diese Einflüsse bilden unsere Persönlichkeit aus. Allerdings gibt die angeborene emotionale Prägung eine bestimmte Richtung vor. Diese Richtungsvorgabe ist aber kein starrer Schienenstrang. Sie ist eher ein Korridor, der durchaus einen gewissen Spielraum ermöglicht. Doch ganz so frei, wie einige gerne glauben, ist unsere Persönlichkeitsentwicklung nicht. In der Philosophie gibt es den sogenannten Existenzialismus, Jean-Paul Sartre war der Vordenker. Eine zentrale Aussage dieser Richtung ist, dass du dein Leben und deine Lebensrichtung völlig frei entscheiden kannst. Du hast es in der Hand, dich selbst so zu formen, wie du es dir wünschst. Das klingt super. Und besonders unsere Freiheitssysteme im Kopf, das Dominanz- und das Stimulanzsystem, hören das gerne. Leider hat dieser Wunschtraum der absoluten Freiheit wenig mit der Realität zu tun. Es sind nicht nur unsere Emotionssysteme, die uns einen Korridor vorgeben. Wir bewegen uns außerdem im Rahmen von kulturellen Spielregeln, die uns selten bewusst sind. Auch die Verhaltensregeln, die wir in unserer Erziehung

gelernt haben, wirken sich aus. Schließlich leben wir in sozialen Gruppen, die uns Normen unbewusst vorgeben.

Doch zurück zu unseren Emotionssystemen: Sie spielen eine zentrale Rolle, wer wir sind und was aus uns wird. Wie gesagt, unser individueller Emotionsmix ist zu etwa 50 Prozent angeboren. Die anderen 50 Prozent gestalten sich im Laufe der Zeit. Dabei spielen unsere ersten Lebensjahre eine zentrale Rolle, denn in dieser Zeit sind unser Gehirn und damit auch unsere Emotionssysteme sehr formbar. Veränderungen sind zwar ein Leben lang möglich, aber je älter wir werden, desto mehr festigt sich unsere Persönlichkeit. Im übernächsten Kapitel werden wir uns mit Mechanismen beschäftigen, die im Erwachsenenalter eine gewisse Veränderung sowohl zum Guten als auch zum Schlechten auslösen: die Siegerspirale und die Verliererfalle.

Die Persönlichkeit aus der Life Code-Perspektive
Die Emotionssysteme bilden also das Fundament unserer Persönlichkeit und sie sind bei den Menschen unterschiedlich ausgeprägt. Zudem wissen wir von der Map, dass es Mischungen der Emotionssysteme gibt. Die Emotionssysteme und ihre Mischungen bilden so die zentralen emotionalen Persönlichkeitsdimensionen. Wir können nun jede Dimension durch einen Pfeil darstellen. Durch unterschiedliche Längen kann die jeweilige Stärke einer Dimension angezeigt werden. Abbildung 40 zeigt, wie sich die emotionale Persönlichkeitsstruktur eines Menschen darstellen lässt. In dieser Abbildung sind noch alle Pfeile gleich lang.

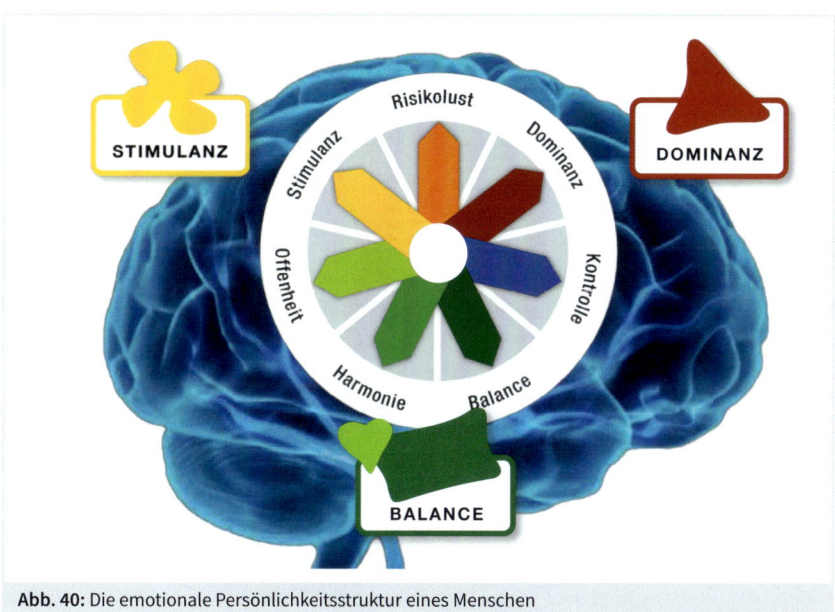

Abb. 40: Die emotionale Persönlichkeitsstruktur eines Menschen

Schauen wir uns diese emotionalen Persönlichkeitsdimensionen etwas genauer an:

Balance

Das Balancesystem ist unser Emotionssystem für Sicherheit und Stabilität. Menschen mit einer höheren oder hohen Ausprägung sind eher ängstlich und vorsichtig. Sie vermeiden Risiken und lieben ein sicheres, stabiles Umfeld. Sie sind sehr zuverlässig und denken zudem stark im Detail.

Harmonie

Das Harmoniesystem ist unser Emotionssystem für Bindung und Fürsorge. Menschen mit einer höheren oder hohen Ausprägung sind sehr sozial. Sie kümmern sich stärker um andere, sind sehr herzenswarm und verträglich.

Offenheit

Offenheit ist eine Mischung aus dem Stimulanz- sowie dem Harmonie- und Balancesystem. Menschen mit einer höheren oder hohen Ausprägung sind interessiert an der Welt und der Kultur. Sie sind tolerant. Sie genießen das Leben und lassen alle Fünfe grade sein.

Stimulanz

Das Stimulanzsystem ist unser Emotionssystem für Neugier und Entdeckung. Menschen mit einer höheren oder hohen Ausprägung sind aktiv und immer auf der Suche nach Abwechslung und Neuem. Sie lieben es, eigene Wege zu gehen und sich von der breiten Masse abzuheben.

Risikolust

Risikolust ist eine Mischung aus dem Stimulanz- und dem Dominanzsystem. Menschen mit einer höheren oder hohen Ausprägung sind impulsiv und lieben das Abenteuer. Zum einen geht es darum, die eigene Stärke und Unbesiegbarkeit zu beweisen (Dominanz), zum anderen darum, Neues und Unbekanntes zu erleben (Stimulanz).

Dominanz

Das Dominanzsystem ist unser Emotionssystem für Durchsetzung, Macht und Status. Menschen mit einer höheren oder hohen Ausprägung sind sehr leistungs- und zielorientiert. Geld als Ausdruck von Macht und Status spielt eine hohe Rolle.

Kontrolle

Kontrolle ist eine Mischung aus dem Balance- und dem Dominanzsystem. Menschen mit einer höheren Ausprägung sind sehr gewissenhaft und diszipliniert. Ihr Leben ist geregelt und folgt einer klaren Struktur. Pflicht geht vor Spaß. Ebenso wie Menschen mit einer hohen Balanceausprägung sind sie sehr verlässlich.

Ein Blick auf Tim, Lydia, Oliver und Julia
Da du die Grundstruktur der menschlichen Persönlichkeit jetzt kennst, wird es Zeit, dieses Wissen in die Praxis zu übertragen. Dazu dienen uns die vier Mitmenschen, die wir auf unserer Tour durch die Wohnanlage kennengelernt haben. Deren Persönlichkeit wollen wir nun mal unter die Lupe nehmen.

Der abenteuerlustige Tim

Das Leben von Tim ist auf der Entdeckungs- und Spaßseite. Die strategische Lebensplanung von Oliver finden wir bei Tim nicht. Tim sucht Abwechslung, jede verbindliche Struktur ist ihm zuwider. Auf Sicherheit pfeift er. Seine Persönlichkeitsstruktur ist durch ein überdurchschnittlich starkes Stimulanzsystem und durch hohe Risikolust gekennzeichnet. Seine Persönlichkeitsstruktur dürfte ungefähr so aussehen:

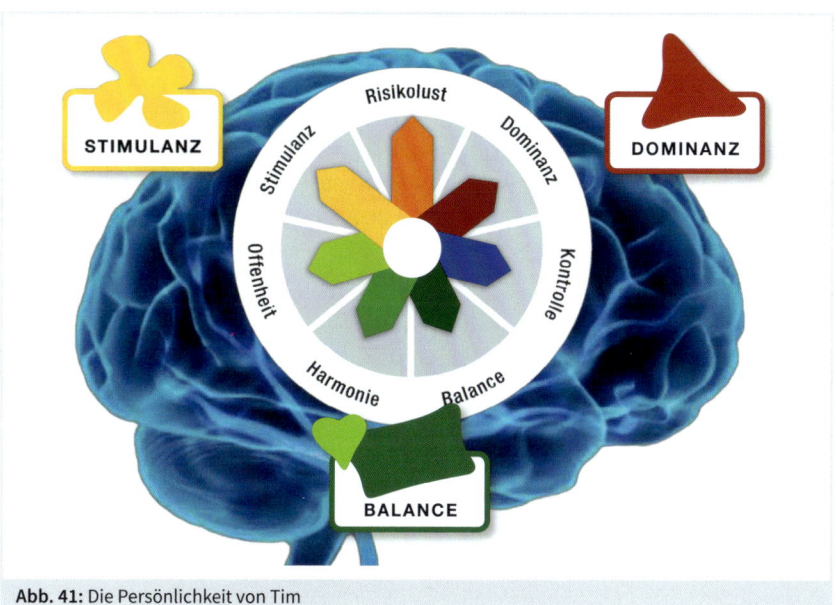

Abb. 41: Die Persönlichkeit von Tim

11 Persönlichkeit: Warum wir so verschieden sind

Die kontrollierte Lydia

Nun zu Lydia. Du erinnerst dich? Bei Lydia war alles ordentlich und strukturiert, alles sauber und das Wohnzimmer traditionell eingerichtet. Von Experimentier- und Risikolust keine Spur. Wir können also davon ausgehen, dass Lydia ungefähr folgende Persönlichkeitsstruktur hat:

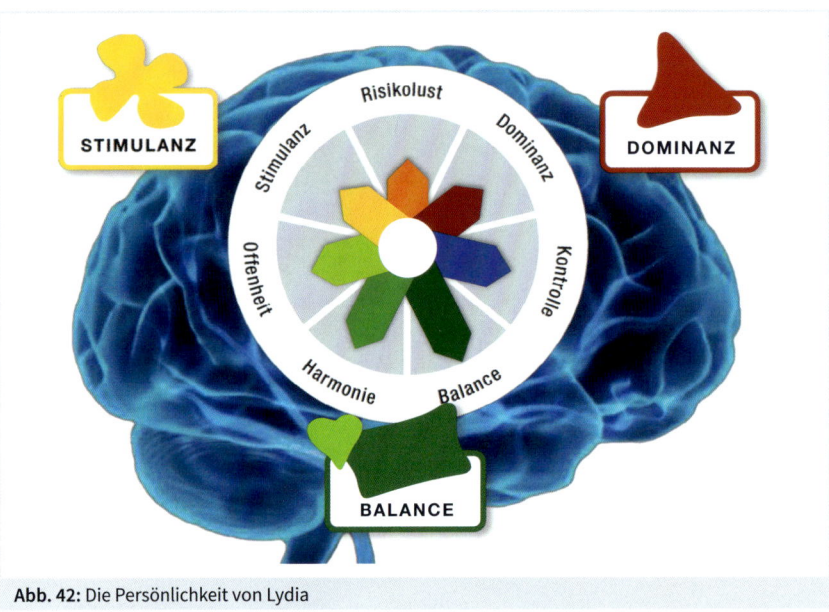

Abb. 42: Die Persönlichkeit von Lydia

Ihr Persönlichkeitsschwerpunkt liegt mit großer Wahrscheinlichkeit im Balancebereich. Da Kontrolle auch aus dem Balancebereich gespeist wird, ist auch diese Persönlichkeitseigenschaft überdurchschnittlich hoch. Auch zwischen dem Harmonie- und dem Balancesystem gibt es im Gehirn viele Verbindungen. Auch hier wird Lydia deshalb eine stärkere Ausprägung haben.

Der zielstrebige Oliver

Oliver ist, wie wir gesehen haben, sehr leistungsorientiert und zielstrebig. Damit liegt sein Persönlichkeitsschwerpunkt im Dominanzbereich. Die Liebe zu High-Tech ist typisch für das Dominanzsystem. Warum? Technik hilft, die Welt zu beherrschen. Wie schaut es nun mit den anderen Dimensionen aus. In der Regel ist es so, dass die gegenüberliegenden Persönlichkeitsdimensionen eher etwas schwächer ausgebildet sind. So wie wir Oliver aber erlebt haben, dürfte seine Persönlichkeit ungefähr so aussehen:

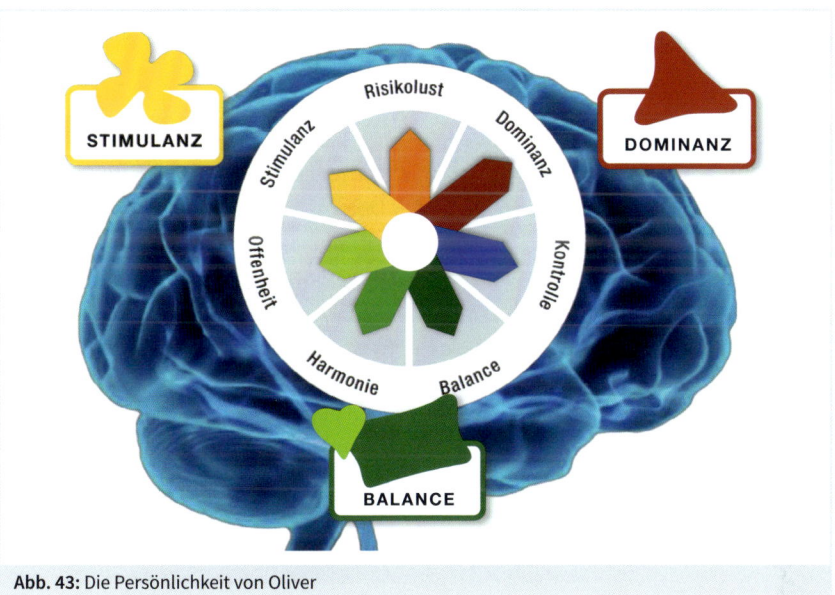

Abb. 43: Die Persönlichkeit von Oliver

Die aufgeschlossene Julia

Und schließlich noch Julia. Ihre Lockerheit, ihre kreativ-verspielte Einrichtung und ihr Stil geben wichtige Aufschlüsse über ihre Persönlichkeitsstruktur. Ihr Schwerpunkt liegt im Bereich Offenheit. Auch hier dürften die Nachbardimensionen etwas stärker sein, sowohl Stimulanz als auch Harmonie.

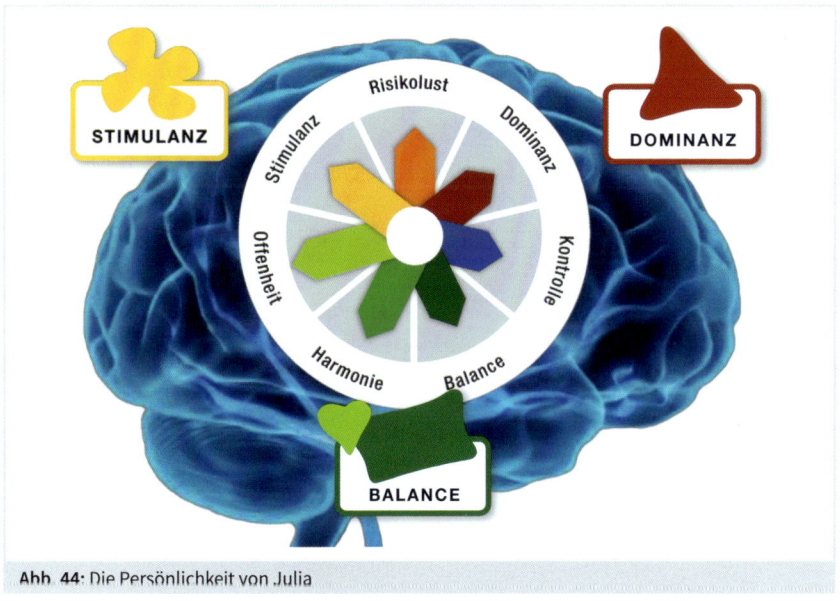

Abb. 44: Die Persönlichkeit von Julia

11 Persönlichkeit: Warum wir so verschieden sind

Alles hat zwei Seiten: auch unsere Emotionssysteme

Wenn du diese Persönlichkeitsbeschreibungen liest, hast du ein ziemlich positives Bild von ihnen. Warum? Weil wir sowohl bei der Darstellung der Emotionssysteme wie auch unserer vier Prototypen die guten Seiten unserer Emotionssysteme gezeigt haben. Doch ein Blick in die Realität zeigt, dass die Menschen nicht immer so gut sind, wie wir sie gerade beschrieben haben. Da ist der Unternehmensmanager, der ungerührt einen fetten Bonus einstreicht, obwohl das Unternehmen Minus macht und gerade viele Mitarbeiter entlassen wurden. Da ist der abgesicherte Beamte, der lautstark auf der PEGIDA-Demonstration schreit, man solle alle Flüchtlinge sofort rausschmeißen. Und schließlich treffen wir noch auf eine Kunststudentin, die gerade dabei ist, eine Riesen-Corona-Party zu organisieren, obwohl Ausgangsbeschränkung herrscht und jedem eigentlich klar sein sollte, wie gefährlich das Virus ist. Sind diese drei Zeitgenossen Ausnahmen? Aber nein. Und warum nicht? Weil unsere Emotionssysteme und unsere Persönlichkeitsdimensionen immer zwei Seiten haben: eine positive und eine negative. Das schauen wir uns jetzt genauer an.

Balance

Die positive Seite einer hohen Balanceausprägung ist, dass sie für Verlässlichkeit, Sicherheit und Stabilität sorgt. Der Preis dafür sind Unbeweglichkeit und mangelnde Flexibilität. Jede (auch notwendige) Veränderung wird unbewusst als Bedrohung erlebt und bekämpft. In Diskussionen weigert sich die Balancekraft, auf andere Argumente einzugehen.

Harmonie

Eine hohe Harmonieausprägung schafft Nestwärme und Empathie. Das hört sich gut und nach heiler Welt an. Nur: Wenn es im Nest so bequem und kuschelig ist, gibt es keinen Grund, es zu verlassen, um im Leben etwas zu erreichen und Karriere zu machen. Durch hohe Harmonie ist die Welt zwar nett – sie bewegt sich aber leider nicht.

Offenheit

Mit der Offenheit ist es ähnlich wie mit der Harmonie. Auch sie ist die Dimension der heilen Welt. Die Welt wäre so schön, wenn alle offen und damit auch tolerant wären. Das hat aber zwei Nachteile: den fehlenden Standpunkt und die fehlende Konsequenz. Alles ist immer möglich. Wie eine Windfahne dreht sich die Meinung häufig. Dazu passt die Geschichte des Bürgermeisters einer kleinen Gemeinde: In einer Diskussionsrunde gab er jedem recht, auch wenn der gerade das Gegenteil seines Vorredners behauptet hat. Als der Bürgermeister darauf von einem Freund zur Rede gestellt wird: »Du kannst doch nicht jedem recht geben«, antwortet er: »Da hast du auch wieder recht.«

Stimulanz

Die Freude und die Suche am Neuen bringt irgendwann auch Neues in die Welt. Wirkliche Innovationen gehen darauf zurück, dass man sich von herkömmlichen Denkmustern löst. Aber: Wer immer das Neue sucht, macht das Alte nicht fertig. Auf diese Weise entsteht Chaos. Ein weiterer Nachteil einer hohen Stimulanzausprägung ist die Ablehnung von Struktur und Ordnung. Präzision und Genauigkeit gehören nicht zu den Eigenschaften des Stimulanzsystems.

Risikolust

Fast alles, was wir nutzen und tun, geht auf Pioniere zurück, die oft unter Einsatz ihres Lebens Neuland entdeckt haben: Amerika, das Flugzeug, das Automobil usw. Die Risikolust bringt die Welt voran. Pioniere haben in dieser Dimension Höchstwerte. Doch leider gibt es auch einen wichtigen Nachteil: Gefahren und Risiken werden negiert. Alles ist nicht so wild und nur halb so gefährlich. Unsere Kunststudentin, die trotz öffentlicher Warnung eine Corona-Party initiiert, ist das beste Beispiel für die negative Seite dieser Persönlichkeitsdimension. Man negiert Gefahren. Man glaubt an die eigene Unsterblichkeit. Regeln sind für andere da. Aus diesem Grund findet man Menschen mit einer hohen Ausprägung in dieser Dimension auch häufig in den Stationen von Suchtkliniken. Für den großen Kick und die Erlebniserweiterung geht man jedes Risiko ein.

Dominanz

Das ist der Stoff, aus dem Anführer gemacht werden. Es sind Menschen, die klar entscheiden, die Verantwortung übernehmen und alle zu Höchstleistungen antreiben. In Top-Etagen von Unternehmen, auf Ministersesseln und in Generalsuniformen findet man viele Menschen mit einer hohen Ausprägung in dieser Dimension. Doch so wichtig diese Eigenschaft ist: Auch sie hat ihre negativen Seiten. Herzenswärme, Altruismus und Empathie sucht man hier vergebens. Die Welt wird vor allem aus einer Perspektive betrachtet: Wie kann ich meine Macht und meinen Vorteil maximieren? Ob andere dabei auf der Strecke bleiben, ist eigentlich egal. Unser egoistischer Manager, den wir vorher kennengelernt haben, ist das prototypische Beispiel dafür.

Kontrolle

Unsere Welt braucht Kontrolle und Menschen, die diese Kontrolle ausüben. Ob Polizisten, Fluglotsen oder Lebensmittelkontrolleure – sie alle helfen mit, eine kontrollierte und damit berechenbare Welt zu schaffen. Wenn wir die Kontrolle über das Leben verlieren, kommt Kontrollverlust und damit Panik auf. Aber auch die Kontrolle hat ihre negative Seite. Wer alles kontrollieren will, verhindert jegliche Veränderung und jegliches Neue. Die Welt bleibt starr, kalt und unbeweglich. Diese Kontrollwut sperrt sich nicht nur gegen neue Gedanken und Ideen, sie lehnt auch Menschen ab, die anders sind als die Norm: Flüchtlinge mit fremdem Aussehen aus fremden Ländern, Menschen mit anderer sexueller Orientierung usw. Unser Beamter von vorher, der lautstark auf der PEGIDA-Demonstration skandiert, wird in seiner Persönlichkeit wesentlich von dieser Dimension bestimmt.

Die meisten Menschen haben einen Persönlichkeitsschwerpunkt
Nun sind die Menschen, wie wir gesehen haben, sehr unterschiedlich in ihrer Persönlichkeit. Das liegt daran, dass ihre Schwerpunkte in den Emotionssystemen unterschiedlich sind. Fast alle Menschen haben nämlich einen Persönlichkeitsschwerpunkt. Manche tendieren eher in Richtung Dominanz, bei anderen ist das Harmoniesystem stärker ausgeprägt. Wieder andere haben ein ausgeprägtes Balancesystem. Natürlich gibt es auch jene, die übergreifend ziemlich ausgeglichen sind, aber das sind eher wenige. Nun fragst du vielleicht, ob es auch Menschen gibt, bei denen alle Dimensionen extrem stark ausgeprägt sind. Die Antwort: Nein, das geht nicht. Es ist beispielsweise unmöglich, extrem risikolustig und extrem ängstlich zur gleichen Zeit zu sein. Man kann auch nicht außerordentlich kontrollwütig und neugierig zu gleich sein. Auch eine große altruistische Herzenswärme und eine hohe egoistische Dominanzausprägung gehen nicht zusammen.

Allerdings gibt es eine psychische Krankheit, die von Extremen gekennzeichnet ist: die manische Depression oder, medizinisch richtig, die bipolare Störung. Hier wechseln die Erkrankten phasenweise von extremer Euphorie und Tatkraft in tiefe Depression. Die genaue Ursache für diese Schwankungen ist weitgehend unbekannt. Aber es gibt wirksame Medikamente, die diesen Patientinnen und Patienten ein normales und gutes Leben ermöglichen.

Gibt es Siegergene?
Oft sind wir voller Respekt für die, die sich mit Härte und eisernem Willen durchgesetzt und es bis nach oben geschafft haben. In Deutschland fallen mir da politisch erfolgreiche Menschen ein wie Ex-Kanzler Gerhard Schröder, Joschka Fischer, Markus Söder oder sein Vorbild Franz Josef Strauß. Im Wirtschaftsbereich können wir sicher Carsten Maschmeyer oder den verstorbenen Ferdinand Piëch nennen. Wenn wir einen Blick auf die internationale Welt werfen, stoßen wir auf Wladimir Putin, Viktor Orbán oder Recep Erdoğan. Was haben diese Männer gemeinsam? Es ist sicher auch der Zufall und damit das Glück, zur richtigen Zeit am richtigen Platz zu sein. Es ist ihre Intelligenz und die Fähigkeit, Situationen zu analysieren und konsequent zu handeln. Es ist vor allem aber eine ganz spezielle Persönlichkeitsstruktur. In Abbildung 45 ist diese dargestellt.

11 Persönlichkeit: Warum wir so verschieden sind

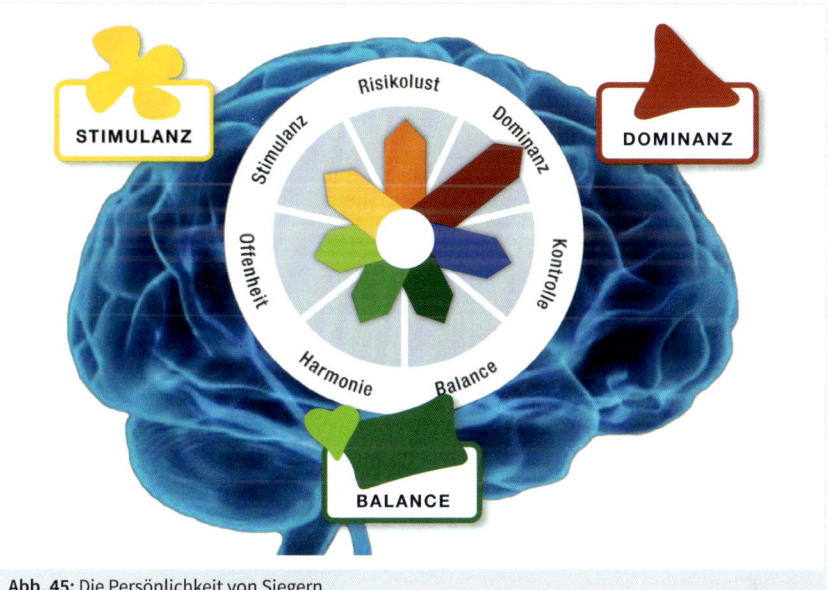

Abb. 45: Die Persönlichkeit von Siegern

Hoppla, wirst du jetzt sagen, das sieht aber doch ziemlich einseitig aus. Eine extreme Ausprägung im Dominanzbereich, eine mittlere bis hohe Ausprägung im Abenteuerbereich und eine mittlere bis hohe bei der Kontrolle. In allen anderen Bereichen dagegen sind sie weit unterdurchschnittlich. Was sind denn das für Menschen? Man kann es zusammenfassen: Es sind ziemlich rücksichtslose Zeitgenossen, die nur ein Ziel kennen oder kannten, nämlich nach oben zu kommen. Dieses Ziel verfolgen und verfolgten sie konsequent. Sie sind hart zu sich selbst, aber noch härter zu anderen. Wer den Aufstieg von Joschka Fischer, Gerhard Schröder, Markus Söder und Co verfolgt hat, kann anhand dieser Beispiele locker ein Intrigenbuch schreiben, bei dessen Lektüre sogar Niccolò Machiavelli noch viel gelernt hätte.

Eine ähnliche Persönlichkeitsstruktur findet man übrigens auch bei Menschen, die im Hintergrund die Welt regieren, z.B. bei Investmentbankern. In einer viel beachteten Studie haben die beiden St. Gallener Forscher Thomas Noll und Pascal Scherrer eine Gruppe von Investmentbankern mit Schwerverbrechern aus einem Schweizer Gefängnis verglichen. Das Ergebnis überraschte und erschütterte alle: Die Investmentbanker verhielten sich noch weit egoistischer und rücksichtsloser als die Schwerverbrecher im Knast! Wer also wirklich glaubt, nach der Wirtschaftskrise wären im Finanzgewerbe bessere Sitten eingezogen: Fehlanzeige.

Diese antisoziale Siegerpersönlichkeit zeichnet sich durch außergewöhnlich hohe Dominanz- und fast gegen Null gehende Harmoniewerte aus. Ist diese Kombination besonders stark ausgeprägt, spricht man schon fast von Psychopathie. Fast ausschließlich vertreten sind hier Männer. Die Stärke des Dominanzsystems hat einen engen Zusammenhang zum Testosteronspiegel im Gehirn. Auch Frauen haben Testosteron, aber im Durchschnitt lange nicht so viel wie Männer. In der extrem antisozialen Ausprägung findet man deshalb so gut wie keine Frauen mehr. Angela Merkel, Christine Lagarde und Ursula von der Leyen haben sicher auch ein starkes Dominanzsystem. Aber ihre »menschlichen« Emotionssysteme wie Harmonie gehen nicht gegen Null wie bei unseren Siegern. Interessant ist eine schon etwas ältere Studie des US-amerikanischen Sozialpsychologen James Dabbs. Er maß den Testosteronspiegel von einigen tausend Menschen über Speichelproben. Gleichzeitig erhob er auch Daten zur Berufswahl und zum Berufserfolg. Er fand folgenden Zusammenhang: Beamte und Angestellte in sozialen Berufen haben im Durchschnitt einen weit geringeren Testosteronspiegel als beispielsweise sehr erfolgreiche Topmanager. Das Pikante an der Untersuchung war, dass die Topmanager knapp unter der Psychopathiegrenze lagen. Über der Psychopathiegrenze befanden sich viele Schauspieler, Boxer und natürlich die wirklichen Psychopathen. Hohe Intelligenz, eine extrem hohe Dominanz- sowie eine geringe Harmonieausprägung: Das ist die Gemeinsamkeit der Sieger. Sowohl die Intelligenz wie auch die Persönlichkeit sind zu 50 Prozent angeboren und damit genetisch verankert. Wenn es auch keine Gene gibt, die dich automatisch zum Sieger machen, eine genetische Veranlagung zum Sieg ist auf jeden Fall vorhanden.

Von Optimisten und Pessimisten
Was unterscheidet Menschen mit einer stärkeren Ausprägung des Balance- und/oder Harmoniesystems von denen mit einer stärkeren Ausprägung des Stimulanz- und Dominanzsystems, und damit auch von unseren Siegern, die wir gerade kennen gelernt haben? Die Antwort: Die einen sind eher Pessimisten, die anderen sind eher Optimisten. Wenn das Balance- und Harmoniesystem in deinem Kopf regieren, siehst du in der Welt die Risiken und Bedrohungen. Wenn unsere aktiven Systeme dagegen die Vormacht haben, siehst du die Chancen. Nicht nur der Blick auf die Welt wird dadurch verändert. Auch der Blick auf uns selbst und unser eigenes Können ist ein anderer.

Stell dir mal vor: Pessimisten und Optimisten stehen vor einer größeren Herausforderung. Was spielt sich dabei in deren Kopf ab? Die innere Stimme von Pessimisten wird sagen: »Das ist aber schwierig. Ob ich das schaffe? Ich glaube, ich kann das nicht.« Die von Optimisten dagegen sagt: »Das wird schon klappen und wenn es schief geht, ist das auch nicht so schlimm.« Die Pessimisten vermeiden aus diesem Grund häufiger Herausforderungen, die Optimisten suchen sie. Damit ist das Ganze aber noch nicht zu Ende. Wenn beide die Herausforderung annehmen, die Sache aber schief geht, was passiert dann? Die Optimisten sagen: »Die Umstände waren so, dass es nicht gelingen konnte.« Die Pessimisten dagegen suchen die Schuld bei sich.

Warum gibt es Unterschiede zwischen Menschen?
Wir haben bis jetzt ausführlich über Unterschiede gesprochen, aber vielleicht fragst du dich jetzt: Warum sind Menschen eigentlich nicht alle gleich? Das würde doch vieles einfacher machen. Den Grund, warum Unterschiede sinnvoll sind, finden wir in der Evolution. Die Welt und die Natur unterliegen einem permanenten Wandel. In unserer gesamten Entstehungsgeschichte, angefangen bei den Bakterien, waren wir immer den brutalen Launen der Natur ausgesetzt. Dürreperioden, Überschwemmungen, Eiszeiten machten das Überleben beschwerlich. Einzelgänger hatten da schlechte Karten. Erst durch das Leben in Gruppen wurden die Überlebenschancen eines Individuums immens gesteigert. Was aber erhöht die Überlebenschance einer ganzen Gruppe? Die Antwort: die Vielfalt der Gruppenmitglieder oder, etwas moderner, Diversity. Damit wir den Gedanken verstehen, warum Überlebenserfolg untrennbar mit der Vielfalt verknüpft ist, müssen wir von der Betrachtung des Individuums auf die Betrachtung von Gruppen, also von sozialen Systemen, wechseln. Um die Genialität des biologischen Vielfaltprinzips zu erkennen, lohnt ein Seitenblick auf die erfolgreichste Spezies auf unserem Planeten. Nein, das sind nicht wir Menschen, wie wir gerne glauben. Es sind sowohl unsere Ur-Ur-Ur-Vorfahren wie auch unsere heutigen Erdmitbewohner: die Bakterien. Sie sind nicht nur die ältesten Lebewesen auf der Erde, sie stellen auch über 70 Prozent der gesamten, belebten Biomasse (auf den Menschen entfallen etwa fünf Prozent) und gemessen an der Anzahl aller »Köpfe« auf der Welt sogar etwa 95 Prozent der Erdbewohner. Bakterien sind deshalb so erfolgreich, weil sie sich innerhalb kürzester Zeit auf Veränderungen einstellen können. Die extreme Lernfähigkeit dieser kleinen Biester macht uns heute schwer zu schaffen. Eine der größten Herausforderungen für die medizinische Forschung ist es, wirksame Antibiotika zu finden, also Medikamente, die krankheitserregende Bakterien abtöten. Das Problem: Alle bekannten Antibiotika werden zunehmend wirkungslos, weil die Bakterien weltweit dagegen immer resistenter werden. Die Bakterien lernen nämlich schneller als die Forscher. Hinter den Türen der Labors findet ein dramatischer Wettlauf mit den Mikrogenies statt. Schon heute sterben weltweit hunderttausende Menschen an Bakterieninfektionen, die durch die bekannten Antibiotika nicht mehr behandelt werden können.

Schon bei Bakterien gibt es echte Typen
Wie schaffen es Bakterien, genauer gesagt Bakterienkolonien, so schnell zu lernen und sich auf Umweltveränderungen in kürzester Zeit einzustellen? Dazu ist es notwendig, sich mit der Sozialstruktur von Bakterienkolonien zu beschäftigen. Über viele Jahre hat sich die biologische Forschung nicht um die sozialen Systeme von Bakterienkulturen gekümmert. Biologen nahmen an, dass Bakterien eher genormte Einheitstypen sind und dass sich Mutationen, also anpassungsfördernde Veränderungen, bei Bakterien eher zufällig ereignen würden. Doch dies war ein gewaltiger Irrtum, wie die beiden Biophysiker Eshel Ben-Jacob von der Universität Tel Aviv und James A. Shapiro von der University of Chicago zeigten. Die Forscher fanden durch Beobachtung von

tausenden Kolonien heraus, dass die schnellen Anpassungen der Bakterien an neue Umweltbedingungen keinesfalls nur auf zufälligen Mutationen beruhen, sondern auf eine besondere Sozialstruktur der Kolonien zurückzuführen ist. Denn anders als vermutet waren die Bakterien in der Kolonie nicht gleich, sondern unterschieden sich in ihrer »Persönlichkeit« und damit in ihren Auswirkungen auf das gesamte System. Ben-Jacob und Shapiro extrahierten verschiedene Persönlichkeitstypen und die damit verbundenen Eigenschaften, die von diesen Bakterien in unterschiedlicher Stärke ausgingen bzw. die für besondere Signale empfänglich waren.

Die Konformitätsverstärker

In einer Bakterienkolonie gibt es einige Bakterien, die verstärkt chemische Signale absondern, welche die Kolonie zusammenhalten. Das sind die Produzenten eines chemischen Wir-Gefühls.

Die Diversitätsgeneratoren

Viele Bakterien einer Kolonie unterscheiden sich trotz gemeinsamer Gruppenzugehörigkeit sowohl in ihrer Vorliebe für bestimmte Nährstoffe als auch in ihrer Empfindlichkeit für chemische Stoffe. Durch die Spezialisierung gelingt es ihnen, auf die unterschiedlichen chemischen Signale in der Umwelt schneller zu reagieren, aber auch Futterstoffe besser zu verwerten.

Die Zufallsgänger/die Pioniere

Wird in Bakterienkolonien das Futter knapp, senden einzelne Bakterien ein chemisches Signal aus, das sie abstoßend macht und sie vom Konformitätsdruck befreit. Diese Bakteriengruppen schwärmen dann nach neuen Nahrungsquellen aus. Die Erkundungsteams, die nicht auf Nahrungsquellen stoßen, vermitteln der großen Gruppe diese Hiobsbotschaft über abstoßende, chemische Signale, während die Teams, die Nahrung gefunden haben, ihren Erfolg mit chemischen Lockstoffen melden.

Die Ressourcenschalter

Die chemische Nachricht vom Erfolg lockt nun die ganze Kolonie an. In der Gruppe passiert aber noch etwas: Die erfolgreichen Finder der Nahrungsquelle werden nun zu neuen Führern der Kolonie.

Wenn wir uns die Charakteristik dieser Bakterientypen genauer vor Augen führen, wird schnell deutlich, dass die Grundzüge der menschlichen Persönlichkeit im Prinzip schon vor einigen Milliarden Jahren gelegt wurden. Die Konformitätsverstärker sind Balancetypen, die Diversitätsgeneratoren sind Stimulanztypen, die Zufallsgänger haben eine hohe Risikolustausprägung und die Ressourcenschalter wechseln ihre Persönlichkeit vom Pionier zum Performer. Im nächsten Kapitel blicken wir durch die Emo-Brille und werden uns intensiver mit Persönlichkeitstypen beschäftigen.

Die Psyche der Bienen und Schimpansen
Auch bei Insekten findet man ähnliche Persönlichkeitsmerkmale, beispielsweise bei Bienen. Auch hier gibt es Pionierinnen und Angsthäsinnen, wie Gene Robinson von der University of Illinois und sein Team herausfanden und im Fachmagazin Science veröffentlichten. Einige Arbeiterinnen übernehmen fast immer die riskanten Bienenaufgaben: Das ist die Suche nach neuen Futterquellen. Andere Arbeiterinnen tun das nie. Sie bleiben im Nest und kümmern sich um die Nachwuchspflege. »Unsere Ergebnisse zeigen, dass es Persönlichkeitszüge wie die Lust am Neuen nicht nur beim Menschen und anderen Wirbeltieren gibt, sondern auch bei diesen Insekten«, schreiben die Forscher aus Illinois. Man habe zudem bei den Bienen ähnlich typische Verhaltensunterschiede und deren molekulare Basis gefunden wie beim Menschen.

Wenn schon Bakterien und Insekten ähnliche Grundpersönlichkeiten wie wir Menschen haben, dann müsste doch auch die Persönlichkeitsstruktur unserer nächsten Primatenkollegen, der Schimpansen, der unseren ziemlich ähnlich sein. Und genauso ist es. In einer groß angelegten Verhaltensstudie fanden die beiden US-amerikanischen Forscherinnen Hani Freemann und Sarah Brosnan folgende Persönlichkeitseigenschaften bei Schimpansen:

Ängstlichkeit / Dominanz / Extraversion / Offenheit / Umgänglichkeit / Strukturiertheit

Wenn wir diese Eigenschaften nun in unsere Life Code-Dimensionen übersetzen, sehen wir die frappierende Ähnlichkeit:
- Ängstlichkeit = Balance
- Dominanz = Dominanz
- Extraversion = Neugier plus Risikolust
- Offenheit = Offenheit
- Umgänglichkeit = Harmonie
- Strukturiertheit = Kontrolle

Egal ob bei Menschen, Säugetieren, Insekten oder Bakterien: Unterschiede in der Persönlichkeit der Mitglieder bringen viele Vorteile. Die Gruppe im Ganzen reagiert schneller, wenn es nur einige Pioniere gibt, die das Neue ausprobieren, als wenn sich die ganze Gruppe in Bewegung setzen muss. Die Gruppe bleibt trotzdem stabil, weil es noch viele gibt, die sich um Harmonie und Ordnung kümmern. Die Gruppe wird geschützt, wenn einige sich aufs Kämpfen spezialisieren und andere sich dafür stärker in der Nachwuchspflege engagieren. Mit der Persönlichkeit sind auch bestimmte

Funktionen verbunden und es ist immer gut, in einer Gruppe Spezialkräfte für unterschiedliche Aufgaben zu haben.

Was Persönlichkeitstests messen
Vielleicht sagst du jetzt, du hättest in deiner Arbeitsstelle oder sonst wo schon mal einen Persönlichkeitstest gemacht, zum Beispiel das NEO-Persönlichkeitsinventar oder das DISG®-Persönlichkeitsmodell. Die hätten aber teilweise ganz andere Bezeichnungen der Persönlichkeitsdimensionen gehabt. Das stimmt, und das sorgt bei psychologischen Laien für Verwirrung. Die Namensgebung der Persönlichkeitsdimensionen unterscheidet sich in der Tat zwischen den Tests. Der Grund dafür liegt darin, dass Persönlichkeitsdimensionen eine ganze Wolke ähnlicher Eigenschaften beinhalten. Nun versucht man, dieser Wolke einen Namen zu geben, der alle Aspekte abdeckt. Hier sind meist mehrere Lösungen oder Begriffe möglich. Ich könnte zum Beispiel die Dimension Dominanz auch Durchsetzungsfähigkeit nennen, Balance könnte auch mit Ängstlichkeit beschrieben werden und Kontrolle wäre auch mit Gewissenhaftigkeit gut getroffen. Wenn du das Hintergrundwissen nicht hast, ist das natürlich sehr verwirrend.

Nun gibt es aber noch einen weiteren Unterschied zwischen den Tests. Da viele der heute gebräuchlichen Persönlichkeitstests 50 und mehr Jahre auf dem Buckel haben, sind an ihnen die Erkenntnisse der Hirnforschung oft völlig vorbei gegangen. Trotzdem gibt es bessere und schlechtere Tests. Ob ein Test gut oder schlecht ist, kann man daran erkennen, ob er mit seinen propagierten Persönlichkeitsdimensionen den Emotionsraum der Map einigermaßen abdeckt. Wenn er das tut, ist er gut. Wenn er aber erhebliche Lücken hat, sollte man ihn wegwerfen. Ich habe die weltweit wichtigsten Persönlichkeitstests unter die Lupe genommen und auf Basis unserer tatsächlichen Emotionsstruktur analysiert. Du kannst das Ergebnis »Persönlichkeitsmodelle im Vergleich« kostenlos auf meiner Website (www.haeusel.com) downloaden.

Der Limbic® Quick Test: Wer bist du selbst in diesem Spiel?
Wenn es um Persönlichkeit geht, interessiert die meisten Menschen in erster Linie, wer sie selbst sind. Dich sicher auch. Für diesen Zweck habe ich den Limbic® Quick Test entwickelt. Ein aussagekräftiger Persönlichkeitstest mit vielen Fragen ist eine aufwendige Sache. Ich mache es dir einfacher. Mit wenigen Fragen kannst du herausfinden, wo ungefähr deine Persönlichkeitsschwerpunkte auf den vier Hauptdimensionen Balance, Harmonie, Dominanz, Stimulanz liegen. Auch diesen kostenlosen Test findest du auf meiner Website www.haeusel.com. Wichtig dabei: Das Ergebnis ist anonym und nur für dich bestimmt. Du brauchst keine E-Mail-Adresse, keinen Namen hinterlassen. Das alles interessiert mich nicht.

12 Emo-Brille: Warum die gleiche Welt für jeden anders ist

Die meisten Menschen haben einen emotionalen Persönlichkeitsschwerpunkt. »Nun ja«, sagst du vielleicht, »dann ist das halt so.« Was wir uns aber viel zu wenig klar machen ist, welche Konsequenzen das für unser alltägliches Leben hat.

Unser Blick auf die Welt ist verstellt
Mein Vater sagte immer: »Bub, ich glaube nur das, was ich sehe.« Diese Ansicht teilen viele Zeitgenossen. Leider liegen sie, wie mein längst verstorbener Vater, alle falsch. Die Welt ist nicht so, wie wir sie sehen. Das beginnt schon damit, dass unsere Augen und Ohren nur in einem sehr engen Frequenzspektrum operieren. Viele Licht- und Schallwellen, die um uns herum aktiv sind, nehmen wir gar nicht wahr. Viele Vögel können ultraviolettes Licht sehen. Wir können es nicht. Fledermäuse hören Töne im Ultraschallbereich, auch das können wir nicht. Und besonders erstaunlich: Zugvögel spüren das Erdmagnetfeld und nutzen diese Fähigkeit zur Navigation. Aber nicht nur artspezifisch gibt es große Unterschiede, auch durch unsere kulturelle Prägung nehmen wir die Welt höchst unterschiedlich wahr. Ein kleines Beispiel: Stell dir vor, dein bester Freund wäre ein Indianer, der im tiefsten Urwald in Borneo lebt. Bei deinem Besuch lädt er dich auf eine kleine Wanderung durch den Dschungel ein. Sehr schnell wirst du merken, wie viele Dinge dein Freund sieht und wahrnimmt, die dir völlig verschlossen bleiben: Spuren von Tieren, giftige und ungiftige Pflanzen usw. Das Gleiche wird auch beim Gegenbesuch deines Freundes passieren. Beim Gang durch die Stadt siehst du viele Dinge, die er nicht wahrnimmt. Das kann die Bedeutung einer Ampel und eines Verkehrszeichens, die Gefahr eines nahenden Busses sein. In den schon etwas älteren Filmen »Crocodile Dundee« mit Paul Hogan kannst du dir in Teil eins und zwei diese unterschiedlichen Blickwinkel auf amüsante Weise anschauen.

Unser Blick auf die Welt ist also nie objektiv. Er wird a) von den Besonderheiten unserer Art, b) von unseren kulturell-individuellen Erfahrungen, c) von unserem momentanen Körperzustand (Hunger, Durst, Frieren, Schwitzen, Schmerzen), d) von unseren Stimmungen und e) von unserem individuellen, emotionalen Persönlichkeitsschwerpunkt beeinflusst. Dem gehen wir jetzt mal auf den Grund.

Wie Emotionen unsere Perspektive prägen
Erst unsere Emotionssysteme geben, wie wir wissen, der Welt Sinn, Wert und Bedeutung. Dazu müssen die Emotionssysteme die Welt zunächst bewerten. Jedes Emotionssystem hat aber andere Vorstellungen davon, was wichtig und richtig ist. Nun wissen wir ja, dass es unsere sieben emotionalen Persönlichkeitsdimensionen sind, die unsere Persönlichkeit bilden. Diese sieben Persönlichkeitsdimensionen schauen aber völlig verschieden auf die Welt. Die gleiche Situation wird deshalb von ihnen völlig

unterschiedlich bewertet. Um das zu verdeutlichen, nehmen wir sieben Personen, die in jeweils einer Persönlichkeitsdimension eine hohe Ausprägung haben. Wir schauen dabei zu, wie verschieden sie aus ihrem emotionalen Blickwinkel die gleiche Situation sehen und bewerten.

Die beispielhafte Situation: Die Bundeskanzlerin hält eine Fernsehansprache, in der sie auf die Gefahren des Covid-19-Virus aufmerksam macht und die strengen Maßnahmen erklärt, die die Regierung zur Eindämmung getroffen hat.

Person 1: Hohe Ausprägung Risikolust

> *»Die Bundeskanzlerin übertreibt. Das ist doch nur eine etwas stärkere Grippe. Mir kann sowieso nix passieren.«*

Person 2: Hohe Ausprägung Dominanz

> *»Solange ich meinen Sport und Beruf ausüben kann, ist das nicht so schlimm. Mein Aktiendepot macht mir allerdings die größten Sorgen. Hoffentlich lassen die vor lauter Angst um einige Hochbetagte, die sowieso bald sterben müssten, nicht die Wirtschaft gegen die Wand fahren.«*

Person 3: Hohe Ausprägung Kontrolle

> *»Ich werde mir jede Stunde gründlich die Hände waschen und werde den geforderten Abstand zu anderen halten. Nur so bekommt man das Virus unter Kontrolle. Ich hoffe nur, dass es der Polizei gelingt, die Regeln durchzusetzen. Die Abweichler gehören hart bestraft.«*

Person 4: Hohe Ausprägung Balance

> *»Das klingt ja schlimm und gefährlich. Da werde ich gleich besser in den Supermarkt fahren, um mir einen Vorrat an Lebensmitteln und Toilettenpapier anzulegen. Ich rufe am besten auch gleich meinen Hausarzt an und mache mal einen Termin.«*

Person 5: Hohe Ausprägung Harmonie

> *»Das klingt bedrohlich. Meine Eltern sind über 80. Ich muss schauen, dass sie sich nicht anstecken und dass sie genug zum Essen haben. Ich nähe auch gleich Masken für meine Familie.«*

Person 6: Hohe Ausprägung Offenheit

»Da scheint wirklich etwas dran zu sein. Aber muss es wirklich eine Ausgangsbeschränkung sein? Es gibt doch sicher auch andere Wege, die Infektion zu stoppen. Nun ja, ich habe viele ungelesene Bücher und jetzt habe ich endlich Zeit für die Serien bei Netflix & Co.«

Person 7: Hohe Ausprägung Stimulanz

»So ein Geschiss wegen eines Virus. Ich darf nicht mehr in Bars und mich mit meinen Freunden treffen. Das ist doch überzogen. Gott sei Dank kann die Polizei nicht überall sein. Ich finde ein Schlupfloch, um mich mit meinen Freundinnen zu treffen.«

Wir sehen, wie dieselbe Situation unterschiedlich bewertet wird und wie unterschiedlich das daraus resultierende Verhalten ist. Diese Unterschiede in der Weltbetrachtung und -bewertung durchziehen unseren gesamten Alltag und sorgen im einfachen Fall für lösbare Konflikte, im schweren für Verhandlungen vor Gericht.

Die Emo-Brille ist fest mit uns verwachsen
Das Problem dabei ist, dass jeder von uns nur eine Sicht auf die Welt wirklich kennt. Nämlich seine eigene. So, wie du die Welt durch deine Persönlichkeitsbrille siehst, so glaubst du auch, dass sie ist. Dass es ganz viele andere Sichtweisen darauf gibt, kommt uns nicht in den Sinn. Zum Beispiel am Arbeitsplatz, wo sich ein Teammitglied vehement gegen die Digitalisierung stemmt (Balance), während ein anderes diesen Wandel als spannende Herausforderung begreift. Oder bei der privaten Urlaubsplanung, wenn sie nach Südamerika will (Stimulanz), während er das gleiche Hotel wie die letzten Jahre in Südtirol vorzieht (Balance). Unsere emotionale Persönlichkeit bestimmt unsere Sicht auf die Welt. Wie ein unbewusster Wegweiser führt sie uns durch unser Leben.

Wir entscheiden nicht frei
Nicht nur deine Sicht auf die Welt, auch deine Entscheidungen werden erheblich von deiner emotionalen Persönlichkeitsstruktur beeinflusst. Jeden Tag müssen wir viele Entscheidungen treffen. Jeder von uns glaubt, dass er diese Entscheidungen stets frei und unbeeinflusst trifft. Doch das ist ein großer Irrtum. Unsere Entscheidungen werden, ohne dass wir es bemerken, im Unbewussten von unseren Emotionssystemen gesteuert. Schauen wir uns dazu ein Beispiel an. Nina und Marlies sind beruflich erfolgreich und verdienen gut. Nun kommen beide in die Situation, ein neues Auto

zu brauchen. Nina entscheidet sich für einen Audi A3 Cabrio, während Marlies sich einen Škoda Fabia kauft. Beide haben beim Kauf das Gefühl, bewusst, autonom und vernünftig zu entscheiden. Was beiden nicht klar ist, dass im Hintergrund ihre individuellen Emotionssysteme erheblich in den Entscheidungsprozess eingegriffen haben. Ninas Persönlichkeitsschwerpunkt liegt im Stimulanzbereich. Für sie kommt nur ein Auto mit hohem Spaßfaktor in Frage. Der Schwerpunkt von Marlies dagegen liegt im Balance- und Kontrollbereich. Ein Auto muss für sie in erster Linie einen Zweck erfüllen und es muss zuverlässig und wirtschaftlich sein.

Aber stimmt das? Sind diese Zusammenhänge auch in der Realität so, wie ich sie in diesem fiktiven Beispiel behauptet habe? Das schauen wir uns nun etwas genauer an. Aber nicht auf Basis von Spekulation, sondern von empirisch soliden Daten. Fünf große deutsche Verlagsgruppen (Bauer, Burda, Funke Mediengruppe, Gruner & Jahr, Springer) führen regelmäßig eine große Marktforschungsstudie mit über 30.000 Teilnehmenden durch. Diese Studie heißt »Best for Planning (b4p)«. Die Befragten werden so ausgewählt, dass sie die deutsche Bevölkerung repräsentativ abbilden. In der Studie werden u. a. untersucht:
- das Kaufverhalten und das Kaufinteresse in allen Konsumkategorien
- das digitale und analoge Medienverhalten
- das Geld- und Finanzverhalten
- Lebenseinstellungen
- Freizeitaktivitäten

Zudem werden von den Teilnehmenden alle soziodemografischen Daten (Alter, Geschlecht, Schulbildung, Beruf, Einkommen, Religion, Wohnortgröße, Land, Region usw.) erfasst. Das Wichtigste aber für uns: Mit allen Befragten wird auch ein Persönlichkeitstest durchgeführt, der auf dem Limbic-Ansatz basiert. Auf diese Weise können faszinierende und wissenschaftlich fundierte Zusammenhänge zwischen den Emotionssystemen und dem menschlichen Verhalten gefunden werden.

Der Persönlichkeitsschwerpunkt bestimmt den Emo-Typ
In diesem Test werden alle sieben emotionalen Persönlichkeitsdimensionen erfasst, die du schon kennengelernt hast. Aber weil es für die Alltagspraxis zu komplex ist, bei jeder Versuchsperson immer alle sieben Dimensionen gleichzeitig zu betrachten, werden die Versuchspersonen entsprechend ihrem emotionalen Schwerpunkt einem emotionalen Grundtyp, einem sogenannten Limbic® Type, zugeordnet. Abbildung 46 zeigt diese Grundtypen.

12 Emo-Brille: Warum die gleiche Welt für jeden anders ist

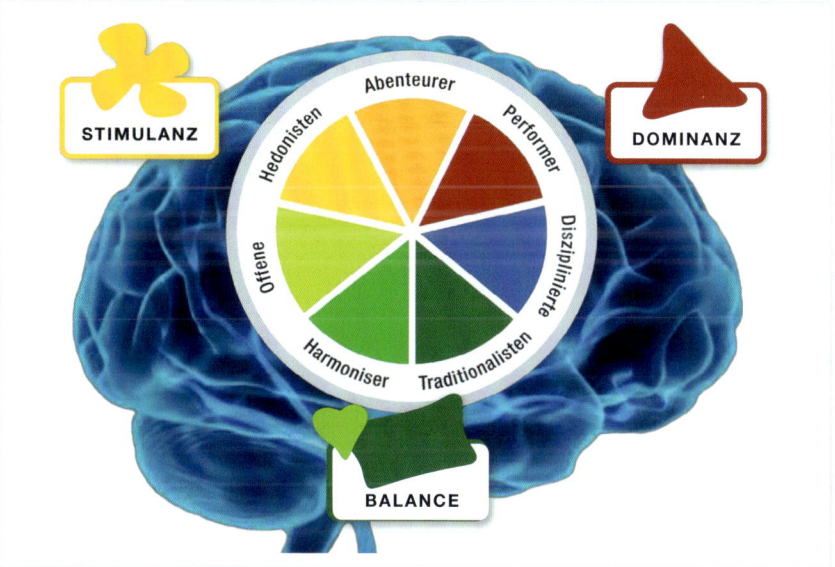

Abb. 46: Die emotionalen Persönlichkeitstypen (Limbic® Types)

Diese emotionalen Grundtypen sind:
- Die Traditionalisten   Emotionsschwerpunkt Balance
- Die Harmoniser   Emotionsschwerpunkt Harmonie
- Die Offenen   Emotionsschwerpunkt Offenheit
- Die Hedonisten   Emotionsschwerpunkt Stimulanz
- Die Abenteurer   Emotionsschwerpunkt Risikolust
- Die Performer   Emotionsschwerpunkt Dominanz
- Die Disziplinierten   Emotionsschwerpunkt Kontrolle

Der Begriff Hedonist wurde vom griechischen »hedone« = Freude, Vergnügen, Lust, Genuss abgeleitet. Wir werden im Weiteren von den Emo-Typen oder den Typen sprechen.

Unsere Persönlichkeit – Der unsichtbare Leitstrahl durchs Leben
Nun machen wir einen Streifzug durch diese Untersuchung und schauen uns mal einige Zusammenhänge an. Wir werden feststellen, dass unsere Persönlichkeit unser Leben wie ein unsichtbarer Leitstrahl lenkt, der uns unmerklich und unbewusst die Richtung zeigt.

Wer verdient viel Geld?

Wie nicht anders zu erwarten, sind die Performer doppelt so stark in der Gruppe der Gutverdiener (Haushaltsnettoeinkommen mehr als 5000 €) vertreten, wie es ihrem Anteil an der Bevölkerung entspricht. Weit unterproportional trifft man in der Gutverdienergruppe dagegen die Harmoniser. Den Grund dafür kennen wir: Menschen mit einer hohen Ausprägung im Dominanzbereich sind sehr ehrgeizig und karriereorientiert. Das macht sich direkt im Geldbeutel bemerkbar. Das emotionale Gegenteil sind die Harmoniser. Sie ziehen das gemütliche, harmonische Leben dem harten Lebenskampf vor und verdienen deswegen deutlich weniger als der Durchschnitt der Bevölkerung.

Wer interessiert sich für Gesundheitsfragen?

Auf ein völlig anderes Bild treffen wir, wenn es um das Interesse an der Gesundheit geht. Wem ist Gesundheit wichtig und wer interessiert sich dafür? Das sind Menschen, die stärker im Balancesystem zuhause sind. Genau das zeigen auch die Daten: Die Traditionalisten und Disziplinierten sind in der Gruppe der Gesundheitsinteressierten weit überproportional vertreten, während Abenteurer und Hedonisten in dieser Gruppe kaum anzutreffen sind.

Wer leidet unter Herz-Kreislauf-Krankheiten?

Das Interesse an Gesundheit ist etwas anderes, als aktiv etwas für seine Gesundheit zu tun. Das beste Mittel für eine gute Gesundheit ist Sport. Das Dominanz- und das Stimulanzsystem sind unsere emotionalen Systeme, die uns zu Aktivität und Bewegung anhalten. Deswegen findet man in der Gruppe derjenigen, die regelmäßig und aktiv Sport treiben, weit überproportional die Offenen, Hedonisten, Abenteurer und Performer. Wenn man jetzt auch noch in die Daten schaut, wer unter Herz-Kreislauf-Problemen leidet, sieht man das genaue Gegenteil. In dieser Gruppe dominieren die Traditionalisten, die Disziplinierten und die Harmoniser. Genau den gleichen Zusammenhang sehen wir beim Übergewicht. Bei einem hohen BMI-Wert (Body Mass Index) sind die Harmoniser, Disziplinierten und Traditionalisten weit überdurchschnittlich vertreten. In der Gruppe der Ranken und Schlanken finden wir dagegen überproportional viele Offene, Hedonisten, Abenteurer und Performer.

Wer hört welche Musik?

In der Gruppe der Hard-Rock- und Heavy-Metal-Fans treffen wir dreimal so viele Abenteurer und Hedonisten, wie es ihrem Anteil an der Bevölkerung entspricht. Wenn wir nun die Volksmusik-Hörer betrachten, sehen wir das genaue Gegenteil: dreimal so viele Traditionalisten und Disziplinierte und doppelt so viele Harmoniser im Vergleich zu ihrem Bevölkerungsanteil.

Wer treibt welche Sportarten?

Auch bei der Wahl der Sportarten greift unsere Persönlichkeit ein. Sportarten mit Risikocharakter wie Mountainbike werden weit überdurchschnittlich von Abenteurern, Hedonisten und Performern ausgeführt. Harmoniser sind hier deutlich unterrepräsentiert. Beim Nordic Walking gibt es dagegen fast keine Abenteurer, dafür weit überdurchschnittlich viele Harmoniser.

Wer ist internetsüchtig?

Die Vermutung ist, dass die Emo-Typen mit einer stärkeren Ausprägung des Stimulanz- und auch des Belohnungssystems das Internet weit intensiver nutzen als die eher konservativen Typen. Tatsächlich sind heute fast alle Emo-Typen im Internet. Wenn es aber um die Nutzungsdauer geht, gibt es gewaltige Unterschiede. In der Gruppe, die mehr als vier Stunden täglich im Internet sind, trifft man auf Platz eins die Hedonisten, auf Platz zwei die Abenteurer und auf Platz drei die Performer und Offenen. Sie sind weit überproportional in dieser Gruppe vertreten. Die Traditionalisten und Disziplinierten findet man hier fast gar nicht. Die Harmoniser sind unterdurchschnittlich vertreten.

Diese Lebensbereiche, die wir gerade angeschaut haben, sind nur eine kleine Auswahl aus dem gesamten Leben. Es gibt noch viele andere Bereiche, die von unserer Persönlichkeit maßgeblich beeinflusst werden.

Wir sind geneigt, nicht festgelegt

Wie behauptet und von der Studie bestätigt, gibt es einen starken Zusammenhang zwischen den Emotionssystemen und unserer Lebensführung. Aber es ist trotzdem nicht so, dass unser Verhalten hundertprozentig festgelegt wäre. Selbstverständlich gibt es Traditionalisten, die Volksmusik vehement ablehnen und dafür Heavy Metal heiß und innig lieben. Auch gibt es Abenteurer, die richtige Hypochonder sind und sich jede Minute um ihre Gesundheit sorgen. Aus unseren Emotionssystemen ergeben sich Neigungen. Diese Neigungen sind wie Rolltreppen. Es ist leichter, deren Laufrichtung zu folgen, als gegen sie anzulaufen. Aber auch das ist jeweils möglich. Unsere Persönlichkeit sorgt für eine höhere Wahrscheinlichkeit des einen oder anderen Verhaltens. Nicht mehr – aber auch nicht weniger. Zudem unterliegen wir Stimmungsschwankungen. Mal sind wir traurig und pessimistisch, mal platzen wir vor Tatkraft und Optimismus. Diese unterschiedlichen Stimmungen führen auch zu einer unterschiedlichen Betrachtung der Welt und natürlich auch von uns selbst.

Welche Typen passen zusammen?

Im vorigen Kapitel haben wir gesehen, warum die Evolution unterschiedliche Persönlichkeitstypen bevorzugt. Auch im Alltag beschäftigen wir uns mit dieser Frage. Allerdings auf einer sehr praktischen Ebene. Zum Beispiel, wenn es um eine neue Partnerschaft geht. Dann fragst du dich: Wer passt zu mir? Zwei bekannte Sprichwörter und Lebensweisheiten geben uns hier Rat: »Gleich und gleich gesellt sich gern« sowie »Gegensätze ziehen sich an«. Dabei gibt es allerdings ein kleines Problem. Die beiden Aussagen widersprechen sich komplett. Schauen wir uns das mal näher an.

Gleich und gleich gesellt sich gern

Es gibt viele Untersuchungen, die zeigen, dass Menschen sich dann am wohlsten fühlen, wenn sie mit Menschen zusammen sind, die gleich oder ähnlich sind wie sie. Die gleiche Hautfarbe, der gleiche Dialekt, die gleiche Herkunft, die gleiche Religion und natürlich: die gleiche Persönlichkeit. Dieses Prinzip ist fest in unseren Genen verankert, weil es evolutionär Sinn macht. Der Mensch ist allein nicht lebensfähig. Er braucht die soziale Gruppe, um durchs Leben zu kommen und um sich vor Feinden zu schützen. Gleiche Merkmale helfen dabei, schnell die Seinigen zu erkennen. Der Hang, Menschen mit ähnlicher Persönlichkeitsstruktur vorzuziehen, verkleinert die Gefahr von sozialen Konflikten und Streit. In Partnerschaftsbörsen wird nach diesem Prinzip gearbeitet. Man befragt die Partnersuchenden nach ihren Einstellungen, Werten und Interessen. Der Computer schlägt dann solche Menschen vor, die den Merkmalen des Suchenden am besten entsprechen. Denn die Erfahrung zeigt, dass Verbindungen unter Gleichen stabiler sind und länger anhalten. Unbewusst haben wir also einen Hang, uns mit Ähnlichen oder Gleichen zu verbinden. In der Sozialpsychologie wurden verschiedenste Versuche gemacht, um das zu testen. Das Ergebnis war immer das Gleiche. Menschen suchen lieber ihresgleichen und lehnen das andere eher ab. Ein aufschlussreicher Versuch war der: In einem amerikanischen Pfadfinderlager wurde den Teilnehmenden zufällig ein roter oder blauer Punkt auf die Stirn gemalt. Dazu wurde nichts Weiteres gesagt. Es dauerte nur kurze Zeit, da traf man auf kleine Gruppen, die nur aus »Roten« oder »Blauen« bestanden. Zusätzlich fanden die Roten die Blauen bald doof und umgekehrt. Jede Gruppe versah die eigene Farbgruppe mit positiven, die andere mit negativen Eigenschaften. Dieser Hang zur Gleichheit ist auch in den sozialen Medien stark zu spüren. Menschen vernetzen sich vorwiegend mit denen, die ähnlich wie sie ticken und schotten sich von anderen ab. Diese Gruppen, sogenannte Echokammern, verstärken sich und schaukeln sich gegenseitig in ihrer Meinung auf. Durch die Abschottung dringen keine Gegenargumente mehr durch, was häufig zu einer weiteren Radikalisierung führt.

Gegensätze ziehen sich an

Am Beispiel der Echokammern haben wir gesehen, was passiert, wenn alle der gleichen Meinung sind und sich in festen Gruppen zusammenschließen. Diese Gruppen lernen nichts dazu und machen keine neuen Erfahrungen. Das »nichts-Lernen« geht gut, solange die Umwelt stabil ist und man mit den bewährten Fähigkeiten gut durchs Leben kommt. Wenn sich die Welt aber ändert, ist es gut, wenn das Einheitsdenken aufgebrochen wird und neue Gedanken in eine Gruppe kommen dürfen. Erinnere dich an die Bakterien und ihren Erfolg im vorigen Kapitel. Auch bei schwirigen und komplexen Problemen ist es besser, wenn man diese Probleme aus unterschiedlichen Perspektiven betrachtet und dann gemeinsam versucht, eine Lösung zu finden. Diesen Nutzen, der aus den unterschiedlichen Sichtweisen einer Gruppe entsteht, nennt man Schwarmintelligenz. Die Mitglieder eines Schwarms oder einer Gruppe schaffen es durch das Zusammenlegen der Perspektiven viel besser, einen objektiveren Blick auf die Welt zu bekommen.

Die aktive Nutzung anderer Meinungen und Perspektiven bringt also meist für alle einen großen Gewinn. Auch in Beziehungen und Partnerschaften sind Gegensätze hilfreich: Man blickt zumindest mit zwei verschiedenen Blickwinkeln auf die Welt und nicht nur mit einem. Zudem ist es spannender, neue Erfahrungen zu machen, die man bei gleichen Persönlichkeiten nicht gemacht hätte.

Es gibt noch einen weiteren Grund, warum Gegensätze oder das Fremde für uns attraktiv sind. Das ist die Sexualität. Wir pflanzen uns durch Sexualität fort. Unsere Nachkommen erhalten auf diese Weise nicht nur unsere Gene, sondern auch die von eigentlich Fremden. Durch diese «Mischung» erhöht sich die Widerstandsfähigkeit der Nachkommen gegen Parasiten, Bakterien und Viren. Denn neue Gene bringen andere und zusätzliche Immunerfahrungen ins Erbgut. Aus diesem Grund gibt es bei allen Völkern dieser Welt eine Inzuchtschranke. Gleich ob bei Säugetieren oder Menschen: Sexualpartner und -partnerinnen kommen fast immer von außerhalb der eigenen Gruppe.

Man kann es also so zusammenfassen: »Gleich und gleich« schafft stabilere Beziehungen, aber man macht keine neuen Erfahrungen. Dadurch ist es auch langweiliger. Das Gegenteil passiert bei »Gegensätze ziehen sich an«: Hier kommt es zwar öfters zu Konflikten, das Leben ist aber viel aufregender und spannender. Welche dieser beiden Beziehungswelten wir vorziehen, hängt auch stark von unserer Persönlichkeit ab. Insbesondere Harmoniser, Traditionalisten und Disziplinierte neigen zur Ablehnung der Gegensätze. Sie fühlen sich unter ihresgleichen am wohlsten. Das Gegenteil finden wir bei den Offenen, Hedonisten und Abenteurern. Sie lieben die Abwechslung durch Gegensätze. Performer haben übrigens ein eigenes Problem. Wenn zwei Performer in einer Beziehung sind, schlagen häufig die Funken. Beide wollen bestimmen und den Ton angeben.

13 Persönlichkeitsveränderung: Warum nur Tigerente geht

Träumst du auch davon, jemand anderes zu sein? Jene Ratgeberbücher und Coaches haben Hochkonjunktur, die versprechen, dich erfolgreich, durchsetzungsstark, emotional intelligent, resilient, achtsam und mutig zu machen. Da wir in einer kapitalistischen Gesellschaft leben, steht der Wunsch, die eigene Persönlichkeit in Richtung Performancestärke zu drehen, weit oben. Denn mit dieser Persönlichkeit sind, so der Glaube, der Porsche und die Villa so gut wie sicher. Doch geht das so einfach? Ist deine Persönlichkeit wie eine Lehmkugel, die sich frei nach deinen Wünschen formen und gestalten lässt? Leider geht das nicht. Erinnere dich: 50 Prozent der Persönlichkeit sind angeboren, die anderen 50 Prozent werden durch das Leben geformt. Da Kindheit und Jugend unsere Persönlichkeit weiter stark prägen, bleiben im Erwachsenenalter noch 20 bis 30 Prozent Veränderungsspielraum übrig.

Es gibt keinen idealen Persönlichkeitstyp
Bevor wir uns damit beschäftigen, wie man dieses verbleibende Veränderungspotenzial ausschöpfen kann, sollten wir uns zunächst die Frage stellen: Warum will man seine Persönlichkeit verändern? Die Frage ist deshalb wichtig, weil wir im vorherigen Kapitel gesehen haben, dass es weder die ideale Persönlichkeitsdimension noch die ideale Persönlichkeit im Gesamten gibt. Jede Persönlichkeitsstruktur hat ihre Vor- und Nachteile. Schauen wir uns das an einem Beispiel an: Angenommen du bist Monika und eine typische Harmoniserin. Nun richtet sich dein Blick in Abbildung 46 gebannt nach rechts oben in der Verteilung der Emo-Typen zur Performerin Carina. Denn so möchtest du auch gerne sein: immer das Ziel klar im Blick, jeden Tag auf der Karriereleiter einen weiteren Schritt nach oben, das Gehalt überdurchschnittlich. Aber bevor du dich auf den Weg dorthin machst, solltest du dir die Zeit nehmen und dich fragen: Was ist das Gute an meiner jetzigen Situation? Du stellst fest, dass dein Familienleben und deine Partnerschaft intakt sind. Du hast einen großen Kreis mit lieben Freunden und Freundinnen. Du hast auch Zeit für Freizeitaktivitäten, allein und mit anderen. Aber weil du das alles jeden Tag hast, ist das für dich so selbstverständlich wie die Luft, die du jeden Tag atmest. Leider messen wir den Dingen, die für uns selbstverständlich sind, keine große Bedeutung und damit auch nur einen geringen Wert zu. Jetzt wechseln wir die Seite und gehen zu Carina. Carina ist beruflich sehr erfolgreich. Sie arbeitet bei einer großen Beratungsfirma als Analystin und verdient sicher das Doppelte wie du. Ihre Ferienreisen sind luxuriöser, ihre Kleidung teurer als deine. Ein wunderbares Leben, wie es scheint. Aber jetzt schauen wir mal ins Herz von Carina. Da sieht es nämlich gar nicht so toll aus, wie es äußerlich scheint. Denn Carina fühlt sich häufig einsam. Unter der Woche ist sie unterwegs bei einem Beratungskunden und verbringt jeden Abend in einem dieser seelenlosen Business-Hotels. Da ist sie zwar mit Kollegen und Kolleginnen zusammen, aber wirkliche Freunde sind das nicht. Dann

das Wochenende mit dem Partner. Carina braucht oft noch den Samstag, um runterzukommen, sie ist häufig gereizt. Konflikte mit ihrem Partner sind die Regel. Zwar lebt Carina derzeit in einer festen Partnerschaft, aber es ist schon die dritte in den letzten fünf Jahren. Am Sonntag beginnt dann bereits die neue Arbeitswoche. Koffer packen, nochmals die Analysen und Präsentationen überprüfen. Wenn man Carina fragt, was sie sich sehnsüchtig wünscht, dann sagt sie: eine Familie mit Kindern. Aber Kinder und Familie passen in diese Karrierestruktur nicht rein. Hoppla, denkst du: Das, was Carina sich wünscht, habe ich jeden Tag. Allerdings machst du dir den wahren Wert nicht klar. Du denkst an Carinas Einkommen und meinst, das würde sie glücklich machen. Aber wir haben uns über Geld und Glück schon unterhalten – das tiefe Glück bekommt sie dadurch nicht. Zwar bekommt Carina nicht nur Geld, sondern auch viel Anerkennung von Kunden und aus dem Team. All das, was für dich in deinem beschaulicheren Leben etwas zu kurz kommt. Aber Carina zahlt einen hohen Preis für all das. Wenn wir jetzt nämlich die Rechnung unterm Strich machen, sieht das Ganze nicht mehr ganz so eindeutig aus. Du hast vielleicht ein weniger abwechslungsreiches Leben und weniger Geld als Carina, dafür hast du ein Zuhause mit einer Familie.

Dieses kleine Beispiel können wir auch mit allen anderen Emo-Typen durchspielen: Es käme immer das Gleiche raus. Jede und jeder hat durch seine Persönlichkeit und seine Situation Vorteile und Nachteile zu gleich. Es gibt nur eine Ausnahme: Bei Persönlichkeiten mit krankhaften Ausprägungen überwiegen die Nachteile. Menschen mit einer großen Angststörung (Balance extrem), vermeiden das Leben komplett. Manische Menschen (Stimulanz extrem) stürzen sich ins finanzielle und soziale Unglück und Psychopathen (Dominanz extrem) landen im Gefängnis oder in einer psychiatrischen Einrichtung.

Wir gedeihen, wenn das Umfeld zu unserer Persönlichkeit passt
Unsere Persönlichkeit ist wesentlich dafür verantwortlich, was uns gefällt, was wir gut finden und was uns motiviert. Letzteres ist besonders wichtig, weil unsere Emotionssysteme ja auch zeitgleich unsere Motivationssysteme sind. Wir sind besonders motiviert und damit glücklich, wenn wir in einem Umfeld leben und arbeiten, das zu unserer Persönlichkeit passt. An einem Beispiel mit den vier wichtigsten Emo-Typen schauen wir uns das mal genauer an. Angenommen diese suchen einen neuen Job. Glaubst Du, dass diese den Job nach den gleichen Kriterien suchen? Nein, das tun sie natürlich nicht.
- Für *Traditionalisten* hat die Arbeitsplatzsicherheit eine übergeordnete Bedeutung. Zudem lieben sie Aufgaben mit einer überschaubaren Komplexität. Ihr idealer Arbeitsplatz ist eine Beamtenstelle in einer Behörde.
- Für *Performer* sind Karriere- und Aufstiegsmöglichkeit besonders wichtig. Sie lieben Aufgaben mit hoher Verantwortung und Herausforderung. Ihr idealer Arbeitsplatz ist im Management eines internationalen Konzerns.

- Für *Hedonisten* ist Abwechslung das zentrale Kriterium. Sie lieben es, in Jobs zu arbeiten, die ein hohes Maß an Freiheit ermöglichen. Ihr idealer Arbeitsplatz: eine Kommunikationsagentur oder ein Start-Up-Unternehmen.
- Für *Harmoniser* sind das Betriebsklima und der gute soziale Kontakt zu Kolleginnen und Kollegen wichtig. Für sie sind diese oft so etwas wie eine zweite Familie. Ihr bevorzugter Arbeitsplatz hat mit Menschen, Kindern oder Tieren zu tun.

In Kapitel 5 haben wir uns mit der Lebensführung und dem Glück beschäftigt und von Aristoteles gelernt, dass das gute Leben dann eintritt, wenn wir immer schön in der Mitte bleiben. Jetzt, wo wir uns auch mit der menschlichen Persönlichkeit auskennen, müssen wir dieses Prinzip der Mitte etwas flexibler gestalten. Für Harmoniser liegt die ideale Mitte etwas näher bei Harmonie, für die Hedonisten bei Stimulanz, für die Performer bei Dominanz und für die Traditionalisten bei Balance. Wichtig dabei ist, dass man trotzdem immer einigermaßen zentral bleibt und nicht in die emotionalen Extreme rutscht.

Am Beispiel dieser vier Emo-Typen wird klar, wann wir die größte Befriedigung und Freude erleben. Nämlich dann, wenn wir den Arbeitsplatz gefunden haben, der zu unserer Persönlichkeitsstruktur passt. Wenn wir eine Hedonistin in die Buchhaltung eines Unternehmens verbannen, wäre das Unglück vorprogrammiert. Nicht nur, dass sie bei dieser langweiligen Arbeit todunglücklich wäre, sie würde die Arbeit sicher auch nicht gut machen. Wenn unser Umfeld und unsere Persönlichkeit aber zusammenpassen, fühlen wir uns am wohlsten. Das gilt für unseren Arbeitsplatz, unsere Familie, unseren Freundeskreis und damit für unsere ganze Lebensführung.

Die Siegerspirale: Von der Ente zur Tigerente
Der Wunsch nach Persönlichkeitsveränderung lässt trotzdem manche Zeitgenossen nicht los. Sie schauen in den Spiegel und sehen eine Ente. Ihr Traum ist es aber, ein Tiger zu werden. Die schlechte Nachricht: Genauso wenig, wie sich eine Ente in einen Tiger verwandeln lässt, wird aus einem Harmoniser ein Performer. Jetzt kommt die gute Nachricht: Tigerente geht! Erinnern wir uns, dass wir auch im Erwachsenenalter noch 20 bis 30 Prozent Änderungspotenzial haben. Die lassen sich aktivieren. Die Natur hat nämlich im Laufe der Evolution so etwas wie einen zweiten Bildungsweg zum Erfolg erfunden: die Siegerspirale. Damit bekommen jene, die nicht mit Gewinnergenen auf die Welt gekommen sind, die Chance, das Siegertreppchen ein Stück nach oben zu klettern. Die Natur verlässt sich nämlich nicht nur auf die angeborenen Anlagen, sie belohnt zusätzlich und sofort den aktuellen Lebenserfolg. Doch wie funktioniert die Siegerspirale?

Angenommen du spielst mit deinem Kumpel ein verbissenes Tennismatch. Nach langem und hartem Kampf gewinnst du. Jetzt schauen wir in dein Gehirn und messen die Testosteronkonzentration. Durch deinen Sieg steigt diese stark an. Du merkst es, weil dein Selbstbewusstsein im gleichen Maße zunimmt. Testosteron ist ja, wie wir wissen, ein wichtiger Treibstoff für das Dominanzsystem. Auch im Gehirn von Frauen sehen wir diesen Effekt. Die erhöhten Testosteronwerte bleiben über Stunden erhalten. Noch zwei weitere Nervenbotenstoffe nehmen in ihrer Konzentration zu. Zum einen das Dopamin, der Treibstoff des Belohnungs- und des Stimulanzsystems. Durch diese Dopaminspritze gehst du nicht nur optimistischer an die nächste Herausforderung, du bist auch bereiter, dich in ein für dich unbekanntes Gelände vorzuwagen. Der dritte Nervenbotenstoff, der ansteigt, ist das Serotonin. Der höhere Serotoninspiegel führt dazu, dass du gelassener wirst und noch mehr in dir ruhst.

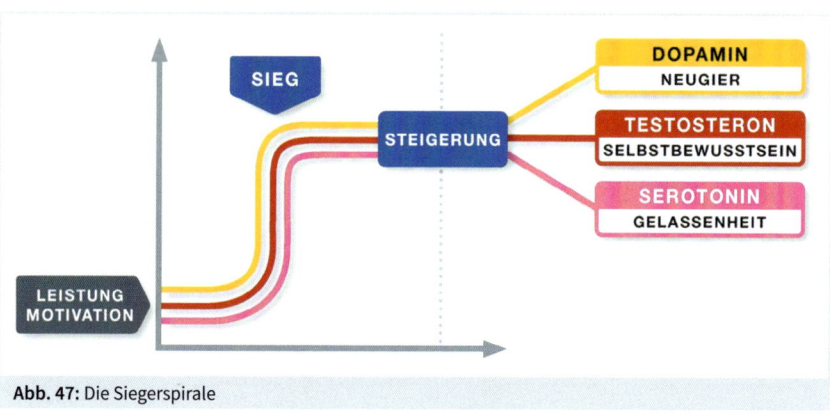

Abb. 47: Die Siegerspirale

Nach einem gewonnenen Match fällt die Konzentration dieser Stoffe nach einigen Stunden wieder. Aber stell dir vor, du lebst und arbeitest in einem Umfeld, das zu dir passt und wo du viele solcher kleinen und großen Siege erzielst. Dann stabilisiert sich das Ganze. Durch häufige Wiederholung des Erfolgs bleibt die Konzentration der Glückshormone dauerhaft hoch. Der Grund liegt darin, dass durch anhaltenden Erfolg die Gene verändert werden, die die Bildung und Ausschüttung dieser Nervenbotenstoffe steuern. Dieser Effekt wird in der Wissenschaft als Epigenetik bezeichnet. Unsere Gene sind also kein Schienenstrang, der von Geburt bis zum Tod gradlinig und vorbestimmt verläuft, sondern sie lassen sich durch Lebenseinflüsse verändern. Wichtig bei der Siegerspirale: Zufällige Erfolge, die ohne Anstrengung und ohne eigenes Zutun erreicht werden, lösen die Siegerspirale nur höchst selten aus.

Die Siegerspirale ist auch die Erklärung dafür, warum Sporttreibende, die mehrmals in Folge gewinnen, von einem Wettkampf zum nächsten eilen und während dieser Phase oft unschlagbar sind. Man sagt dann »Er oder sie hat einen Lauf«. Durch das entstandene Selbstvertrauen stellt man sich neuen Aufgaben, die man vorher vermieden hätte. Es gibt dabei allerdings eine kleine Einschränkung. In Kapitel 11 haben wir auch den Unterschied zwischen Optimisten und Pessimisten kennengelernt. Optimisten stellen sich Herausforderungen, Pessimisten vermeiden sie eher. Wenn ich aber Herausforderungen vermeide, kann ich auch keine Siege erringen. Deswegen ist es gerade für die eher pessimistischen Harmoniser und Traditionalisten besonders wichtig, sich Herausforderungen zu stellen. Wenn sie die nämlich vermeiden, bleibt die Siegerspirale verschlossen und das bedeutet, ein Leben lang Ente zu bleiben. Das ist nicht weiter schlimm, aber die eigenen Potenziale bleiben ungenutzt. Im Leben gibt es allerdings nicht nur die Siegerspirale, die uns psychisch stärker macht und nach oben bringt. Es gibt auch den Weg nach unten: die Verliererfalle.

Die Verliererfalle: Der Fahrstuhl nach unten
Die Verliererfalle funktioniert im Prinzip genau andersherum wie die Siegerspirale. Wenn du im Spiel des Lebens immer wieder verlierst, dann geht es leider abwärts. Deine Kollegin wird beispielsweise befördert und du nicht. Deine Arbeit macht dir keinen Spaß und damit hast du auch keinen Erfolg. Die abteilungsleitende Person ist ein höchst unangenehmer Mensch, behandelt dich arrogant, weist dir nur Fehler nach, während deine guten Leistungen völlig ignoriert werden. Auch in unbefriedigenden Partnerschaften, wo beide sich nur niedermachen und kritisieren, passiert das Gleiche. Genau die Nervenbotenstoffe, die dich in der Siegerspirale zur Sonne gehoben haben, befördern dich jetzt in den tiefen, dunklen Keller.

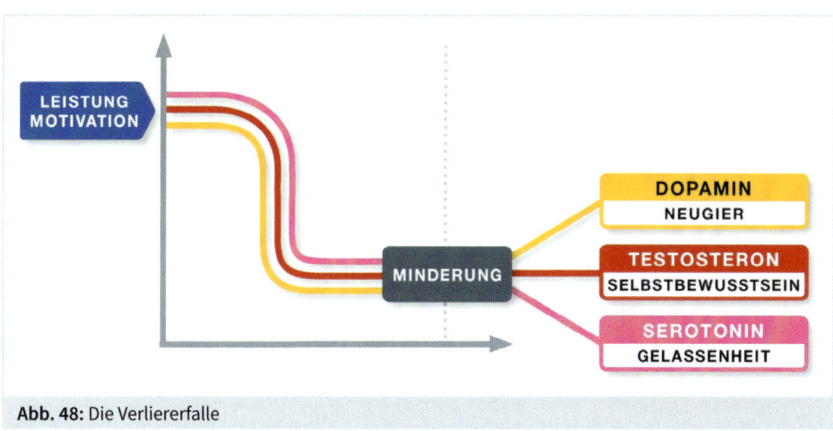

Abb. 48: Die Verliererfalle

Während du in der Siegerspirale vor Selbstvertrauen platzt, führt die Verliererfalle dich direkt in eine depressive Stimmung und Niedergeschlagenheit. Sowohl die Siegerspirale als auch die Verliererfalle sind langsame Prozesse, die in kleinen, oft unmerklichen Schritten erfolgen. Beim Weg zur Sonne ist das kein Problem. Ganz anders ist das bei der Verliererfalle. Wenn du nicht aufpasst, rutschst du in eine Depression, aus der du dich selbst nur schwer befreien kannst. Ein Beispiel verdeutlicht das:

Du beginnst einen neuen Job und startest mit großer Freude. Wie gerade beschrieben, ist die vorgesetzte Person unausstehlich. Sie ist nicht nur cholerisch, sondern macht alle nieder und glaubt, unfehlbar zu sein. Die Arbeit wird aber gut bezahlt und liegt nur wenige Minuten von deinem Zuhause weg. Du schluckst deshalb das eigentlich inakzeptable Verhalten. Nach einigen Wochen merkst du, dass du nicht mehr gut schläfst. Immer häufiger bekommst du Kopfweh. Um abzuschalten, trinkst du am Abend oft auch ein Glas zu viel. Am Ende sitzt du niedergeschlagen in der Ecke und ergibst dich deinem Schicksal. Aber nicht nur psychisch bekommst du Probleme. Auch dein Körper reagiert: Dein Immunsystem wird schwächer, du wirst häufiger krank. Weil die Spannungen zu großem Stress führen, bekommst du Herz-Kreislauf-Probleme. Deine Konzentrationsfähigkeit lässt nach, was zu Fehlern in der Arbeit führt.

Das Tückische an der Verliererfalle ist: Je weiter sie fortschreitet, desto niedergeschlagener wirst du und desto weniger Kraft hast du, die Situation selbst zu verändern. Nicht nur am Arbeitsplatz, auch in Partnerschaften erleben wir dieses Phänomen häufig. Während Freunde immer häufiger fragen: »Warum trennst du dich nicht?«, ist das Opfer längst in der gefühlten Hilflosigkeit und Depression angekommen.

Suche das passende Umfeld
Was lernst du daraus? Durch Erfolg und Misserfolg, durch das Umfeld und durch unsere Mitmenschen kannst du sowohl in den Himmel kommen als auch in die Hölle landen. Eine gute Führungskraft, die dich respektiert und fördert, ein Arbeitsplatz, der zu deiner Persönlichkeit passt und Spaß und Erfolg bringt sowie ein liebender Mensch in deinem Leben, der dich trotz kleiner Fehler von der guten Seite sieht und dich auch so behandelt: Das sind die Zutaten für die Sieger und damit auch für die Glücksspirale. Ähnlich wie eine Pflanze, die sprießt und blüht, wenn sie auf dem richtigen Boden steht und mit den für sie wichtigen Nährstoffen versorgt wird, so blühst auch du auf, wenn du dich in der Siegerspirale befindest.

Die Verliererfalle vermeiden wir, wenn wir, solange wir noch die Kraft haben, die Situation verändern, die uns nicht guttut. Lieber ein Ende mit kurzem Schrecken als ein Schrecken ohne Ende. Das Problem ist nämlich nicht nur die Situation. Deine Persönlichkeit hat sich auch nachhaltig verändert und es braucht lange Zeit und oft psychotherapeutische Hilfe, bis du zumindest wieder in einem zufriedenstellenden Zustand angekommen bist.

Führe auch andere in die Siegerspirale
Wir haben jetzt gesehen, wie die Siegerspirale und die Verliererfalle auf dich wirken. Aber das ist nur eine Seite der Medaille. Die andere Seite ist, dass wir mit unserem Verhalten oft maßgeblich dazu beitragen, Mitmenschen in die Siegerspirale oder in

die Verliererfalle zu schicken. Wie gehst du beispielsweise mit deiner Partnerin oder deinem Partner um? Oder vielleicht hast du einen Job, in dem du Mitarbeiter führst? Überlege dir ehrlich, ob dein Führungsverhalten dein Team wirklich in die Siegerspirale führt? Hier ein paar Fragen, mit denen du dich selbst prüfen kannst.

Betrachtest Du deine Teammitglieder positiv und mit Wohlwollen?

Wir wissen jetzt, dass unsere Persönlichkeit immer von zwei Seiten gesehen werden kann. Ich kann Traditionalisten und Disziplinierte als stur und unflexibel beschimpfen, ich kann sie aber auch wegen ihrer Verlässlichkeit und ihrer Detailliebe achten. Ich kann Performer als kalt und arrogant verunglimpfen, ich kann sie aber auch wegen ihres Leistungswillens und ihrer Zielstrebigkeit loben. Jeweils beide Perspektiven sind richtig. Wenn ich allerdings meine Mitmenschen stets nur negativ betrachte, werde ich sie auch so behandeln.

Förderst und forderst du das Team?

Die Siegerspirale schafft ein Motivationsplus von 20 bis 30 Prozent. Damit dieser Schub eintritt, müssen deine Teammitglieder aber auch Gelegenheit bekommen, sich zu beweisen und Erfolge zu haben. Hilfst du ihnen als Coach, wie sie etwas besser machen können? Gibst du ihnen solche Aufgaben, die sie entsprechend ihrer Persönlichkeit und ihren Fähigkeiten mit Anstrengung erfolgreich meistern können?

Überträgst du ihnen die Verantwortung?

Wenn du eine Aufgabe überträgst, gibst du sie dann ganz ab? Oder funkst du immer wieder dazwischen und machst auf jeden kleinen Fehler aufmerksam?

Ermöglichst du Siege?

Wenn ein einzelner oder dein Team durch eigene Anstrengung Erfolg hat: Wer darf sich als Sieger feiern? Diejenigen, deren Arbeit letztlich den Erfolg hervorgebracht hat? Oder verbuchst du den Erfolg für dich allein, weil du ja eh alles am besten kannst?

Das Problem an der Sache ist, dass wir unsere eigenen Fehler meist nicht bemerken. Deswegen ist es gut, einen Blick in den Spiegel zu werfen. Nein, nicht der im Bad. Überprüfe dein Verhalten anhand der gerade gestellten Fragen. Danach weißt du ungefähr, wo du stehst.

Vom Beruf wechseln wir jetzt zur Partnerschaft.

Betrachtest Du deinen Partner oder deine Partnerin von der positiven Seite?

Angenommen dein Partner ist ein Harmoniser. Jetzt könntest du ihm den ganzen Tag vorhalten, warum er nicht so eine steile Karriere wie euer Nachbar macht. Du könntest aber auch die vielen Dinge sehen, die er als Heimwerker gebaut hat, um euer Zuhause schöner zu machen und die Zeit wertschätzen, die er sich für eure Kinder nimmt. Oder angenommen deine Partnerin ist eine Hedonistin. Dann könntest du ihr immer ihre Unpünktlichkeit und das Chaos, das sie hinterlässt, vorwerfen. Du könntest dich aber auch an ihrer meist guten Laune, ihrer Initiative und ihren oft verrückten Ideen freuen.

Denke es nicht nur – sage es auch

Blumen und kleine Geschenke zeigen, wenn sie keine Widergutmachung für Fehltritte sind, Respekt und Liebe. Viel wichtiger aber als gelegentliche Geschenke sind der tiefe Respekt und Dankbarkeit im Alltag. Das kann bei unserem Harmoniser ein Danke für die reparierte Balkontür sein. Oder der herzliche Kuss für unsere Hedonistin nach einem tollen Konzert, zu dem sie dich geschleppt hat, obwohl du am Anfang gar nicht mitwolltest.

14 Weltblick: Warum wir Deutschen Angsthasen sind

In der internationalen Presse liest man über uns Deutschen häufig, wir wären als Volk eher ängstlich. »The German Angst« ist das geflügelte Wort dafür. Während andere Länder optimistisch die Welt betrachteten, wären wir Deutschen stets auf der Seite der Schwarzseher. Was hat es damit mit auf sich? Ist das wahr oder nur ein Vorurteil? Die Wahrheit ist: Es stimmt. Aber bitte bedenke: Es gilt für den Durchschnitt.

In der bereits zitierten Studie »Best for Planning« wird nicht nur der emotionale Typ der Befragten gemessen. Da die Studie repräsentativ für die deutsche Bevölkerung ist, wird auch gemessen, wie sich die deutsche Bevölkerung emotional verteilt. Das schauen wir uns in Abbildung 49 einmal genauer an.

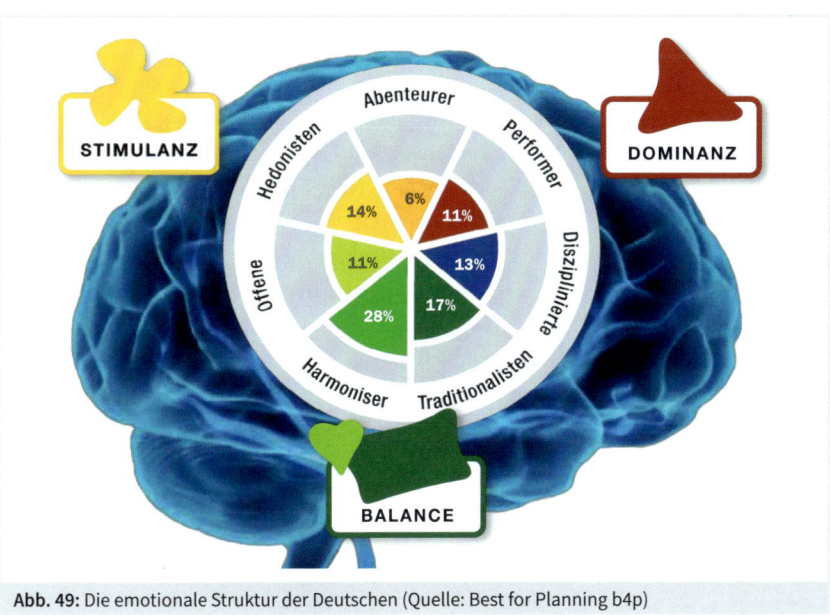

Abb. 49: Die emotionale Struktur der Deutschen (Quelle: Best for Planning b4p)

Nun wissen wir, dass das Balancesystem für Angst und Sorge zuständig ist. Und das führt bei den Harmonisern, den Traditionalisten und den Disziplinierten hauptsächlich die Regie im Kopf. Wenn wir die Anteile dieser eher ängstlichen Typen aus der Grafik zusammenzählen, kommen wir auf fast 60 Prozent! Das macht deutlich: In der Tat sind wir Deutschen eher auf der ängstlichen und vorsichtigen Seite zuhause. Unsere Sicht auf die Welt ist deshalb eher pessimistisch. Aber ist das schlecht oder ist das gut? Da wir ja inzwischen wissen, dass unsere Emotionssysteme stets zwei Seiten haben, eine gute und ein schlechte, hat auch die German Angst Vor- und Nachteile.

Die Nachteile der German Angst

Unsere eher konservative Bevölkerungsstruktur, verbunden mit einer entsprechenden Staatskultur, führt dazu, dass wir Innovationen und Fortschritt eher vorsichtig bis ablehnend gegenüberstehen. In keinem Land der Welt werden große Innovationsprojekte, wie zum Beispiel Stuttgart 21, die Nord-Süd-Stromtrasse oder der Ausbau der Windkraft, so vehement bekämpft wie bei uns. Meist werden Umweltschutz oder Zerstörung der Landschaft als Argumente vorgeschoben. Die treibende und entscheidende Kraft hinter diesen Argumenten ist aber das Balancesystem! Auch in puncto Digitalisierung der Industrie und Ausbau der Mobilfunkinfrastruktur belegt Deutschland im Vergleich mit anderen Industrienationen eher hintere Ränge. Größere Veränderungen und der große Fortschritt tun sich in Deutschland sehr schwer.

Die Vorteile unserer deutschen Ängstlichkeit

Die deutsche Wirtschaft genießt weltweit einen sehr guten Ruf. Gelobt werden die hohe Qualität der Produkte, die Verlässlichkeit und das Vertrauen in die Zusammenarbeit. Alle diese Eigenschaften liegen im Bereich Balance und Kontrolle! Insbesondere die Wichtigkeit von Vertrauen und Verlässlichkeit kann im Wirtschaftsprozess gar nicht hoch genug eingeschätzt werden. Wenn man in einer Geschäftsbeziehung jemandem vertraut und er oder sie dieses Vertrauen rechtfertigt, spart man viel Geld und Zeit. Das Risiko, über den Tisch gezogen zu werden, ist minimal. Man braucht weniger teure Versicherungen und Rechtsanwälte, um das Risiko abzusichern. Die Zusammenarbeit geht schneller, weil man sich eben nicht um Risikoabsicherung kümmern muss. Mit zu dieser Balancekultur gehört auch ein verlässliches und gut organisiertes Rechtssystem. Auch hier ist Deutschland vorbildlich. Der Schwerpunkt im Balancebereich (mit Kontrolle) macht sich auch im öffentlichen Umgang mit Geld bemerkbar. Der deutsche Staatshaushalt (inklusive Verschuldung) gehört zu den solidesten überhaupt. Auch die deutsche Verwaltung (Kontrolle) genießt ein hohes Ansehen, weil sie verlässlich ist (allerdings manchmal bürokratisch). Ein weiterer Vorteil der German Angst ist auch die Vermeidung größerer politischer Veränderungen. Denken wir daran, wie lange Konrad Adenauer, Helmut Kohl und Angela Merkel an unserer Spitze standen bzw. noch stehen. Auch unsere starke Ausprägung im Harmoniebereich hat viel Gutes: Das deutsche Sozial- sowie das Gesundheitssystem sind im internationalen Vergleich vorbildlich. Den Vorteil dieser Eigenschaften können wir gerade beim Management der Corona-Krise live erleben.

- Der besondere Schwerpunkt der Bevölkerung im Bereich Balance/Disziplin hat wesentlich dazu beigetragen, dass die notwendige Disziplin beim Einhalten der Regeln vorhanden war.
- Den Anordnungen der Regierung wurde Folge geleistet, weil ein Grundvertrauen vorhanden ist.

- Das Gesundheitssystem geriet und gerät bisher durch seine hohe Qualität und Quantität nie an Systemgrenzen.
- Durch die soziale Marktwirtschaft und durch die Sozialpartnerschaft zwischen Beschäftigten und Arbeitgebern wurden, wie schon bei der Finanzkrise, gute gemeinsame Lösungen gefunden. Kurzarbeit, Zuschüsse der Arbeitgeber, Verzicht auf Gehaltserhöhungen verhinderten Massenarbeitslosigkeit mit ihren dramatischen Folgen.

Betrachtet man die Vor- und die Nachteile dieser emotionalen Grundstruktur, dann dürften die Vorteile bei weitem überwiegen. Das heißt nicht, dass man in manchen Entscheidungen nicht etwas mutiger werden sollte. Aber anstatt sich für diese »Angst« auf dem internationalen Parkett ausschließlich zu schämen, ist es angebracht, auch ein bisschen stolz auf das eigene Land zu sein.

Warum US-Amerikaner Draufgänger sind
Zahlen, wie in Abbildung 49 dargestellt, machen noch mehr Sinn, wenn man einen Vergleich dazu hat. Leider ist die repräsentative Untersuchung einer Bevölkerung sehr aufwendig. Allein die deutsche Studie kostet einen Millionenbetrag. Deshalb machte mein früheres Beratungsunternehmen mit befreundeten, lokalen Geschäftspartnern in einigen Ländern Untersuchungen mit kleineren Stichproben. Daraus ergaben sich interessante Tendenzen, auch wenn die Zahlen lange nicht so belastbar sind wie die des b4p-Panels. Nun zu den Ergebnissen. Die Verteilung der emotionalen Struktur in Österreich und in der Schweiz (deutschsprachig) ist fast die Gleiche wie in Deutschland. In Italien ist der Anteil der Disziplinierten um ca. fünf Prozent kleiner als bei uns. Dafür ist der Anteil der Offenen und Hedonisten um fünf Prozent höher als in Deutschland. Interessant ist ein (vorsichtiger) Blick in die USA: Die risikoorientierten Typen Abenteurer, Hedonisten und auch Performer haben zusammen einen 15 Prozent höheren Anteil als in Deutschland. Das bedeutet, dass der Anteil der ängstlichen und vorsichtigen Typen entsprechend geringer ist.

Woher kommen solche Unterschiede? Zum einen durch den Altersaufbau. Die amerikanische Gesellschaft ist jünger als die deutsche. Zum anderen durch ein spannendes Zusammenspiel von Kultur und Genetik. Denn wie sind die USA entstanden? Durch Auswanderer. Welche Typen sind aber bereit, ihre Heimat zu verlassen und das Risiko einzugehen, in einem fremden Land neu anzufangen? Es sind in erster Linie die Abenteurer, aber auch die Hedonisten und die Performer. Da unsere Persönlichkeit zu 50 Prozent angeboren ist, haben auf diese Weise viele Abenteurergene den Weg über den Atlantik gefunden. Man kann deshalb davon ausgehen, dass der amerikanische Genpool bis heute überdurchschnittlich viele Abenteurergene enthält. Der deutsche Psychologie-Professor Günther Bäumler (mein zweiter Doktorvater an der TU München) konnte nachweisen, dass solche genetischen Verschiebungen auch noch viele Generationen später wirksam sind. Zudem haben diese Auswanderer auch eine Kultur geprägt, die Risikoverhalten und Durchsetzung bis heute als wichtige Leitwerte betrachtet. Nicht ohne Grund haben besonders innovative Unternehmen ihren Ursprung in den USA. Es gibt dort auffällig viele Pioniere und somit einen ausgeprägten Pioniergeist. Damit verbunden ist auch die Akzeptanz des Scheiterns.

Diese kulturell-genetischen Unterschiede machen sich in vielen kleinen Dingen bemerkbar. Ein Beispiel dazu. Wenn wir Deutschen beim Arzt eine Krebsdiagnose bekommen, werden wir anderen mitteilen: »Ich habe Krebs.« Erhält ein US-Amerikaner dieselbe Diagnose, sagt er: »I am fighting cancer (Ich kämpfe gegen den Krebs).« Wir betrachten die Diagnose als Schicksal, Amerikaner (Dominanz/Stimulanz) sehen sie als Herausforderung. Doch diese egoistische Abenteurer- und Performerkultur hat auch ihren Preis. Das nationale Sozialsystem und die damit verbundene nationale Fürsorge sind schwach ausgeprägt. Viele Menschen sind nicht krankenversichert. Zudem können sie sehr einfach gekündigt und auf die Straße gesetzt werden.

15 Geschlecht: Warum Frauen keine kleinen Männer sind

Geht es dir so wie mir (im Übrigen auch nach 40 Ehejahren noch)? Alles scheint dir sonnenklar, doch die Partnerin oder der Partner reagiert und handelt völlig anders? Eine kleine Geschichte dazu: Es war im April 1986. Meine Frau und ich hatten uns kurz zuvor ein neues Wohnmobil gekauft. Wir freuten uns, gemeinsam mit unserer damals drei Jahre alten Tochter den ersten Ausflug in die Berge zu machen. Wir genossen es, an einsamen Plätzen zu übernachten. Wir wollten bewusst unsere Ruhe. Das Autoradio wurde nicht eingeschaltet, Handys gab es sowieso noch nicht. Am vierten Tag kamen wir auf einer Hochebene in den Berchtesgadener Bergen an, ohne Zweifel einer der schönsten Plätze der Alpen. Wir beschlossen zu bleiben. Um dann doch mal zu hören, was es Neues gibt, schalteten wir das Radio an. Wir trauten unseren Ohren nicht. Alles drehte sich um Tschernobyl. Drei Tage zuvor war dort das Kernkraftwerk explodiert. Die radioaktive Wolke war direkt unterwegs nach Deutschland. Als meine Frau das hörte, sagte sie: «Hier bleibe ich keine Sekunde länger, das ist mir und für unsere Kleine zu gefährlich.» Ich war damals 35 und strotzte vor Kraft und Übermut. Ich dachte, ich höre nicht richtig. Der neue Campingbus, der schönste Platz der Welt und »nur«, weil meine Frau völlig durchdreht und übertreibt, sollen wir den Urlaub abbrechen? Ich möchte die Diskussion, die Lautstärke und auch meine Schimpfworte hier nicht wiedergeben. Jedenfalls sind wir wieder zurückgefahren. Ich bin schier geplatzt vor Zorn. Natürlich fühlte ich mich voll und ganz im Recht. Der Haussegen hing noch zwei Tage schief. Bis, ja, bis in einer TV-Informationssendung über die radioaktive Belastung in unterschiedlichsten Regionen in Deutschland berichtet wurde. Der größte Fallout war genau an der Bergflanke, wo wir übernachten wollten. Wer hatte also schließlich hundertprozentig recht? Meine Frau. Wer war der Depp des Jahrhunderts? Natürlich ich. Damals hatte ich noch keine Ahnung davon, dass es erhebliche Unterschiede im Gehirn von Frauen und Männern gibt. Und damit verbunden auch ein teilweise anderes Fühlen, Denken und Handeln. Hätte ich gewusst, was ich heute weiß, hätte es uns damals so manchen Streit erspart. Insbesondere dank der Hirnforschung habe ich in den letzten 25 Jahren eine völlig andere Sicht auf dieses Thema bekommen. Doch bevor wir uns damit genauer beschäftigen, müssen wir erstmal einige Tretminen wegräumen. Denn die Diskussion über Geschlechtsunterschiede ist ein sehr konfliktreiches, gesellschaftspolitisches Terrain.

Geschlechtsunterschiede: Achtung, Minenfeld!
Gibt es also Unterschiede im Gehirn und in den Emotionssystemen zwischen Frauen und Männern? Um es gleich klar und deutlich zu sagen: Ja, die gibt es. Mit dieser Behauptung zieht man sich aber sofort den Zorn einer feministischen Political-Correctness-Bewegung zu. Diese bekämpft alle Meinungen vehement, die einen biologischen Unterschied behaupten. Als Feindbild tauge ich hier gut. Weil ich zumindest

vom Äußeren dem Feindbild dieser Bewegung zu hundert Prozent entspreche: Ich bin nämlich ein weißer, alter Mann. Und die weißen, alten Männer sind es nach Ansicht der feministischen Kämpferinnen, die das Denken und Handeln im Westen (inklusive der Unterdrückung von Frauen) bestimmen und die es deshalb zu bekämpfen gilt.

Radikale Feministinnen sind heute der Meinung, dass das Geschlecht keine biologische Ursache hat, sondern eine Sache der Erziehung und eine soziale Konstruktion ist. Die erste, die das bereits 1949 behauptete, war die französische Philosophin Simone de Beauvoir. Die Welt, sagte sie, sei durch und durch männlich. Männer definieren alles und damit auch das Wesen der Frau. Frauen könnten sich deshalb nicht selbst entwerfen. Sie würden durch die Vorgaben der Männer zu der, die sie sind. Berühmt wurde ihr Satz: »Man kommt nicht als Frau zur Welt, man wird es.« 40 Jahre später wurde diese Perspektive durch die US-amerikanische Philosophin Judith Butler erweitert. Geschlecht war ihrer Meinung nach keine Frage der Biologie, sondern eine soziale Zuschreibung. In dem Moment, in dem die Hebamme kurz nach der Geburt auf das Baby zeigt und sagt: »Es ist ein Mädchen (oder ein Junge)« wären die Weichen fürs Leben gestellt. Denn jetzt begänne eine Erziehung, die aus einem Neutrum erst ein Mädchen oder einen Jungen machen würde. Diese beiden großen Perspektiven bilden heute den Denkrahmen jener Feministinnen, die jeden biologischen Unterschied vehement ablehnen.

Gender oder Sex? Beides!
Doch lass uns einen Schritt zurücktreten und die Sache mal etwas weniger ideologisch betrachten. Tatsache ist nämlich, dass sowohl Simone de Beauvoir wie auch Judith Butler auf wichtige und wahre Sachverhalte hingewiesen haben. Es ist unleugbar, dass die Welt und auch das Denken bis heute männlich dominiert werden. Wie tief das in unseren Alltag reicht, zeigt das lesenswerte und augenöffnende Buch »Unsichtbare Frauen« von Caroline Criado-Perez. Genauso unleugbar ist, dass unsere Geschlechtsidentität auch der Erziehung und einem starken sozialen Einfluss unterworfen ist. Aber man sollte trotzdem das Kind nicht mit dem Bade ausschütten. Es ist heute in der gesellschaftlichen Diskussion nämlich üblich, nicht mehr von »Geschlecht«, sondern von »Gender« zu sprechen. Wer das Wort Geschlecht gebraucht, zeigt, dass er von gestern ist. Deshalb ist alles heute Gender. Den Begriff Geschlecht durch Gender zu ersetzen, löst das Problem aber nicht. Gender ist das englische Wort für das soziale, das gelebte und gefühlte Geschlecht, im Unterschied zum englischen Wort »Sex«, dem aufgrund körperlicher Merkmale zugewiesenen Geschlecht. Im Englischen gibt es also zwei Worte, Gender und Sex, im Deutschen nur eines, nämlich Geschlecht. Sex und Gender markieren also die Eckpunkte. Kurz gesagt umfasst Gender den sozialen und Sex den biologischen Aspekt.

Die Wahrheit ist also, dass Unterschiede zwischen Frauen und Männern zum einen auf soziale Ursachen zurückzuführen sind und zum anderen biologisch erzeugt werden.

Weder der Begriff Sex noch der Begriff Gender für sich allein beschreiben das Phänomen vollständig. Aus diesem Grund werde ich in diesem Kapitel den Begriff Geschlecht verwenden, der beide Aspekte beinhaltet.

Die Denkfehler der alten Männer und jungen Frauen
Wie bereits angesprochen: Biologische Unterschiede werden von der feministischen Political-Correctness-Bewegung schlicht abgeleugnet. In der Diskussion dieses heiklen Themas verstellen zwei große, philosophische Denkfehler den Blick auf die Realität. Wir beginnen mit dem Denkfehler der Konservativen. Das sind die weißen, alten Männer, von denen ich schon gesprochen habe. Nur damit du es weißt: Ich gehöre nur äußerlich zu dieser Kategorie. Ihr Denkfehler wird als »naturalistischer Fehlschluss« bezeichnet. Er geht in etwa so: Frauen und Männer sind von Natur aus unterschiedlich. Deswegen gehören Frauen an den Herd und Männer sollen arbeiten und Karriere machen. Worin liegt der Denkfehler? Man leitet aus dem Sein (Es gibt Unterschiede zwischen Frauen und Männern) das Sollen (Frauen gehören an den Herd) ab. Man kann aber vom Sein nicht auf das Sollen schließen. Dieser Schluss ist durch nichts gerechtfertigt und deshalb komplett falsch!

Nun gibt es aber auch den entgegengesetzten Denkfehler. Das ist der Denkfehler der jüngeren, feministischen Frauen. Ihr Denkfehler heißt »moralistischer Fehlschluss«. Er wurde erstmals von dem deutschen Psychologen Norbert Bischof beschrieben. Dieser Fehlschluss beginnt beim Sollen. Frauen und Männer sollen in allen sozialen Bereichen und wirtschaftlichen Belangen gleich (-gestellt und -berechtigt) sein. Diese moralische Forderung ist absolut wichtig und richtig. Aber jetzt kommt der Fehlschluss: Weil wir wollen, dass Frauen und Männer gleich (-gestellt und -berechtigt) sind, leugnen und bekämpfen wir biologische Unterschiede. Bei diesem Fehlschluss läuft die Sache also genau andersherum. Aus dem Sollen (moralische Forderung) heraus wird das Sein verleugnet (objektive, biologische Unterschiede). Treffend wird der moralistische Fehlschluss von Christian Morgenstern in seinem Gedicht »Die unmögliche Tatsache« beschrieben. In diesem Gedicht wird Herr Palmström von einem Auto angefahren und verletzt. Herr Palmström sinnt auf dem Krankenbett darüber nach, wie es zu diesem Unfall kommen konnte. Plötzlich stellt er fest, dass dort, wo er überfahren wurde, eigentlich gar keine Autos fahren dürfen. Weil Autos dort also nicht fahren dürfen (moralisches Sollen), so sein Schluss, kann es doch gar nicht sein, dass er verletzt ist. Seine schweren Verletzungen wären also nur Einbildung und Fiktion. Oder in den Worten von Christian Morgenstern: »Weil«, so schließt er messerscharf, »nicht sein kann, was nicht sein darf!«

Insbesondere in der modernen, feministischen Ethik beginnt aber diese rigorose Ablehnung von Geschlechtsunterschieden zunehmend aufzuweichen. Die italienische Philosophinnen-Gruppe Diotima und die Philosophin Luce Irigaray sind die Hauptvertreterinnen einer Richtung, die der eher männlichen Ethik, die durch Autonomie und

Freiheit gekennzeichnet ist, eine weibliche Ethik der Sorge und der Fürsorge entgegenstellen.

Ein kurzer Ausflug in die Gender-Medizin
Interessanterweise werden in der Gender-Medizin die biologischen Unterschiede zwischen Mann und Frau von überzeugten Feministinnen sogar hervorgehoben. Zwei Argumente werden angeführt, die beide hundertprozentig richtig, aber auch hundert Prozent biologisch sind:
1. Frauen sind physiologisch anders und nicht nur kleine Männer.
2. Eine Frau ist in jeder Zelle anders als ein Mann.

Zusammengefasst: Zwischen Frauen und Männern bestehen erhebliche biologische Unterschiede. (Warum die aber dann plötzlich im Gehirn aufhören sollen, bleibt ungeklärt.)

Was aber ist nun Gender-Medizin genau? Es ist eine Tatsache, dass Frauen und die Eigenschaften des weiblichen Körpers in der Medizin viel zu lange zu wenig berücksichtigt wurden. Bis vor 20 Jahren wurden Medikamentenversuche fast ausschließlich mit Männern gemacht. Auch die Versuchstiere in den Forschungslabors waren ausschließlich männlich. Der Grund: Durch die starken Hormonschwankungen im weiblichen Körper ist es sehr viel aufwendiger und damit teurer, bei Versuchen stabile und gesicherte Resultate zu bekommen. Aus dieser Präferenz für männliche Versuchsobjekte entstehen und entstanden für Frauen viele Probleme. Das führt im leichten Fall zu unwirksamen Behandlungen, in schwereren Fällen zu starken Schädigungen. Das Mittel Digoxin beispielsweise wird zur Behandlung von Herzkrankheiten eingesetzt. Das Problem: Während es beim männlichen Herz hilft, schädigt es das weibliche Herz häufig. Viele Medikamente, die heute auf dem Markt sind, werden bei Frauen immer noch in falscher Dosierung angewendet oder schädigen Frauen sogar. In den USA wurde dieses Problem von den Forschern schon vor 30 Jahren erkannt. Sie forderten geschlechtsspezifisch getrennte Versuchsreihen. Das wurde, Ironie des Schicksals, über viele Jahre verhindert. Von wem? Von Männern? Nein, von einer starken feministischen Bewegung. Und warum? Hätte diese einem solchen Vorgehen zugestimmt, hätte sie damit auch eingestehen müssen, dass Geschlechtsunterschiede eben nicht nur auf sozialer Konstruktion bestehen, sondern eine starke biologische Ursache haben. Das durfte und das konnte deshalb nicht sein. Wir erinnern uns: «Weil, so schließt er messerscharf ...« Inzwischen ist die Vernunft eingekehrt. Pharmakologische Untersuchungen müssen inzwischen heute sowohl weibliche Tiere wie auch Frauen mit einbeziehen. Aber: Die unterschiedliche Reaktion des weiblichen oder männlichen Körpers auf viele Behandlungen ist biologisch begründet und hat mit Gender nichts zu tun.

Tatsächlich gibt es aber einen Bereich, der völlig gerechtfertigt als Gender-Medizin bezeichnet werden kann. Nämlich dann, wenn Diagnosen aufgrund männlich-dominanter Weltsicht falsch gestellt werden. Wir bleiben bei Herzkrankheiten. Viele Frauen mussten und müssen bis heute ihr Leben lassen, weil bei ihnen ein Herzinfarkt nicht erkannt wurde. Wie kam und kommt es dazu? Erstens waren sich die männlichen Professoren einig, dass es einen Herzinfarkt bei Frauen fast nicht gibt. Zweitens haben sie immer unbewusst das männliche Diagnoseschema angewandt: Herzinfarkt zeigt sich durch Schmerz im Brustraum, der in den linken Arm ausstrahlt. Diese Symptome sind aber typisch für einen männlichen Infarkt. Bei einem weiblichen Infarkt sind es viel häufiger Schmerzen im Oberbauch, verbunden mit Kurzatmigkeit und Übelkeit. Diese Art der Fehldiagnosen haben und hatten weitgehend eine sozial-kulturelle Ursache: Es ist die männlich-dominierende Weltsicht.

Verlassen wir die gesellschaftspolitische Diskussion zu diesem Thema. Halt, einen Einwand gibt es noch: Die Diskussion auf Frau und Mann einzuengen, wäre doch ziemlich verkürzt. In der Realität gibt es ja noch LGBTTIQ (Lesbian, Gay, Bisexual, Transsexual, Transgender, Intersexual, Queer). Ja, alle diese Gruppen gibt es und keine dieser Gruppen darf und soll diskriminiert werden. Aber zusammen machen sie in etwa sieben Prozent der Bevölkerung aus. Andersherum: 93 Prozent der Bevölkerung leben in der klassischen Welt Frau und Mann. Mit den emotionalen Unterschieden zwischen den Geschlechtern und den Konsequenzen daraus wollen wir uns jetzt beschäftigen.

Ein Blick in das weibliche und das männliche Gehirn
In den letzten Jahrzehnten hat die Hirnforschung viele Unterschiede in den Hirnstrukturen zwischen Frau und Mann gefunden, einige seien hier genannt:
- Teile des Balkens, die die rechte und linke Gehirnhälfte verbinden, sind bei Frauen dicker als bei Männern.
- Viele Kerne im limbischen System, insbesondere jene, die für Sexualität und Fürsorge zuständig sind, sind bei Männern und Frauen unterschiedlich ausgeprägt.
- Bei Männern ist das Dominanz- und Aggressionszentrum in Amygdala und Hypothalamus wesentlich größer als bei Frauen.
- Auch die Zusammenarbeit der Gehirnbereiche ist teilweise unterschiedlich. Bei der Lösung von Denkaufgaben kommen Männer und Frauen zum gleichen Ergebnis. Schaut man ihnen aber mit dem Hirntomografen beim Denken zu, sind bei Männern und Frauen unterschiedliche Gehirnbereiche bei der Lösungsfindung aktiv.

Diese strukturellen Unterschiede im Gehirn erklären Unterschiede im Fühlen und Denken aber nur zum Teil. Von größerer Bedeutung sind die Nervenbotenstoffe, die auf die Gehirnstrukturen einwirken und diese teilweise dauerhaft verändern. Besonders wichtig sind die sogenannten Androgene, die männlichen Hormone, deren wichtigster Vertreter Testosteron ist, sowie die Östrogene, die weiblichen Hormone, mit dem Hauptvertreter Östradiol. Eine weitere wichtige Rolle im Hinblick auf Geschlechtsunterschiede im Gehirn spielen die Nervenbotenstoffe Oxytocin, Prolaktin, Vasopressin, Progesteron und PEA (Phenylethylamin). Wissenschaftlich ist die Bezeichnung männliches bzw. weibliches Hormon übrigens inkorrekt. Der Grund: Alle Nervenbotenstoffe inklusive Östradiol und Testosteron sind sowohl bei Männern wie auch bei Frauen vorhanden, allerdings in unterschiedlichen Konzentrationen.

Die Wirkung der Nervenbotenstoffe
Um Unterschiede im Denken und Handeln von Frauen und Männern zu verstehen, ist es hilfreich, einen kurzen Blick auf die Nervenbotenstoffe und ihre Wirkung zu werfen. Wir beginnen mit den eher weiblichen Nervenbotenstoffen.

Östradiol ist das weibliche Hormon schlechthin. Es ist verantwortlich für eine gewisse Toleranz und Weichheit, sowohl körperlich durch Aufbau von Fettpolstern als auch im Fühlen und Handeln.

Oxytocin, von Neurobiologen auch als hormoneller Sozialkleber oder Kuschelhormon bezeichnet, spielt eine besondere Rolle in der Sexualität, ist aber auch einer der wichtigsten neurochemischen Treiber im Fürsorgesystem. Oxytocin ist bei Frauen in weit stärkerem Maße vorhanden. Es sorgt beispielsweise für eine Zuwendung zum Säugling (und zu anderen Menschen) und belohnt diese Zuwendung durch ein angenehmes, positives Gefühl. Spritzt man beispielsweise Oxytocin in den Hypothalamus von jungfräulichen Ratten, beginnen sie sofort, die Babys anderer Mütter abzulecken. Wenn Nachwuchs kommt, nimmt auch beim Mann das Oxytocin etwas zu. Oxytocin ist gleichzeitig auch das Vertrauenshormon und verstärkt menschliche Bindungen.

Nun zum männlichen Hormon Testosteron. Es gibt kein Neurohormon, das für so viel Diskussionen und Aufmerksamkeit sorgt wie Testosteron. Der Grund ist einfach. Es scheint das »böse« Hormon an sich zu sein und wird mit Männlichkeit fast gleichgesetzt. Die Zahlen sprechen für sich: 95 Prozent aller Gefängnisinsassen sind Männer, 95 Prozent aller Gewaltverbrechen werden von Männern begangen und fast alle Kriege auf der Welt gehen von Männern aus. Der Grund dafür: Testosteron.

Östradiol und Testosteron verändern die Stärke der Emotionssysteme
Damit wird klar: Östradiol & Co verstärken insbesondere das Harmoniesystem im weiblichen Gehirn, während Testosteron das Dominanzsystem verstärkt. Das schauen wir uns auf der Map in Abbildung 50 an.

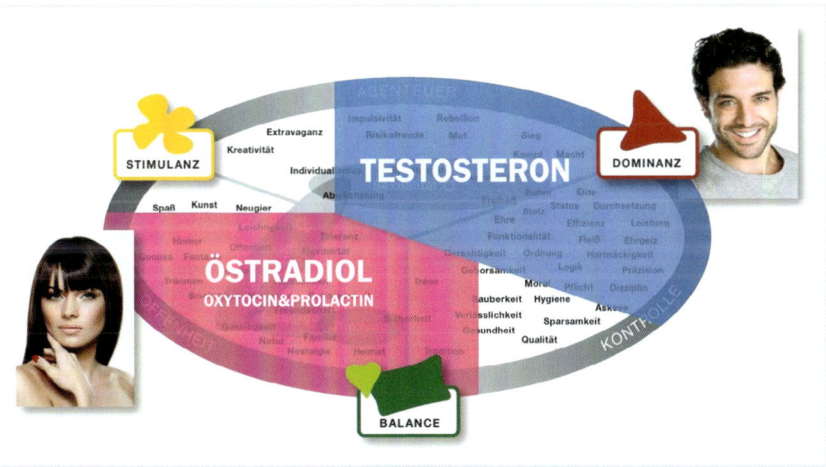

Abb. 50: Der Einfluss der Hormone auf unsere Emotionssysteme (Alle Fotos: Fotolia)

Da auch die angrenzenden Bereiche im Emotionsraum betroffen sind, sehen wir auf der Map, wo diese Verstärkungen wirken. Wie gesagt, auch Männer haben Östradiol und auch Frauen Testosteron. Deswegen verändern diese Verstärkungen das Gleichgewicht, ohne es aber ganz zu verschieben. Korrekt formuliert: Im Durchschnitt ist bei Männern das Dominanzsystem stärker als bei Frauen ausgeprägt. Und: Im Durchschnitt ist das Harmoniesystem bei Frauen stärker ausgeprägt als bei Männern. Diese unterschiedlichen Schwerpunkte in den Emotionssystemen haben einen großen Einfluss auf viele Lebensbereiche.

Warum wir unterschiedlich denken
Unsere Art und Weise zu denken, wird erheblich von unseren Emotionssystemen beeinflusst. Hedonisten beispielsweise haben einen anderen Denkstil als Disziplinierte. Hedonisten denken vieles zugleich, aber das nur oberflächlich. Disziplinierte dagegen konzentrieren sich auf weniges und durchdenken es bis ins Detail. Diese Unterschiede gibt es auch zwischen Männern und Frauen. Genauso richtig wäre es zu sagen: zwischen Harmonisern und Performern. Da die Unterschiede in der Stärke aber wesentlich durch das biologische Geschlecht verursacht werden, sagt man männlicher oder weiblicher Denkstil. Wenn du mal die Werte anschaust, die hinter dem männlichen Schwerpunkt stehen, dann sind es Werte wie Logik, Präzision, Effizienz, Ordnung. Beim weiblichen Schwerpunkt sind es Träumen, Fantasie, Geselligkeit, Freundschaft. Man könnte deshalb den *eher* männlichen Denkstil als funktional und analytisch bezeichnen und den *eher* weiblichen als intuitiv und sozial. Auch hier gilt wie in allem folgenden: Wir sprechen von »eher« und nicht von »immer oder grundsätzlich«.

15 Geschlecht: Warum Frauen keine kleinen Männer sind

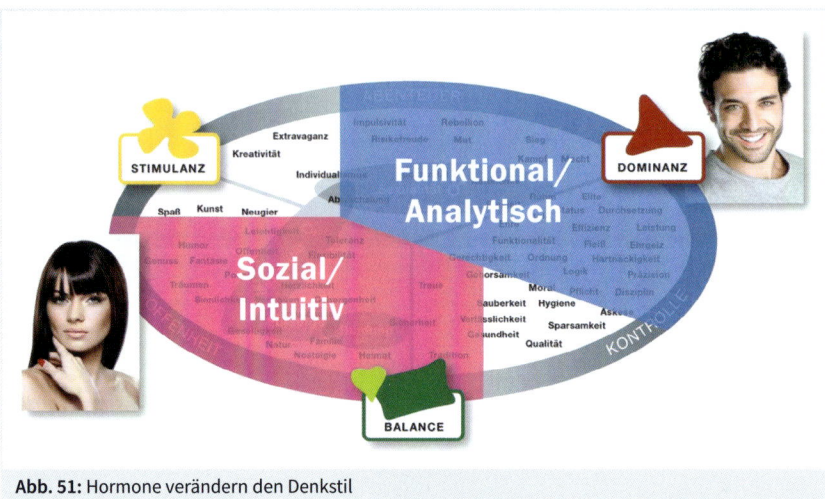

Abb. 51: Hormone verändern den Denkstil

Männer denken die Welt eher in messbaren, kausalen sowie kontrollierbaren Strukturen. Frauen dagegen nehmen eher Zusammenhänge und Details wahr und denken in Bildern. Wie gesagt: im Durchschnitt. Es gibt auch Performer-Frauen, die funktional-analytisch denken. Denken wir dabei nur an Angela Merkel, die promovierte Physikerin ist. Genauso gibt es Männer, die intuitiv-empfindsam in Bildern denken. Man kann es aber trotzdem etwas überspitzt so formulieren: Testosteron blendet die Details der Welt aus und stellt sie in groben Zügen dar. Östradiol blendet die Welt ein und zeigt auch die Feinheiten.

Eine Bemerkung am Rande: Das, was wir in unserer westlichen Kultur gerne als rational bezeichnen, nämlich analytisches Faktendenken, und zudem auch noch mit Verstand gleichsetzen, ist also nichts anderes als männliche Überheblichkeit. Dem eher männlichen Denkstil wird eine Vormacht attestiert, die völlig ungerechtfertigt ist. Die andere Art, die Welt zu denken, in intuitiven, vernetzten Strukturen, hat genau die gleiche Berechtigung. Keiner dieser beiden Denkstile kann für sich reklamieren, richtig oder wahr zu sein. Es sind nur unterschiedliche Blicke auf die gleiche Welt. Beide Denk- und Entscheidungsstile haben Vor- und Nachteile. Die konsequente Ausblendung von scheinbar nebensächlichen Aspekten im männlichen Denken und das Vertrauen auf einfache Kausalitäten haben den Vorteil, dass Entscheidungsprozesse beschleunigt werden. Sie haben aber den Nachteil, dass wichtige Aspekte nicht berücksichtigt werden. Im weiblichen Denken werden mehr Details einbezogen. Der Nachteil: Es dauert etwas länger.

Einblick in eine andere Welt

Jeder von uns ist in eine eher männliche oder eher weibliche Denk- und Gefühlsstruktur hineingeboren. Die andere Welt bleibt uns auch im Laufe unseres Lebens mal mehr, mal weniger verschlossen. Daher können wir uns nur schwer oder nicht in das andere Geschlecht hineinversetzen. Umso faszinierender ist ein Originalbericht aus der sogenannten Transsexualitätsforschung. Diese Forschungsrichtung untersucht und begleitet Menschen, die sich einer Geschlechtsumwandlung unterziehen. Diese Umwandlungen werden auch chirurgisch vollzogen. Gleichzeitig erhalten die Behandelten hohe Dosen der Sexualhormone des angestrebten neuen Geschlechts. Das Erstaunliche daran ist, dass diese Personen über ihre unterschiedlichen Gefühle vor und nach der Umwandlung berichten. Auf diese Weise werden Unterschiede in weiblichem und männlichem Denken und Fühlen auf faszinierende Weise deutlich. Der folgende Erlebnisbericht einer (zuvor) niederländischen Frau, die durch chirurgische Geschlechtsumwandlung zum Mann wurde und dabei viel Testosteron gespritzt bekam, macht die enormen Unterschiede deutlich. Er berichtete, wie er die neue Situation erlebt:

«Ich habe jetzt Probleme, mich auszudrücken, und kann nicht die richtigen Worte finden. Meine Sprache ist geradliniger, weniger ausgeschmückt. Dafür bin ich euphorischer. Wenn ich die Straße entlanglaufe, nehme ich viele Dinge gar nicht mehr wahr, mir fehlt der gesamtheitliche Blick. Früher konnte ich mehrere Dinge gleichzeitig tun, jetzt muss ich alles nacheinander machen. Meine Fantasie ist stark eingeschränkt.»

Dieser Bericht unterstreicht eindrucksvoll, um was es geht. Nervenbotenstoffe und Hormone sind nicht nur für unser Gefühlserleben zuständig, sie verändern auch in hohem Maße unsere Wahrnehmung und unsere Denkstrukturen!

Viele Konflikte in Partnerschaften gehen auf diese Differenz zurück: Sie sieht die Welt nuanciert und differenziert, sie achtet auf feine Gemütsbewegungen beim anderen. Er dagegen sieht nur die groben Strukturen, die feinen Wellen spürt er aber nicht. Bleiben wir noch bei Partnerschaftsproblemen. Ein zentrales Merkmal jeder Partnerschaft sind Liebe, Zärtlichkeit und Nähe. Auch hier gibt es deutliche Geschlechtsunterschiede in den Erwartungen.

Nähe oder Distanz?
Bei Frauen ist, wie du gesehen hast, das Harmonie- und bei Männern das Dominanzsystem stärker. Das Harmoniesystem sucht Bindung und Nähe, das genaue Gegenteil will das Dominanzsystem. Es ist unser Egosystem, das frei, ungebunden und autonom sein möchte. Es ist also kein Wunder, dass durch diese unterschiedlichen Schwerpunkte unterschiedliche Nähe und Zärtlichkeitserwartungen bei Paaren bestehen. Frauen suchen diese Nähe wesentlich stärker als Männer. Für Männer dagegen bedeutet diese Erwartung oft Zwang, dem sie sich gerne entziehen. Das Problem: Diese unterschiedlichen Nähe-Distanz-Erwartung aufgrund hormoneller Differenzen führen oft zu Konflikten und Enttäuschungen. Frauen werten das größere Distanzbedürfnis ihres Mannes als fehlende Liebe. Männer dagegen fühlen sich an die Kandare genommen. Dass dieser Unterschied einen starken genetischen Einfluss hat, zeigt die Geschlechtsverteilung beim Autismus, einer weitgehend genetisch verursachten Krankheit. Autismus ist die Unfähigkeit, emotionale Beziehungen aufzubauen und zu

erhalten. Der Anteil der Männer an dieser Krankheit liegt bei 75 Prozent, wenn sie in milderer Form auftritt. Bei starker Ausprägung sind es fast 90 Prozent. Bitte mache aber jetzt keinen Denkfehler: Nicht 90 Prozent aller Männer sind Autisten.

Sex oder Liebe?
Wenn du einen Blick auf die Map wirfst, dann siehst du, dass die männliche und die weibliche Sexualität unterschiedlich verortet sind. Das hat einen biologischen Grund. Die männliche Sexualität wird stark vom Testosteron, die weibliche stark vom Östradiol befeuert. Dadurch ist der Charakter der beiden Sexualitätsformen unterschiedlich. Durch die Verknüpfung mit Östradiol, das ja auch für Bindung und Fürsorge mit zuständig ist, ist die weibliche Sexualität stärker mit dem Wunsch der Nähe und Liebe verknüpft. Die männliche Sexualität hat dagegen einen aggressiveren Charakter, der stärker mit Eroberung verbunden ist. Auch in der Stärke des sexuellen Verlangens gibt es Unterschiede. Es ist bei Männern stärker ausgeprägt als bei Frauen. Die Erklärung dafür liegt in der Evolutionsbiologie. Wenn du mehr dazu lesen möchtest, empfehle ich dir das Buch der renommierten Psychologin Doris Bischof-Köhler »Von Natur aus anders: Die Psychologie der Geschlechtsunterschiede«. Dieses Buch ist eine Fundgrube zum gesamten Thema Geschlecht und Gender.

Puppe oder Feuerwehrauto?
Dass Frauen eher im sozial-empathischen und Männer eher im funktional-analytischen Emotionsfeld unterwegs sind, ist tiefer in unseren Genen verwurzelt, als viele glauben. Zum funktional-analytischen Emotionsfeld gehört auch eine stärkere Affinität zur Technik. Technik und Funktion haben viel mit Dominanz zu tun, weil sie helfen, die Welt zu kontrollieren und zu beherrschen.

Folgende Untersuchung unterstreicht das eindrucksvoll: Man hat junge männliche und weibliche Schimpansen in einen Käfig gebracht. Genau in die Mitte wurden ein Feuerwehr-Spielzeugauto und eine Puppe gelegt. Die Schimpansenkinder durften frei wählen. Das Ergebnis: Die Schimpansenjungen haben zu etwa 70 Prozent das Feuerwehr-Auto gewählt, die Schimpansenmädchen zu 70 Prozent die Puppe. Ähnliche Ergebnisse gibt es auch mit Menschenbabys. Man hat über die Wiegen von männlichen und weiblichen Babys Mobiles (Technik) und Gesichter aufgehängt. Das Ergebnis: Männliche Babys schauten häufiger und länger auf die Mobiles, die weiblichen Babys auf die Gesichter. In der festen Überzeugung, dass geschlechtliche Präferenzen ausschließlich auf soziale Einflüsse zurückzuführen seien, mussten in vielen Kindergärten Jungs mit Puppen und Mädchen mit Autos und Gewehren spielen. Solange der erzieherische Zwang da war, funktionierte das. Als aber das Spielzeug frei gewählt werden durfte, sah man wieder das alte Bild: Jungs eher Autos und Gewehre, Mädchen eher Puppen. Inzwischen gibt es weltweit hunderte von Studien zu diesem Thema. Das Ergebnis: Mädchen bevorzugen eher Spielzeug mit sozialem, Jungs dagegen mit technischem Charakter.

Rosa oder Blau?

Um es nochmal deutlich zu sagen. Natürlich spielt Erziehung eine große Rolle. Jungen werden vom ersten Tag an anders erzogen als Mädchen und die vorhandene biologische Differenz wird sozial weiter verstärkt. Ein typisches Beispiel für die kulturelle Verstärkung der Geschlechtsdifferenzen ist das Rosa-Blau-Schema. Kleine Baby-Jungs bekommen blaue, kleine Baby-Mädchen rosa Strampelanzüge. Das Rosa-Blau-Schema beherrscht auch viele Kinderzimmer und viele Kindersendungen im Fernsehen. Diese Farbprägung ist heute weltweit zu beobachten. Inzwischen haben wir uns alle dran gewöhnt, sie wird inzwischen schon von Generation zu Generation weitergegeben. Nur: Es gibt keinen Hinweis, dass es hierfür biologische Ursachen gäbe. Oder andersherum formuliert: Rosa-Blau ist ein typisches Beispiel für Gender.

Erzieherin oder Ingenieur?

Mädels spielen gerne mit Puppen, Jungs mit Technik. Weil diese Tendenz tief in unseren Genen verankert ist, beherrscht sie nicht nur das Kinderzimmer, sondern auch die Hörsäle der Hochschulen. So findet man in den technischen und naturwissenschaftlichen Berufen weit mehr Männer als Frauen. In den sozialen Berufen ist es genau andersherum, hier dominieren bei weitem die Frauen. In den technischen Fächern Informatik oder Ingenieurswesen beispielsweise liegt der Frauenanteil bei den Studierenden in Deutschland bei ca. 23 Prozent. In den Erziehungs- und Pflegewissenschaften dagegen sind 80 Prozent der Studierenden weiblich. Unsere Wirtschaft sucht seit Jahren händeringend nach Absolventen und Absolventinnen aus den Studiengängen Technik und Informatik. Deshalb werden diese Berufe besonders gut bezahlt. Um den Personalmangel zu beheben, wurden viele Kampagnen gestartet, auch Mädchen und Frauen für diese Berufsfelder zu gewinnen. Mit gemischtem Erfolg: Der weibliche Anteil ist in den letzten zehn Jahren um ca. sechs Prozent gestiegen. Wenn man untersucht, was Mädchen und Frauen von diesen Berufen abhält, liegt es nicht an ihrer analytischen oder mathematischen Intelligenz. Da gibt es fast keine Unterschiede zwischen den Geschlechtern. Es ist eher die Vorstellung, das Berufsleben autistisch vor einem Bildschirm, anstatt mit Menschen zu verbringen. Interessant ist in diesem Zusammenhang ein Blick in die früheren Ostblockstaaten. Während der kommunistischen Herrschaft lag der aufoktroyierte Frauenanteil bei Ingenieursberufen zwischen 30 und 40 Prozent. Durch die Demokratisierung ist der frühere Zwang weggefallen. Der Effekt: Der weibliche Anteil an diesen Berufen ist stark gefallen und liegt ungefähr auf dem deutschen Niveau. Auch bei den US-amerikanischen High-Tech-Konzernen sieht es nicht anders aus. Bei Apple waren 2017 23 Prozent der IT-Jobs mit Frauen besetzt, bei Facebook 19 Prozent. Wie gesagt, diese Unterschiede haben nichts mit mathematischen und logischen Fähigkeiten zu tun. Diese Unterschiede beruhen auf Interessen. Diese werden sicher auch durch soziale Prägung von Elternhaus, Schule usw. beeinflusst. Aber das, was unsere Interessen hauptsächlich lenkt, sind die Motive. Und die kommen aus den Emotionssystemen.

Ästhetik oder Funktion?

Bleiben wir noch bei der Berufswahl. Der weibliche Harmonieschwerpunkt wirkt sich nicht nur bei einer Präferenz für Sozialberufe aus. Auch Berufe mit ästhetischem Schwerpunkt, vor allem dann, wenn es um das Einrichten und Wohnen geht, sind weitgehend weiblich. Beim Studium der Innenarchitektur liegt der Anteil der Frauen bei 80 Prozent, Tendenz steigend. Ich erzähle dir dazu eine kleine Geschichte: Meine Tochter ist vor einigen Wochen mit ihrem Mann in die untere Wohnung in unserem Haus gezogen. Was ist nun passiert? Ihr Mann kam schon vier Wochen vorher mit Bohrmaschine und diversen Messgeräten, um in der ganzen Wohnung neue Datenkabel und WLAN-Verstärker zu installieren. Unter 500 MBps Übertragungsgeschwindigkeit wollte er nicht einziehen. Zudem baute er im Wohnzimmer ein neues Mediacenter auf. Auch alle anderen Räume inklusive Küche wurden technisch aufgerüstet. In den Wochen vor dem Einzug klingelte es ständig an der Tür, weil Pakete geliefert wurden. Aber nicht nur Pakete mit Technikprodukten für meinen Schwiegersohn. Fast genauso viele kamen für meine Tochter. Darin befanden sich Stühle für das Esszimmer, Tapeten, Leuchten, Wohnaccessoires usw. Auch die Diskussionen der beiden habe ich live miterlebt. Meine Tochter schüttelte den Kopf über seinen technischen Overkill. Im Gegenzug fragte er bei jedem Einrichtungsgegenstand, ob man dafür wirklich so viel Geld ausgeben müsse. Beide haben die neue Wohnung jeweils aus ihrer Welt und mit ihrer Brille gesehen und eingerichtet. Jetzt sind sie eingezogen und sitzen am Abend im schönen Wohnzimmer und schauen begeistert in Kinoqualität ihre Serien an. Aber: Ohne ihn säße sie vor einem Uraltfernseher. Ohne sie wäre er so eingerichtet, dass sich sogar ein Blindenhund vor Grausen abwenden würde.

Nun kannst du einwerfen, nur meine Tochter und meinen Schwiegersohn als Beispiel zu nehmen, wäre nicht wirklich repräsentativ. Das könnte auch Zufall sein. Okay. Betrachten wir deshalb mal die repräsentativen Daten von Best for Planning. Wenn wir schauen, wer an Einrichtung und Wohnaccessoires stark interessiert ist, finden wir in dieser Gruppe 91 Prozent Frauen und neun Prozent Männer. Wenn wir nun in die Gruppe schauen, die sich sehr für Technik interessiert, sieht es fast genau andersrum aus: 81 Prozent Männer und 19 Prozent Frauen. Nicht jeder Mensch interessiert sich für Wohnen und nicht jeder interessiert sich für Technik. Aber bei denen, die interessiert sind, ist die Verteilung doch sehr deutlich. Es ist fast die identische Verteilung wie bei der Berufswahl.

Schuhe oder Autos?

Wir haben gesehen, dass mein Schwiegersohn vom Paketboten Technikprodukte, meine Tochter dagegen Wohnprodukte bekommen hat. Diese Unterschiede im Konsum und in den Produktpräferenzen gehen noch viel weiter. Auch hier wieder eine kleine Geschichte: In einem meiner vielen Vorträge im letzten Jahr ging es auch um Geschlechtsunterschiede im Konsum. Ich sagte fast wörtlich: »Die Belohnungszentren von Männern und Frauen reagieren auf sehr unterschiedliche Produkte. Bei Männern jubelt das Belohnungszentrum bei Autos, bei Frauen bekommt man den gleichen

Effekt mit Schuhen.« Allgemeines großes Gelächter. Nicht aber bei Lotte N. Sie saß in der ersten Reihe und starrte mit böser Miene auf die Bühne. Lotte N., Kulturreferentin in einer norddeutschen Stadt, schrieb mir am nächsten Tag eine wütende Mail. Der Wortlaut war in etwa so: Typisch alter, weißer Mann, voller Stereotype bezüglich Mann und Frau. Diese Unterschiede in den Präferenzen, Männer = Autos und Frauen = Schuhe, hat es vielleicht vor 40 Jahren noch gegeben. Heute aber, im Zeitalter der Emanzipation, wäre das doch völliger Unsinn.

Zunächst einmal zum Begriff des Stereotyps. Stereotype sind Beschreibungen von Personen oder Gruppen, auf die ein Merkmal vereinfacht übertragen wird. Das wäre in Ordnung. So hat ihn aber Lotte N. nicht gemeint. Sie versteht unter Stereotype Beschreibungen von Personen oder Gruppen, auf die ein Merkmal *fälschlicherweise* übertragen wird. Meine Aussage war in der Tat eine Vereinfachung. Ganz korrekt hätte sie heißen müssen: Im Durchschnitt haben Frauen ein weit höheres Interesse an Schuhen als Männer, genau andersherum ist es bei Autos. Aber in der Alltagssprache spricht man nicht so gestelzt. Deswegen ist meine Verkürzung grundsätzlich erlaubt, wenn sie richtig ist. Lotte N. hat aber geschrieben, dass meine Aussage komplett falsch sei, weil es diese Unterschiede nicht mehr gäbe. Wer hat nun Recht? Lotte N. oder ich? Werfen wir wieder einen Blick in die aktuellen und repräsentativen Daten von Best for Planning. Ca. 60 Prozent aller Frauen sind stark an Schuhen interessiert (40 Prozent der Frauen haben mittleres oder geringeres Interesse). Dagegen haben nur 30 Prozent aller Männer ein starkes Interesse an dieser Produktgruppe. Genau andersherum ist es bei Autos. 60 Prozent aller Männer interessieren sich sehr dafür, aber nur 20 Prozent aller Frauen. Ich habe übrigens nochmals in ältere, repräsentative Untersuchungen geschaut. An diesen Anteilen hat sich in den letzten 15 Jahren nichts verändert.

Diese großen Unterschiede im Kaufverhalten und Produktinteresse finden wir neben Mode und Technik noch in vielen weiteren Kategorien. Stark weibliche Kategorien (Produktinteresse bei Frauen mindestens doppelt so groß wie bei Männern) sind:
- Bekleidung
- Kosmetik
- Gesundheit
- Produkte rund um Backen/Kochen
- Produkte rund um die Haushaltsführung
- Basteln und Zeichnen

Stark männliche Kategorien (Produktinteresse bei Männern mindestens doppelt so groß wie bei Frauen) sind:
- Sportgeräte
- Heimwerkerprodukte
- Computerspiele
- Finanzanlagen

Überschätzung oder Unterschätzung?

Auch in der Selbsteinschätzung machen sich Hormone bemerkbar. Testosteron ist eher ein euphorisches Hormon. (Erinnere dich an die – vormals – niederländische Frau mit der Geschlechtsumwandlung). Männer schätzen sich selbst, ihre Fähigkeiten und ihre Leistungen im Durchschnitt besser ein, als sie tatsächlich sind. Männer mit einem sehr niedrigen Testosteronspiegel klagen häufiger über Depressionen als jene mit einem durchschnittlichen oder höheren Spiegel. Wird Männern mit einem niedrigen Level nun Testosteron gespritzt, hellt sich nicht nur die Stimmung auf, auch die Selbsteinschätzung wird deutlich positiver. Eher das Gegenteil bewirkt hingegen Östradiol. Es führt zu einem eher pessimistischen Welt- und Selbstbild (bei Frauen).

Auch in der Risikoeinschätzung macht sich der Testosteron-Optimismus bemerkbar. Männer sind im Durchschnitt risikobereiter. Bei Frauen ist es genau andersherum: Frauen schätzen sich selbst, ihre Fähigkeiten und ihre Leistungen im Durchschnitt schlechter ein, als sie objektiv sind. Zudem meiden sie Risiken stärker und überschätzen das Risiko.

Auf das Statement in der b4p-Studie »Ich bin eher risikobereit und suche das Abenteuer« antworten ca. 30 Prozent aller Männer mit »Ja«, bei den Frauen sind es nur 15 Prozent. Auch hierzu gibt es viele sozialpsychologische Versuche mit dem fast immer gleichen Ergebnis: Gruppen, die nur aus Männern bestehen, treffen häufig Entscheidungen, die ins Desaster führen. Der Grund: Risiken werden unterschätzt und wichtige Aspekte nicht berücksichtigt. Bei Gruppen, die nur aus Frauen bestehen, werden Risiken dagegen oft vermieden, zudem verlieren sie sich in Details, was aber auch nicht zu einem optimalen Ergebnis führt. Die besten Ergebnisse erzielen gemischte Gruppen, weil ihre »gemischte« Risikoeinschätzung den tatsächlichen Risiken am meisten gerecht wird.

Die deutsche Ökonomin und Wirtschaftsweise Monika Schnitzer trifft den Nagel auf den Kopf. In einem Interview zum Volkswagen-Diesel-Skandal, dass sie der Frankfurter Allgemeinen gegeben hat, sagte sie: »*Mit Frauen im Vorstand (von Volkswagen) wäre die Gruppendynamik eine ganz andere gewesen. In einer homogenen Gruppe von Männern, die alle begeistert sind von Autos, Macht, Technik und Wachstum ist die Versuchung groß, sich auf die genehme Sicht der Dinge zu einigen: Was ist schon kriminell? Wer soll uns schon dahinterkommen? In einem derart geprägten Klima fehlt eine Instanz für Zweifel.*«

Geld-Bequemlichkeit oder Geld-Leidenschaft?

Nun zum Geld. In der Finanzpsychologie unterscheidet man zwischen »kleinem Geld« und »großem Geld«. Das kleine Geld kommt in die Haushaltskasse, wird dort verwaltet und für Dinge des alltäglichen Lebens ausgegeben. Die Haushaltskasse wird in Familien meist von Frauen verwaltet. Das liegt daran, dass sie sich insgesamt wesentlich stärker um Familienangelegenheiten kümmern. Das große Geld hingegen wird angelegt und möglichst vermehrt. Und es wird wesentlich stärker von Männern bestimmt. Das hat viele kulturelle Ursachen. In traditionellen Haushalten hat der Mann das Geld heimgebacht und sich auch um die Anlage gekümmert. Frauen und Mädchen wurde ein Stück weit die Kompetenz abgesprochen. Das wirkt bis heute nach. Aber es erklärt den Unterschied nur zum Teil. Schauen wir dazu mal in die b4p-Studie. Die Aussage »Ich überlasse Geldfragen lieber einem Fachmann und möchte mich selbst um nichts kümmern« bejahten 18 Prozent aller Männer und 25 Prozent aller Frauen.

Das Kümmern um Geldanlagen bedeutet ja, Renditen zu vergleichen, sich beispielsweise um Fonds und Aktien zu kümmern. In Kapitel 6 haben wir das die Geld-Leidenschaft genannt und die liegt, wie wir gesehen haben, stärker im Dominanzbereich. Die Aussage »Ich interessiere mich für Geldanlagen« bestätigten doppelt so viele Männer wie Frauen. Und das Statement »Ich informiere mich regelmäßig über die aktuellen Börsenkurse« bejahten sogar dreimal so viele Männer wie Frauen. Bei Frauen ist die Geld-Bequemlichkeit also wesentlich stärker ausgeprägt. Auch im Risikoverhalten gibt es erhebliche Unterschiede.

Beim risikoorientierten Anlegertyp, der spekuliert und dabei auch mal auf die Nase fällt, findet man dreimal so viele Männer wie Frauen. Durch das Kümmern um das große Geld bauen Männer ein wesentlich dickeres finanzielles Polster als Frauen auf. Sie sind aber nicht die besseren Spekulanten. Vergleicht man Frauen und Männer, die Aktiendepots managen, erzielen Frauen meist das bessere Ergebnis, weil sie konstanter und ruhiger agieren. Auch hier wieder das gleiche Bild: Von den Fähigkeiten her gibt es wenig Unterschiede zwischen den Geschlechtern. Im Gegenteil, wenn sich Frauen um Finanzanlagen kümmern, erzielen sie zumindest gleich gute, wenn nicht bessere Ergebnisse. Das Problem liegt im Interesse. Das Interesse aber ist eine Frage der Motivation und damit der Emotionen.

Die Wahrheit über den Gender Pay Gap
Bleiben wir noch einen Moment beim Geld. Frauen verdienen weniger als Männer. Dieser sogenannte Gender Pay Gap (geschlechtsspezifisches Lohngefälle) beträgt in Deutschland derzeit ca. 20 Prozent. In der Gleichstellungsdebatte wird diese Zahl gerne benutzt, um zu verdeutlichen, wie ungerecht und ungleich Frauen bezahlt werden. Hier gibt es Ungerechtigkeit, da besteht kein Zweifel. Allerdings ist die tatsächlich vorhandene Ungerechtigkeit durch soziale Benachteiligung von Frauen wesentlich geringer, als er vom Gender Pay Gap suggeriert wird. Schauen wir uns die Situation etwas genauer an.

Frauen arbeiten häufiger in schlechter bezahlten Berufen

Wir haben oben bei der Berufswahl gesehen, wie groß in vielen Bereichen die Geschlechtsunterschiede sind. Frauen meiden u. a. die gut bezahlten Informatik- und

Ingenieursberufe und gehen viel lieber in die – schlechter bezahlten – Sozialberufe. Da wir in einer freien (Arbeits- und) Marktwirtschaft leben, ist die Berufswahl inklusive der sich daraus ergebenden Konsequenzen eine freie Entscheidung jedes Einzelnen.

Schwerstarbeit ist – noch – Männersache

Es gibt einen weiteren wichtigen Aspekt, der in dieser Diskussion gerne vergessen wird. In der Ungerechtigkeitsdebatte wird der Blick häufig auf die Chefetagen gerichtet. Der Blick aber in die Tiefen der Baugruben unterbleibt. Es geht um die vielen Berufe ohne große berufliche Qualifikation. Auch hier gibt es größere, geschlechtsspezifische Unterschiede. Viele Frauen ohne Qualifikation arbeiten als Kassiererin im Handel, als Arbeiterin in einer Fabrik usw. Diese Berufe gibt es auch auf der männlichen Seite und die hier weitgehend gleiche Bezahlung ist tariflich geregelt. Was man aber gerne übersieht ist, dass es zu 95 Prozent Männer sind, die die anstrengende (Drecks-)Arbeit einer Gesellschaft ausführen. Es sind die Männer, die bei Hitze oder Kälte die Schwerarbeit auf den Baustellen machen, die bei Wind und Wetter den Müll entsorgen, die Kanäle reinigen, als Fernfahrer tagelang unterwegs sind. Nun zur Relation: Diese Berufe gibt es tausendmal häufiger als die genauso ungleich verteilten Führungspositionen. All diese Berufe werden aufgrund der enormen Belastung zu Recht etwas besser bezahlt als eine Kassiererin oder ein Kassierer in einem Supermarkt.

Frauen erreichen seltener Führungspositionen

Diese Aussage ist zweifellos richtig. Ein Teil der Gründe liegt in unserer männlich dominierten Gesellschaft. Es gibt keinen Zweifel, dass viele Frauen in ihrem Karrierewunsch von männlichen Seilschaften behindert werden. Aus diesem Grund haben Quotenregelungen ihre absolute Berechtigung. Es gibt aber noch eine andere Seite der Medaille: Es ist der schwächere Wunsch und damit verbunden der geringere Antrieb bei Frauen, Karriere zu machen. Dieser Wunsch, der auf das Dominanzsystem zurückgeht, ist bei Männern deutlich stärker ausgeprägt. 15 Prozent der Männer sind der Performertyp, bei Frauen sind es acht Prozent. Und dieser Typ, du erinnerst dich, ist der, bei dem Leistungswille, Karriereorientierung und Erfolgswille die Persönlichkeit prägen. Bei dem kaum karriereorientierten Harmonisertyp finden wir 34 Prozent Frauen und 21 Prozent Männer. In Toppositionen ist dieser Geschlechtsunterschied noch größer. Hier empfehle ich auch einmal ein Gespräch mit Personalverantwortlichen, die sich auf die Besetzung von Toppositionen in der Wirtschaft spezialisiert haben. Sie alle klagen darüber, dass es viele hochqualifizierte Frauen gibt, die von ihren Fähigkeiten her diese Toppositionen locker besetzen könnten. Viele Frauen würden dieses Angebot aber ablehnen, weil sie sich ein anderes Leben als eine 60-70-Stunden-Woche mit häufigen, internationalen Geschäftsreisen vorstellen. Dieser bei Männern höhere Wille zu Macht und Status hat übrigens nichts mit Führungsqualifikation zu tun. Topmanager sind eher einsame Wölfe, die ihrem Rudel vorausrennen. Topmanagerinnen gleichen eher Schäferhündinnen, die darauf achten, dass die ganze Herde mitkommt. Gute Führung braucht beide Seiten. Deswegen ist jedes Unternehmen gut beraten, Frauen für Toppositionen zu gewinnen.

Selbst bei gleichen Jobs verdienen Frauen weniger als Männer

Wie bei der Karriere gibt es auch hier zwei Ursachen. Die eine Ursache ist sozial bedingt und führt zur Benachteiligung von Frauen. Aufgrund der männlich dominierten Gesellschaft werden Frauen auch bei genau gleichen Jobs oft schlechter bezahlt. Aber auch hier: Ein Teil dieser Ungleichheit liegt an den Frauen selbst. Wie wir oben gesehen haben, sind Frauen sich selbst wesentlich kritischer gegenüber als Männer. Das führt dazu, dass sie ihre eigene Leistung erheblich unterschätzen. Bei Männern ist es genau andersherum. Sie überschätzen durch das Testosteron im Gehirn sich selbst und ihre Leistung. Sie betrachten, um mit Albert Einstein zu sprechen, ihren Furz als Trompetensolo. Wenn ich mich aber selbst schlechter einschätze, als ich bin, ist das keine gute Ausgangslage für das jährliche Gehaltsgespräch. Es kommt noch ein Punkt dazu. Eine aktive und offensive Forderung nach Gehaltserhöhung ist immer ein Kampf und dadurch mit Risiko verbunden. Wir haben aber gesehen, dass Frauen Risiken eher meiden. Oder in diesem Fall: eben nicht auf den Tisch hauen und mehr Geld fordern. Aber auch wenn die Gesellschaft für diesen Teil nicht verantwortlich ist, können Frauen nicht so einfach aus ihrer Haut. Aus diesem Grund würde eine Offenlegung der Gehälter und die damit sichtbare Ungerechtigkeit Frauen zu einer offensiveren Selbstvermarktung anregen.

Wenn wir alle diese aufgezählten Faktoren anschauen und in ihren Effekten zusammenzählen, wird schnell deutlich, dass der behauptete Gender Pay Gap von 20 Prozent eine politische Kampfzahl, aber kein glaubwürdiger Maßstab für eine ungerechte Bezahlung von Frauen ist. Mindestens zwei Drittel dieser Differenz haben nichts mit ungerechten gesellschaftlichen Strukturen zu tun. Trotzdem bleibt ein reeller Gender Pay Gap von sechs bis sieben Prozent übrig. Es liegt an uns allen, diese tatsächliche Ungerechtigkeit in den nächsten Jahren zu beseitigen.

Gott ist gerecht: Männer sterben fünf Jahre früher
Wie gesagt: Es ist überhaupt keine Frage, dass bis heute Frauen in vielen gesellschaftlichen Bereichen benachteiligt werden. Es ist aber ebenfalls keine Frage, dass insbesondere die Nachteile bei Geld und Einkommen auch eine biologische Ursache haben. Das bei Frauen in geringerer Konzentration vorhandene Testosteron und dem damit schwächer ausgeprägten Dominanzsystem macht sich hier besonders bemerkbar. Doch dieser scheinbare biologische Nachteil verkehrt sich in der gesamten Lebensbilanz zu einem unschätzbaren Vorteil: Frauen leben in Mitteleuropa fünf Jahre, in Russland sogar neun Jahre länger als Männer. Diesen Überlebensvorsprung der Frauen gibt es ohne Ausnahme in allen Ländern dieser Welt. Doch warum sterben Männer

früher? Die Hauptursache dafür ist direkt oder indirekt das Testosteron. Die höhere Risiko- und Gewaltbereitschaft führt zu mehr Todesfällen durch Unfälle und Gewalt. Damit verbunden ist eine geringere Achtsamkeit gegenüber der Gesundheit (Rauchen, Trinken, Übergewicht). Die höhere Wettbewerbsorientierung sorgt zudem für größeren Stress und größere Anspannung. Negatives Gesundheitsverhalten und Stressneigung führen verstärkt zu Herz-Kreislauf-Problemen. Das Testosteron schwächt zudem das Immunsystem. Männer sterben weitaus häufiger an Infektionskrankheiten. Insbesondere das Testosteron sorgt aber auch dafür, dass Männer ca. 20 Prozent kräftiger sind als Frauen. Das wiederum führt dazu, dass 95 Prozent aller Schwerarbeiterjobs (oft verbunden mit hoher gesundheitlicher Belastung) von Männern gemacht werden. Rechnet man also alle genetisch bedingten Vor- und Nachteile von Frau und Mann zusammen, bleibt unterm Strich ein Patt. Oder andersherum formuliert: In puncto Gleichstellung ist der liebe Gott ziemlich gerecht.

Ein zusammenfassender Blick auf die Emo-Typen

Nun weißt du, in welchen Bereichen sich das männliche und weibliche emotionale Hirn unterscheiden. Du hast auch gesehen, dass es bei manchen Eigenschaften größere, bei anderen kleinere Unterschiede gibt. Und du weißt, was es heißt, wenn wir im Alltag sagen, Frauen sind sensibler und empathischer als Männer. Wir meinen: im Durchschnitt. Es gibt auch gefühlskalte Frauen und es gibt sensible, einfühlsame Männer. Aus diesem Grund lohnt am Schluss des Kapitels ein Blick auf die Emo-Typen, denn hier müsste es ja auch eine unterschiedliche Verteilung bei Frauen und Männern geben.

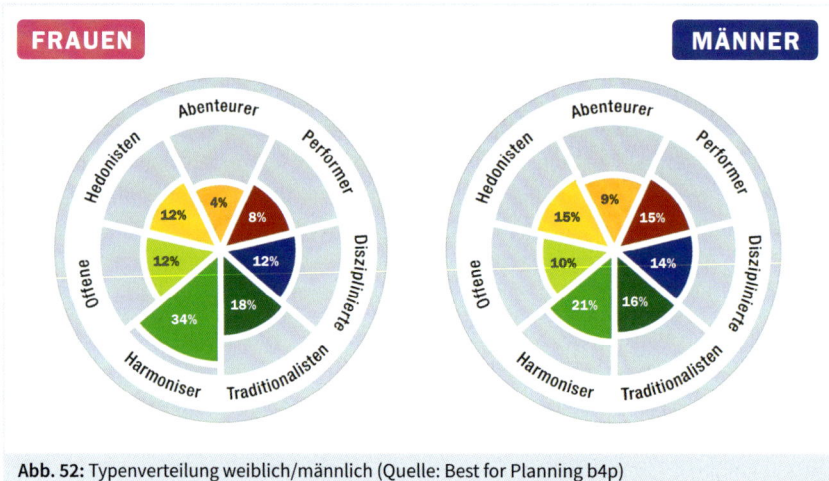

Abb. 52: Typenverteilung weiblich/männlich (Quelle: Best for Planning b4p)

Du siehst: Alle Typen sind bei beiden Geschlechtern vorhanden. Das macht nochmals deutlich, dass der Unterschied zwischen Frau und Mann kein Entweder-oder, sondern ein Eher-Zusammenhang ist. Aber, und das ist das Entscheidende, die prozentuale Verteilung ist in manchen Bereichen sehr unterschiedlich. Man sieht ganz genau, wo die weiblichen und männlichen Hormone die emotionale Persönlichkeitsstruktur stärker verändern: wie erwartet im Harmonie- und Dominanzbereich (und den angrenzenden Persönlichkeitsdimensionen). Während der Harmoniseranteil von Frauen bei 34 Prozent liegt, sind es bei Männern 21 Prozent. Ähnliche Verhältnisse sehen wir andersherum bei den Performern. Bei den Männern sind es 15 Prozent, bei den Frauen acht Prozent. Auch bei den Abenteurern, die ja ebenfalls stark vom Testosteron betroffen sind, finden wir ähnliche Verhältnisse.

Ein klares Bild: Die Unterschiede liegen auf der Harmonie-/Dominanzachse
Du hast in diesem Kapitel viele Bereiche kennengelernt, in denen ein eindeutiger Unterschied zwischen Frau und Mann besteht (Denkstil, Berufswahl, Konsum, Risikoverhalten, Selbsteinschätzung, Emo-Typen). Alle diese Unterschiede zeichnen ein klares Bild. Sie liegen ausnahmslos auf der Harmonie-/Dominanzachse. Die Ursachen für die unterschiedlichen Ausprägungen dieser Emotionssysteme sind überwiegend hormonell bedingt. Nicht nur die Beobachtungen im alltäglichen Leben, auch die empirischen Daten von inzwischen mehr als 200.000 Versuchspersonen bestätigen diese Aussage eindrucksvoll. Trotzdem gibt es auch viele Bereiche ohne geschlechtsspezifische Unterschiede. Zudem haben selbst die Differenzen, die so deutlich zutage getreten sind, immer auch eine soziale Ursache. Allerdings ist der biologische Anteil in diesen Bereichen weit höher als der sozial-kulturelle. Trotzdem spielen Biologie und Kultur immer in engem Wechsel zusammen. In der Wissenschaft gibt es für dieses Ineinandergreifen einen Begriff. Jetzt bitte nicht erschrecken. Er heißt: bio-kultureller Ko-Konstruktivismus.

Geschlecht und Biologie sind nach wie vor ein heißes Eisen in der öffentlichen Diskussion. Es gibt noch so ein heißes Eisen. Das ist das Alter. Lange Zeit wurden auch biologische Altersveränderungen verdrängt und häufig als diskriminierend gebrandmarkt. Der dazu gehörende Schlachtruf hieß »Forever young«. Hier ist inzwischen allerdings das Wunschdenken einer realistischeren Sicht der Dinge gewichen. Schauen wir uns deshalb im nächsten Kapitel an, was das Alter mit dir und mir macht.

16 Alter: Warum wir als Tiger springen und als Bettvorleger landen

Du hast sicher schon von Dädalus und Ikarus gehört. Dädalus und sein Sohn Ikarus wurden von König Minos auf Kreta gefangen gehalten. Der alte Dädalus ersann eine geniale Fluchtidee. Er bastelte für sich und seinen Sohn Flügel aus Federn, Holz und Wachs. Und tatsächlich: Mit den Flügeln konnte man super fliegen. Dädalus, der die Flügel gebaut hatte, schärfte seinem Sohn vor dem Start ein, ja nicht zu hoch zu fliegen. Die Sonne würde das Wachs schmelzen lassen, das die Flügel zusammenhielt. Der Fluchtflug verlief zunächst wie geplant. Ikarus machte das Fliegen riesigen Spaß. Eine völlig neue Erfahrung. Aber nur unten herumfliegen fand er langweilig. Außerdem wollte er schauen, was man mit den Flügeln so machen konnte. Er ignorierte vor lauter Übermut die Warnung seines Vaters und stieg immer weiter nach oben. Solange eben, bis das Wachs schmolz und Ikarus tödlich abstürzte. In diesem griechischen Mythos ist eigentlich schon viel über das Alter und Altern enthalten. Die Jungen sind übermütig und risikobereit und die Alten vorsichtig und besonnen. Warum das so ist und wie wir uns mit dem Alter verändern, schauen wir uns in diesem Kapitel an.

Die Neurochemie des Alterns
Unsere Emotionssysteme bestehen, wie du gesehen hast, aus dem Zusammenspiel von bestimmten Hirnstrukturen und Nervenbotenstoffen. Die Nervenbotenstoffe aktivieren oder deaktivieren bestimmte Nervenzellen in diesen Hirnstrukturen. An jedem unserer Emotionssysteme sind unterschiedliche Nervenbotenstoffe beteiligt. Für jedes Emotionssystem gibt es aber auch ein oder zwei Botenstoffe, die von besonderer Bedeutung sind:
- beim Dominanzsystem: Testosteron (plus Monoaminooxidase-Hemmer (MAO), Dopamin)
- beim Balancesystem: Cortisol (plus Gamma-Aminobuttersäure (GABA), Serotonin)
- beim Stimulanzsystem: Dopamin
- beim Harmoniesystem: Östradiol (plus Oxytocin, Vasopressin)

Die Stärke und Ausprägung eines Emotionssystems hängt eng mit der Konzentration dieser Nervenstoffe im Gehirn (und im Körper) zusammen. Damit du den emotionalen Altersverlauf besser verstehst, schauen wir uns zunächst einmal die Veränderung der wichtigsten Nervenbotenstoffe und, damit verbunden, der Emotionssysteme im Altersverlauf an.

16   Alter: Warum wir als Tiger springen und als Bettvorleger landen

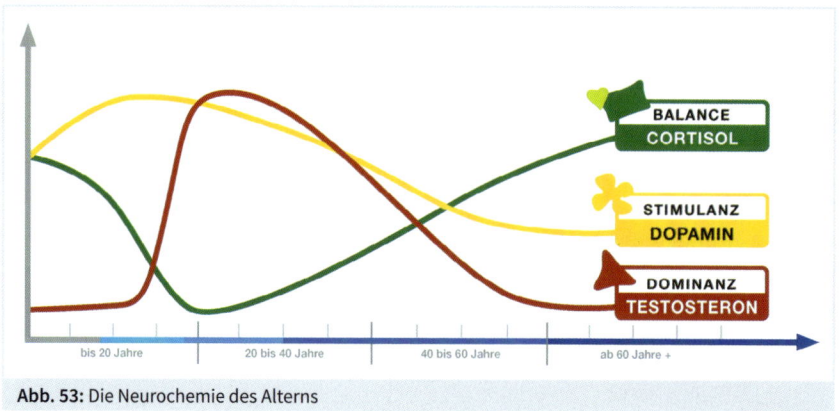

Abb. 53: Die Neurochemie des Alterns

Beginnen wir mit dem Dominanzsystem. Im Kindesalter ist der Testosteronspiegel sehr niedrig. Während der Pubertät explodiert er dann nahezu. Auch bei Mädchen nimmt der Testosteronspiegel zu, aber weit weniger als bei Jungen. Zwischen 20 und 30 Jahren erreicht er seinen Höhepunkt, um dann mit zunehmendem Alter wieder abzusinken.

Beim Balancesystem betrachten wir das Stresshormon Cortisol. In der frühen Kindheit ist die Konzentration hoch und sinkt im Alter zwischen 20 und 30 Jahren auf einen Tiefpunkt. Dann steigt die Cortisolkonzentration an, was auch daran liegt, dass es im alternden Körper nicht mehr so schnell abgebaut wird. Der andere wichtige Nervenbotenstoff des Balancesystems, GABA, nimmt mit dem Alter dagegen ab. GABA hat eine entgegengesetzte Wirkung wie das Cortisol. Es reduziert die Angst. Wenn es abnimmt, wird man also ängstlicher und stressanfälliger.

Das Dopamin des Stimulanzsystems beginnt im frühen Kindesalter schnell anzusteigen, um dann wie das Testosteron mit dem Alter abzufallen. Das führt dazu, dass wir im Kindes- und Jugendalter extrem neugierig sind. Diese Lust am Neuen geht mit dem Alter dann immer weiter zurück.

Beim Harmoniesystem ist der Zusammenhang komplexer, weil viele Nervenbotenstoffe gleichzeitig wirksam werden. Östradiol nimmt bei Mädchen in der Pubertät stark zu und erhält in einer Schwangerschaft nochmals einen Schub. Dies sorgt sowohl für eine stärkere Empfindsamkeit wie auch ein stärkeres Harmoniestreben.

Ein erster Blick auf den emotionalen Altersverlauf
In Abbildung 53 siehst du auf den ersten Blick, was im Altersverlauf passiert. Im Kindesalter sind das Balance- und Bindungssystem sowie das Stimulanzsystem stark ausgeprägt. Kinder sind ängstlich und neugierig zu gleich. In der Pubertät, wenn die Sexualhormone das Gehirn überfluten, nimmt das Stimulanzsystem weiter zu. Jetzt nimmt auch das Dominanzsystem richtig Fahrt auf, das Balancesystem dagegen ver-

liert an Präsenz. Im frühen Erwachsenenalter erreichen das Stimulanz- und Dominanzsystem dann ihren Höhepunkt, während das Balancesystem nur noch schwach ausgeprägt ist. Wir können kaum laufen vor Kraft und Übermut. Das ist unsere Tigerphase. Ungefähr ab 30 Jahren dreht sich das Ganze langsam. Unsere expansiven Kräfte, das Dominanz- und Stimulanzsystem, beginnen abzunehmen, während das Balancesystem wieder ansteigt. Diese Entwicklung bleibt bis zu unserem Lebensende bestehen. Ab diesem Zeitpunkt nehmen, für uns selbst unmerklich, mit jedem Lebensjahr unsere Neugier und Risikobereitschaft ab, während unser Sicherheitsbedürfnis ansteigt. Wir wollen unsere Ruhe und kommen somit nach und nach in die Bettvorlegerphase.

Schauen wir uns jetzt die emotionalen Persönlichkeitsveränderungen mit dem Alter genauer an. Wenn man den emotionalen Altersverlauf richtig verstehen will, reicht es allerdings nicht ganz aus, sich nur die Entwicklung der Emotionssysteme anzuschauen. Auch das Großhirn spielt in den Kinder- und Jugendjahren eine bedeutende Rolle. Besonders wichtig für unsere Betrachtung ist das vordere Großhirn.

Das vordere Großhirn im Kindes- und Jugendalter
Zunächst also ein Blick auf die Altersentwicklung des vorderen Großhirns. Dieses hat die Aufgabe, die Emotionssysteme und ihren Antrieb der jeweiligen Situation anzupassen und Konsequenzen der geplanten Handlung abzuschätzen. Es dauert mehr als 20 Jahre, bis die Entwicklung dieses Hirnbereichs abgeschlossen ist. Abbildung 54 zeigt die Entwicklung im Kindes- und Jugendalter.

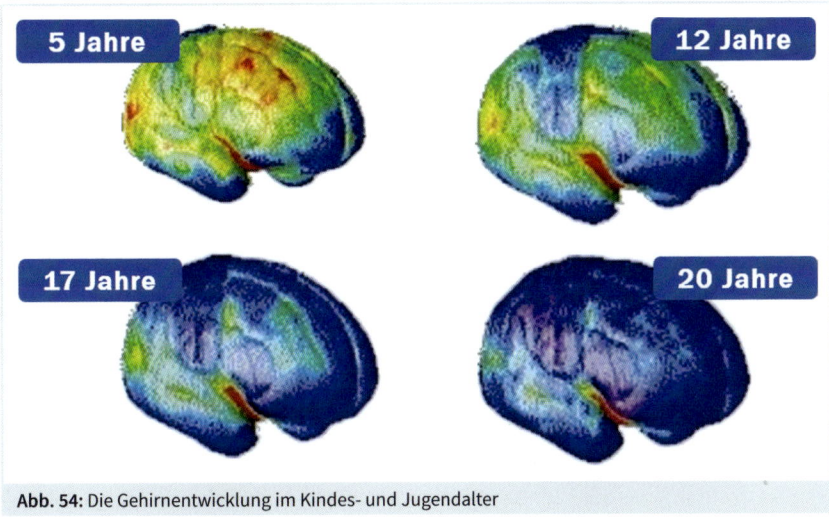

Abb. 54: Die Gehirnentwicklung im Kindes- und Jugendalter

Die Reifung des Gehirns erfolgt durch Myelinisierung. Dabei werden die Nervenverbindungen mit einer Fettschicht umwickelt. Diese Schicht sorgt für eine wesentlich schnellere Geschwindigkeit der elektrischen Nervensignale. Erst mit dieser Schicht erreichen die Nervenverbindungen und damit die entsprechenden Hirnbereiche ihre volle Leistungsfähigkeit. Die noch nicht abgeschlossene Myelinisierung siehst du in Abbildung 54 an der grün-gelb-rot-Färbung des Gehirns. Erst, wenn das Gehirn »dunkelblau« ist, ist es ausgereift.

Das Kindesalter: die prägenden Jahre

Für die Entwicklung des Gehirns und damit auch der Persönlichkeit sind die ersten Lebensjahre von entscheidender Bedeutung. Das Gehirn eines Babys und Kleinkinds hat bereits so viele Nervenzellen wie das eines Erwachsenen. Diese Nervenzellen sind untereinander aber noch kaum verbunden. Verbindungen zwischen Nervenzellen entstehen vor allem durch Lernen und neue Erfahrungen. Deswegen sind der Spieltrieb und die Neugier eines kleinen Kindes riesig. Zunächst werden weit mehr Verbindungen angelegt als notwendig. Da aber Verbindungen Energie kosten, werden nicht gebrauchte Verbindungen bis zum Ende der Pubertät wieder abgebaut. Zudem macht das Kind auch sehr viele emotionale Erfahrungen, die die angeborene Persönlichkeitsstruktur beeinflussen können und das ganze weitere Leben anhalten. Nochmals zur Erinnerung: Etwa 50 Prozent unserer Persönlichkeit sind angeboren. Dann kommt die wichtige Kindheitsphase. In den ersten fünf Lebensjahren werden weitere 20 bis 30 Prozent der Persönlichkeit festgelegt. Danach sind Veränderungen weit schwieriger und dauern viel länger.

Das Gehirn reift von unten nach oben

Bei der Geburt sind schon alle vitalen Zentren im Hirnstamm aktiv. Da alle Emotionssysteme dort ihren Anfang haben, sind auch sie schon in einfacher Form vorhanden. Ab einem Alter von ca. drei bis vier Jahren ist dann das ganze limbische System in Betrieb. Insbesondere auch die Bereiche, die emotionale Erfahrungen als abrufbare Erinnerung im Gehirn speichern. Deswegen können sich fast alle Menschen an nichts aktiv erinnern, was vor ihrem vierten Lebensjahr geschehen ist. Was aber jetzt noch erheblich hinterherhinkt, ist das vordere Großhirn. Dieses ist für die optimale Anpassung der Emotionen an die Situation und für die Abschätzung der emotionalen Konsequenzen zuständig. Im kindlichen Großhirn fehlen noch die Erfahrungen, die es braucht, um richtig zu handeln. Zudem arbeitet das Großhirn noch extrem langsam, wie man in Abbildung 54 sieht.

Die Konsequenz aus dem Zusammenspiel der Emotionssysteme und des noch langsamen, vorderen Großhirns: Kinder leben im Hier und Jetzt. Das Zukunftsgehirn, das vordere Großhirn, das auch für Belohnungsaufschub zuständig ist, ist noch nicht ausgereift. Kinder wollen alles sofort und jetzt. Zudem werden die Emotionen und der sie begleitende Emotionsausdruck unkontrolliert und unangepasst direkt in die Welt umgesetzt.

Nun noch ein paar Worte zur emotionalen Dynamik im Kleinkind- und Kindesalter. Alle Emotionssysteme sind wie gezeigt aktiv. Besonders stark ausgeprägt ist das Balancesystem im Zusammenspiel mit dem Harmoniesystem. Das ist auch klar. Kinder brauchen noch stark die Sicherheit und Fürsorge der Eltern. Auch ihr eigenes Fürsorgesystem beginnt, aktiv zu werden. Ein wichtiger Teil im Spiel mit ihren Kuscheltieren ist daher deren Fütterung. Über das Stimulanzsystem haben wir schon gesprochen, es ist bereits stark ausgeprägt, wächst aber noch weiter. Auch das Dominanzsystem arbeitet bereits. Der kindliche Trotz und der Wille, ganz viel selbst zu machen, haben darin ihre Ursache.

Jugend und Pubertät: Explosion im Kopf

Nun machen wir einen Sprung in die Pubertät. Die Kinder haben inzwischen vielfältige Erfahrungen gesammelt: sozial, emotional, Weltwissen. Jetzt kommen die Sexualhormone und befeuern die geschlechtsspezifischen Strukturen, die bereits in den ersten Schwangerschaftsmonaten in den Föten festgelegt wurden. Das Dopamin ist schon da. Nun wird das Gehirn von Jungen mit Testosteron überschwemmt. Wenn damit das Dopamin zum ersten Mal in großer Konzentration zusammenkommt, ist das, wie wenn du Nitroglyzerin mit C4-Sprengstoff mischst. Neben dem Stimulanzsystem explodieren vor allem Abenteuerlust und Impulsivität. Auch das Dominanzsystem nimmt Fahrt auf. Das Dominanzsystem hat aber eine berechnende, auf die Zukunft ausgerichtete Komponente. Durch die überbordende Kraft von Abenteuer und Impulsivität und der Spontaneität des Stimulanzsystems wird diese Komponente allerdings unterdrückt.

Bei Mädchen gibt es zusätzlich zum Östradiol noch einen kleinen Testosteronschub. Auch bei Mädchen nimmt die Abenteuer- und Risikolust zu, aber lange nicht in dem Ausmaß wie bei den Jungen. Aufgrund der Sexualhormone wächst das Sexualitätsbedürfnis enorm.

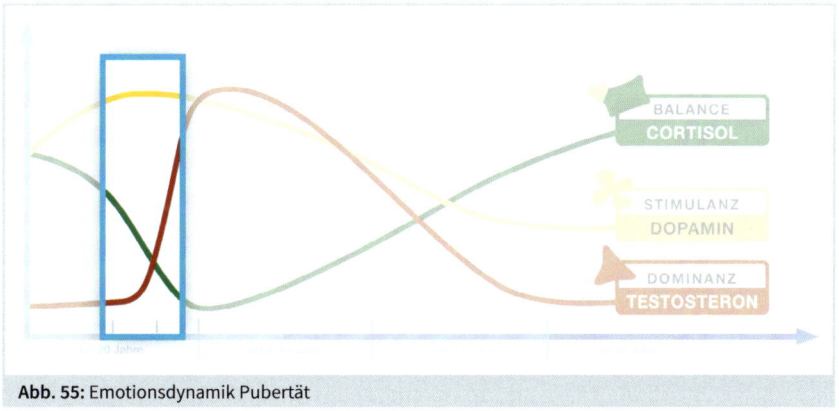

Abb. 55: Emotionsdynamik Pubertät

Leider gibt es auch in der Pubertät noch ein Problem mit dem vorderen Großhirn. Sein Reifegrad hinkt der Entwicklung und der besonderen Dynamik der Emotionssysteme weit hinterher. Das vordere Großhirn ist, nochmals zur Erinnerung, auch für Impulskontrolle, Abschätzung von Konsequenzen und Zukunftsplanung zuständig. Wenn dieses Ding aber noch nicht richtig funktioniert und von unten aus dem Körper ungestüme Kräfte kommen, kann man sich vorstellen, was passiert: unangepasstes Risikoverhalten bei beiden Geschlechtern. Bei Jungs ist das Ganze mit einem zusätzlich erheblichen Aggressionspotenzial verbunden. Rebellion, Ablehnung aller (elterlicher) Normen und häufig auch Drogenkonsum sind die Folge. Die Impulsivität ist bei Mädchen nicht ganz so ausgeprägt. Zum einen haben sie weniger Testosteron, zum anderen findet bei ihnen die Reifung des vorderen Großhirns früher statt. Auch Mädchen sind in der Pubertät sehr anstrengend, aber doch zahmer im Vergleich zu Jungen. Die Explosion im Kopf insbesondere bei Jungs macht sich auch in der Schule bemerkbar. Die hohe Impulsivität verbunden mit ungezügelter Entdeckungslust verhindert die notwendige Aufmerksamkeit im Unterricht häufig.

In den Zwanzigern: die Tigerphase
Die in der Pubertät begonnene Explosion der expansiven und risikoorientierten Emotionssysteme erreicht mit ca. 20 bis 25 Jahren ihren Höhepunkt. Die Risikobereitschaft ist extrem hoch und das Sicherheitsbedürfnis gering. Die Tigerphase ist voll in Gang.

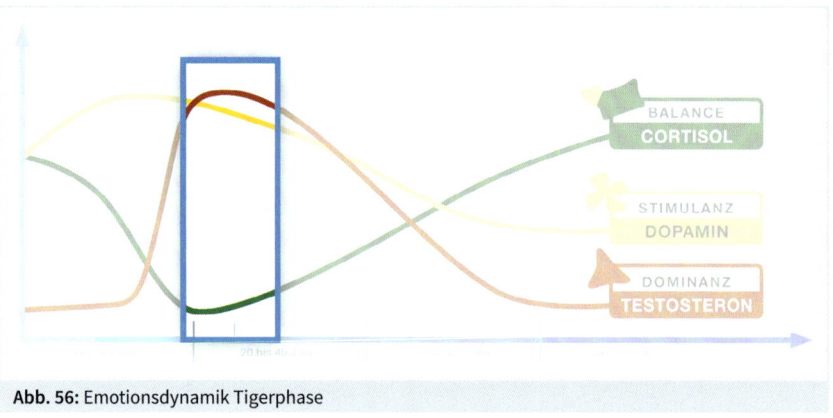

Abb. 56: Emotionsdynamik Tigerphase

Zunehmend greift das vordere Großhirn ins Geschehen ein. Es ist bei jungen Männern jetzt fast vollständig ausgereift, bei jungen Frauen schon ganz. Die impulsive Kraft, die in der Pubertät noch sinnlos verpufft, wird jetzt auf ein Ziel und auf die Zukunft gerichtet. Das vordere Großhirn hat neben der Impulskontrolle noch eine andere wichtige Eigenschaft. Hier ist auch unsere Fähigkeit, komplexe Probleme zu lösen, angesiedelt. Im Alter zwischen 20 und 30 Jahren ist die Freude am Entdecken und am Neuen hoch, Denkaufgaben werden vom Gehirn schnell gelöst. Für die Entwicklung der Welt hat diese Altersspanne deshalb erhebliche Konsequenzen.

Die Neurologik der Revolutionäre

Schau mal raus in die Welt und frage dich, wer die Welt auf verschiedensten Gebieten revolutionär verändert hat. In der Physik war es Albert Einstein, in der Biologie Charles Darwin, in der Musik waren es Bach, Beethoven und Mozart, in der Literatur Schiller und Goethe, in der Technik die Gebrüder Wright und in der digitalen Welt waren bzw. sind es Steve Jobs, Bill Gates, Marc Zuckerberg und Larry Page. Eines haben sie alle gemeinsam. Ihre revolutionären Ideen und die damit einhergehenden Veränderungen entstanden, als sie zwischen 20 und 30 Jahre alt waren. Natürlich gibt es auch Revolutionäre, die älter waren, als sie etwas Bahnbrechendes entdeckt oder erfunden hatten. Zudem gibt es zahlreiche nennenswerte Revolutionärinnen. Denken wir an Lise Meitner, Marie Curie oder in jüngerer Zeit an Jennifer Doudna und Emmanuelle Charpentier, die Entdeckerinnen der Genschere. Trotzdem hat die Revolution eine Handschrift. Sie ist eher männlich und sie findet weit überdurchschnittlich im Alter von 20 bis 30 Jahren statt. In puncto Revolution sind Männer deutlich überrepräsentiert. Das liegt sicher auch daran, dass Frauen bis in jüngere Zeit benachteiligt und in früheren Zeiten vom öffentlichen Wirken ausgeschlossen wurden. Zudem werden und wurden ihre Begabungen nicht in dem Maß anerkannt und gefördert wie bei Männern. Aber Begabung allein reicht nicht für eine Revolution. Die andere, wichtigere Ursache ist eher biologisch: Der Emo-Typ-Anteil der Abenteurer und Pioniere in der Altersgruppe zwischen 20 und 30 Jahren liegt bei Männern bei 17 Prozent, der von Frauen bei fünf Prozent. Es ist sicher keine Frage der Intelligenz und Begabung. Es liegt an der geringeren Bereitschaft von Frauen, sich ins Neuland aufzumachen und größere Risiken einzugehen. Wirklich bahnbrechende Erfindungen brauchen Risikobereitschaft und den Willen, dafür zu kämpfen. Sie stoßen nämlich fast immer auf erbitterten Widerstand von den Vertretern und Nutznießern der alten Welt. Dieses Ungleichgewicht zwischen männlich und weiblich existiert bis heute. Schauen wir uns dazu die Unternehmensgründer- und Start-up-Szene an. 2019 waren 84 Prozent der Start-up-Gründer Männer und 16 Prozent Frauen. Dieser Anteil hat sich trotz Gleichstellung und Emanzipation in den letzten Jahren nicht wesentlich verändert. 2013 lag der Anteil der Männer bei 87 Prozent und der von Frauen bei 13 Prozent.

Aufbruch in eine bessere Welt

Diese Phase des Aufbruchs und der Revolution wird nicht nur in kulturellen und technischen Bereichen sichtbar, sondern auch in der Migration. Migration ist nichts Neues. Seit Menschengedenken schwärmen Menschen von der Heimat aus, um bessere Lebensbedingungen zu finden. Deshalb gibt es heute überhaupt auf der ganzen Welt Menschen. Eine der größten Migrationsbewegungen in neuerer Geschichte war sicherlich die Besiedlung der USA durch europäische Einwanderer. Doch wer waren die Treiber dieser massiven Auswanderung (europäische Sicht) bzw. Einwanderung (amerikanische Sicht)? Es waren zunächst überwiegend junge Männer vom Typ Abenteurer.

Sie verließen die Heimat und nahmen die Strapazen der Überfahrt auf sich. Sie gingen das Risiko ein, in einem völlig fremden Land unter härtesten Bedingungen neu anzufangen. Im Laufe der Zeit erreichten immer mehr Berichte die Heimat, dass auch junge Frauen viele Möglichkeiten des Neuanfangs hätten. Dadurch stieg der Anteil der Frauen, die mit ihrem Mann übersiedelten oder das Glück auch allein suchten, gewaltig an. Um 1920, als die Immigration ihren Höhepunkt erreichte, lag der Anteil der Frauen bei ca. 40 Prozent.

Was die USA in früherer Zeit für die Europäer war, ist Europa heute für die Flüchtlinge aus dem nahen und ferneren Osten und aus Afrika. Auch sie suchen den Wohlstand und wollen dem Elend und der Gefahr entfliehen. In der heutigen Migrationsbewegung treffen wir dabei wieder auf die gleichen Geschlechtsstrukturen wie früher in den USA. 80 Prozent der Flüchtlinge aus Afrika und 70 Prozent der Flüchtlinge aus anderen Kontinenten sind junge Männer. Die weitaus größte Altersgruppe machen die 20- bis 35-Jährigen aus. Diese extreme Verschiebung in Richtung junger Männer zeigt sich immer dann, wenn die Flucht mit großem Risiko und großen Strapazen verbunden ist. In puncto Geschlecht stärker ausgeglichen sind Flüchtlingsbewegungen über den Landweg in ein direkt benachbartes Land.

Risikobereitschaft erhöht Gewaltverbrechen

Die extreme Risikolust, verbunden mit dem Willen zur Durchsetzung der eigenen Interessen, hat auch eine sehr negative Seite. Es ist die Gewalt- und Kriegsbereitschaft junger Männer. Der hohe Testosterongehalt, der oft mit einem Mangel an Empathie und Mitgefühl einhergeht, hinterlässt häufig breite, blutige Spuren. Zwar gibt es auch hier überzeugte Gleichmacher und Gleichmacherinnen, die unter dem Schlachtruf »Crime has no gender« behaupten, dass Gewaltverbrechen nichts mit Geschlecht zu tun hätten. Um sich zu dieser Aussage zu versteigen, muss man die Realität aber gewaltig verleugnen. Schauen wir uns mal einige Zahlen dazu an. In Deutschland sind ca. 95 Prozent aller Gefängnisinsassen Männer. Eine besondere Gefährlichkeit geht von Strafgefangenen aus, die in sogenannter Sicherungsverwahrung sind. Weil sie zu unberechenbar und zu gewaltbereit sind, müssen diese Gefangenen nach Ablauf der eigentlich verbüßten Strafe im Gefängnis bleiben. Bei dieser extremen Form der Gewaltbereitschaft liegt der Anteil der Männer bei 99,8 Prozent, der von Frauen lediglich bei 0,2 Prozent. Der männliche Anteil bei Gewaltverbrechen (Mord, Totschlag, Raub mit Gewalt, gefährliche und schwere Körperverletzung) und bei schwerem Diebstahl liegt bei jeweils mehr als 90 Prozent, Tendenz gleichbleibend. Bei einfachem Diebstahl (zum Beispiel Ladendiebstahl) holen Frauen allerdings auf und sind mit ca. 40 Prozent vertreten. Diese Zahlen aus Deutschland sind weltweit ziemlich ähnlich. Bei allen Verbrechen mit Gewalt sind es weltweit vor allem junge Männer im Alter zwischen 18 und 30 Jahren, die die Kriminalitätsstatistik weit vorne anführen.

Krieg, Bürgerkrieg und Völkermord

Durch diese überdurchschnittliche Risiko- und Gewaltbereitschaft lassen sich junge Männer politisch leicht instrumentalisieren und radikalisieren: für Krieg, Bürgerkrieg oder Völkermord. Was macht eine ganze Gesellschaft aggressiv und gewaltbereit? Drei Faktoren sind es, die eine hochexplosive Mischung schaffen, wenn sie zusammenkommen:
- Armut mit großer sozialer Ungleichheit und geringen Aufstiegschancen
- Ideologisierung
- Anteil junger Männer an der Gesellschaft

In seinen Youth Bulge-Studien (Youth Bulge = Jugendüberschuss) verglich der deutsche Soziologe und Völkermordforscher Gunnar Heinsohn die Alterspyramiden von 70 Ländern. Sein Ergebnis: Wenn in einer Gesellschaft 30 Prozent oder mehr der Männer der Altersgruppe von 15 bis 30 Jahren angehören, reichen wenige Dinge aus, um die Gesellschaft insgesamt in einen Bürgerkrieg oder Krieg zu stürzen. Länder wie Irak, Afghanistan und Syrien erreichen diese 30 Prozent in etwa. Auch Deutschland kam dieser magischen Zahl 1914 und 1939 ziemlich nahe. Zumindest von der Seite her können wir heute in Deutschland und in der EU beruhigt sein. Der Wert liegt bei ca. 17 Prozent, Tendenz fallend.

Zwischen 30 und 65 Jahren: Das Leben stabilisiert sich

Auch wenn sich in dieser Zeitspanne viele Lebensveränderungen ereignen (Heirat, Kinder, Beruf, Karriere), ist dieser Zeitraum aus Sicht unserer Emotionssysteme wenig spektakulär. Ab ca. 30 Jahren macht sich unser Körper inklusive Gehirn ganz, ganz langsam auf den Rückmarsch. Die expansiven Kräfte nehmen ab, während Balance und Harmonie zunehmen. Apropos Harmonie, eine kleine Besonderheit gibt es. In dem Moment, in dem Kinder auf die Welt und in eine Beziehung kommen, verändert sich unser Emotionsmix ziemlich stark.

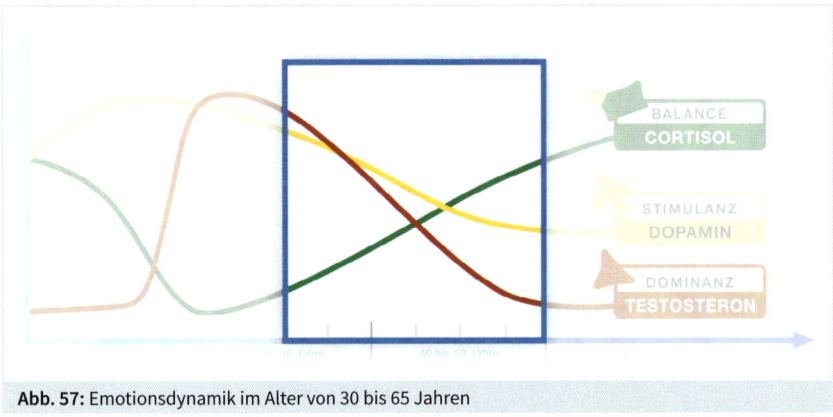

Abb. 57: Emotionsdynamik im Alter von 30 bis 65 Jahren

Wenn man die Haushalte der 30-40-Jährigen in zwei Gruppen teilt – Gruppe 1 hat Kinder, Gruppe 2 hat keine Kinder –, findet man erhebliche Unterschiede im durchschnittlichen Emotionsmix dieser Gruppen. In Gruppe 1 findet man 40 Prozent Harmoniser, in Gruppe 2 sind es nur 31 Prozent. Im Gegenzug halbiert sich der Anteil der Hedonisten und der Abenteurer in der Gruppe mit Kindern. Man weiß aus Untersuchungen, dass sich mit der Geburt von Kindern der Mix der Nervenbotenstoffe verändert. Bei Frauen nehmen das Oxytocin und das Prolactin stark zu, die am Harmoniesystem beteiligt sind. Bei Männern sinkt mit der Geburt von Kindern der Testosteronwert. Das Vasopressin und Oxytocin dagegen steigen an. Dieser Effekt bei Männern tritt auch bei sogenannten Kuckuckskindern ein. Der Mann muss nur glauben, dass das Kind von ihm ist und er muss in engen Körper- und Geruchskontakt mit dem Baby kommen.

Das war die biologische Erklärung für die enorme Zunahme der Harmoniser und die Abnahme bei Abenteurern. Aber auch eine soziale Erklärung ist möglich. Man kann vermuten, dass für Harmoniser von Haus aus eine Familiengründung mit Kindern eine weit höhere Priorität hat als beispielsweise für Abenteurer. Ich nehme an, dass beide Erklärungen eine Berechtigung haben. Welcher der beiden Faktoren mehr oder weniger ins Gewicht fällt, lässt sich mit diesen empirischen Daten aber nicht klären. Sicher ist nur, dass Personen in Haushalten mit Kindern im Durchschnitt eine andere Persönlichkeitsstruktur haben als solche ohne Kinder. Zurück zum Altersverlauf. Zwischen 30 und 65 Jahren verändert sich unser Emotionsmix ohne größere Sprünge. Die expansiven Kräfte nehmen ab, unsere bewahrenden Kräfte nehmen zu. Zwischen 45 und 50 Jahren sind die Kräfte ausgeglichen, danach werden die bewahrenden Kräfte tonangebend.

65 Jahre plus: das Seniorenalter
Bewegen wir uns ins Seniorenalter und damit in die Bettvorlegerphase. Nur am Rande: Ich bin 69 Jahre alt und gehöre in diese Gruppe. Ich weiß deshalb aus eigener Erfahrung, wovon ich spreche.

Ein Blick auf die Emotionsentwicklung

Wenn du die letzte Phase der Alters-Emotionskurve anschaust, siehst du, dass das Balancesystem die führende Macht im emotionalen Gehirn geworden ist. Ältere Menschen suchen verstärkt Sicherheit und Stabilität in ihrem Leben. Gewohnheiten, die Sicherheit bieten, werden strikt beibehalten. Je älter man wird, desto starrer oder unflexibler wird man. Auch hier gilt: im Durchschnitt. Denn, wie du am Ende dieses Kapitels sehen wirst, gibt es auch im Alter noch sehr neugierige und risikolustige Menschen, aber eben nicht mehr sehr viele. Eng mit dem Balancesystem verbunden ist unser Stresssystem. Ältere Menschen sind weit anfälliger für stressauslösende Situationen im Alltag. Das können Störungen im Alltagsablauf, nervige Nachbarn oder die Konfrontation mit neuen, negativen Ereignissen sein. Das Stresssystem wird früher aktiv. Durch den schlechteren Abbau des Stresshormons Cortisol bleibt dieses zudem auch länger im Gehirn und damit in Aktion. Unbeeindruckt ließen und lassen ältere Menschen dagegen eher die abstrakten oder globalen Bedrohungen wie Klimakrise, Wirtschaftskrise und kalter Krieg. Erst, wenn diese Bedrohungen konkret in ihren Alltag eindringen, lösen sie Sorge und Stress aus.

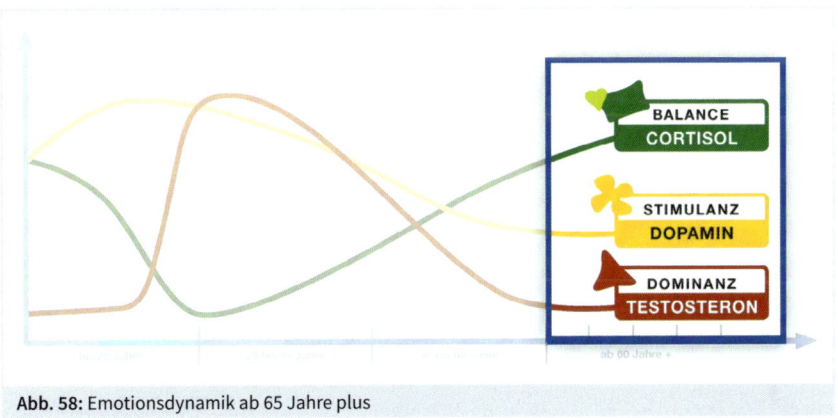

Abb. 58: Emotionsdynamik ab 65 Jahre plus

Eine völlig entgegengesetzte Entwicklung haben unsere expansiven und risikoorientierten Emotionen, das Dominanz- und das Stimulanzsystem. Ihre Stärke lässt mit dem Alter erheblich nach. Im Vergleich zu den Jugendjahren, die von Aufbruch und Risikolust gekennzeichnet sind, verändert sich die emotionale Dynamik völlig. Sicherheit und Stabilität haben absolute Priorität, die Risikobereitschaft geht zurück. Auch die Offenheit für Neues, die aktive Suche nach Neuem, der Wunsch nach Macht und Status – all das nimmt im Seniorenalter deutlich ab. Diese veränderte Dynamik hat aber auch eine gute Seite.

Die gute Nachricht: Die Lebenszufriedenheit steigt

Die allgemeine Lebenszufriedenheit ist zumindest zwischen 60 und 75 Jahren höher als zwischen 20 und 50 Jahren. Der Grund: Man ist aus dem Lebenskampf und dem Arbeitsstress raus. Stabile Gewohnheiten strukturieren den Alltag. Die Kinder sind meist aus dem Haus. Viele Ältere leben zudem in finanziell gesicherten Verhältnissen. Rente und Pension sind zwar niedriger als das Einkommen vorher. Das ist aber für die meisten kein Problem, weil auch die Konsumlust im Alter nachlässt. Der Schauspieler Walter Matthau hat das so formuliert: »Der Vorteil des Alters ist, dass man Dinge nicht mehr begehrt, die man sich früher nicht leisten konnte.«

Erinnerst du dich an Kapitel 7, als es um Konsum ging? Viele Produkte kosten deshalb viel Geld, weil wir unseren »Nachbarn« damit beeindrucken wollen. Es sind das Statusmotiv (Dominanz) und das Individualitätsmotiv (Stimulanz), die uns zum Kauf dieser

Produkte verführen. Da diese Emotionssysteme im Alter aber erheblich schwächer sind, interessieren uns diese Produkte weit weniger. Zudem haben wir meist alles, was wir brauchen.

Trotz der höheren finanziellen Zufriedenheit im Alter gibt es eine große Gruppe, in der Mehrheit Frauen, die mit Minirenten auskommen müssen. Deren finanzielle Zufriedenheit ist, wie man sich denken kann, nicht sonderlich groß. Ein noch wichtigerer Punkt als das Einkommen, wenn es um Lebensqualität und Lebenszufriedenheit geht, ist die Gesundheit. Im Alter von 65 bis 75 Jahren machen sich zwar schon einige Gesundheitsprobleme bemerkbar, sie schränken aber das Leben noch nicht zu stark ein.

Fortunas und Felicitas im Altersverlauf

Die höhere Lebenszufriedenheit im Alter können wir mit dem stillen Glück, Felicitas, gleichsetzen. Was aber ist mit Fortunas, dem lauten Glück? Diese Glücksmomente nehmen im Alter eher ab. Und warum? Weil unser Belohnungssystem, etwas salopp gesagt, ausgeleiert ist. Wir haben im Laufe des Lebens viele viele Fortunas-Momente erlebt. Das Fortunas-Glück lebt aber vom »Mehr« und von der Überraschung. Durch den großen Glücks-Erfahrungsschatz ist eine Steigerung im Alter dann kaum noch möglich. Ganz anders in jungen Jahren. Wir machen täglich neue spannende Erfahrungen. Auch verdienen wir Geld und können uns zum ersten Mal schöne Sachen leisten. Da jubelt das Belohnungssystem und das Fortunas-Glück gleich mit.

Das stille Glück in jüngeren Jahren zu finden, ist dagegen schwierig. Man ist in der Tigerphase und die ist weit von der emotionalen Mitte weg. Deshalb kann man sagen: In jüngeren Jahren dominiert das Fortunas-Glück, im Alter dagegen das Felicitas-Glück. Diese Alterszufriedenheit hält allerdings nur so lange an, wie wir körperlich und geistig gesund sind. Wenn hier die Probleme anfangen, geht es mit der Zufriedenheit und dem Glück schnell bergab.

Das Problem mit der Weisheit

Eine weitere positive Eigenschaft, die man dem Alter zuschreibt, ist die Weisheit. Nicht ohne Grund sitzt auf Gottes Thron ein alter, bärtiger und gütig schauender Mann. Gott ist allwissend und damit unendlich weise. Dass Gott auf allen Gottesdarstellungen ein alter, weißer Mann ist, sei nur am Rande erwähnt. Aber was ist Weisheit? Weisheit bedeutet, in schwierigen Situationen eine richtige oder eine gute Lösung zu finden. Sei es aufgrund der Erfahrung oder aufgrund der Fähigkeit, wichtige Zusammenhänge zu erkennen. Was mit dem Alter zunimmt, ist die Lebenserfahrung und das Wissen. Was mit dem Alter abnimmt, ist die Fähigkeit, neue, komplexe Zusammenhänge zu durchschauen. Wenn also Ratschläge gefragt sind, die auf der Erfahrung der Vergangenheit beruhen dürfen, ist die Weisheit älterer Menschen wichtig und wertvoll. Wenn man aber Ältere zu Themen um Rat fragt, die sich stark mit Zukunftsaspekten beschäftigen, beispielsweise, ob man besser Wirtschaftsinformatik oder Umwelttechnik studieren soll, ist die Weisheit eingeschränkt.

Die schlechte Nachricht: Es geht langsam bergab

Der Wunsch nach ewiger Jugend und ewigem Leben ist so alt wie die Menschheit. Wir wollen zwar alt werden, aber wir wollen es nicht sein. Tatsächlich werden wir immer älter. Durch das Plus an Lebensjahren wächst auch die Zeitspanne im Alter, in der wir noch relativ fit und gesund sind. Trotzdem: Die ewige Jugend gibt es nicht. Oder etwas salopp ausgedrückt: Mit 70 fühlt man sich wie 60, es strengt nur viel mehr an. Das Alter kennt leider nur eine Richtung: bergab. Eine kleine Geschichte am Rande. Der inzwischen verstorbene und sehr bekannte deutsche Altersforscher Paul B. Baltes war lange Zeit der Meinung, dass sich mit dem Alter lediglich die Fähigkeiten verändern. Manche, wie die Weisheit, werden besser, manche dagegen schlechter. Unterm Strich sah er keinen großen Rückgang. »Forever young« – das hörte man in der Öffentlichkeit sehr gerne. Diese Meinung vertrat er mit 45 Jahren auf dem Höhepunkt seiner Karriere. 20 Jahre später, als er das Alter dann am eigenen Leib erfuhr, überraschte er seine Zuhörer bei einer seiner letzten Vorlesungen mit einer zutiefst ehrlichen Aussage: »Meine Damen und Herren, die Wahrheit ist: Nichts, gar nichts wird besser – das Gegenteil ist der Fall.« Tatsache ist: Der ganze Körper (inklusive Gehirn) und alle seine Funktionen sind im Rückmarsch. Schauen wir uns einige Punkte an:

- Unsere Beweglichkeit nimmt ab.
- Unsere Sinneswahrnehmungen gehen zurück. Wir hören, sehen, riechen, schmecken schlechter.
- Unsere körperliche Leistungsfähigkeit geht zurück.
- Unsere Libido geht zurück.
- Unsere geistige Leistungsfähigkeit geht zurück.

Mit diesem letzten Punkt beschäftigen wir uns jetzt etwas näher. Wie oben schon angesprochen bleiben unser Wissen und unser Erfahrungsschatz bis ins höhere Alter erhalten. Man nennt das die »kristalline Intelligenz«. Was mit dem Alter aber abnimmt, ist unsere Fähigkeit, neue und komplexe Probleme und Aufgaben zu lösen. Das kann die Bedienung eines neuen Navigationssystems sein oder das Zurechtfinden in einer neuen Situation. Psychologen nennen das »fluide Intelligenz« oder geistige Leistungsfähigkeit. Bei komplexen Problemen finden wir Älteren fast immer auch die Lösung, wir brauchen aber länger dazu. Was sich dabei im Gehirn abspielt, sieht man im Hirntomografen. Bei jungen Versuchspersonen sind bei einer schwierigen Aufgabe wenige Hirnregionen im Vorderhirn aktiv. Sie lösen das Problem schnell und effektiv mit wenig Zeit- und Energieaufwand. Bei älteren Versuchspersonen kommen bei komplexen Aufgaben andere Hirnbereiche zu Hilfe. Das dauert nicht nur länger, es kostet auch mehr geistige Kraft. Der Hauptgrund liegt darin, dass im Laufe des Alterns viele Nervenzellen im Gehirn absterben. Zudem nimmt ein wichtiger Denktreibstoff, das Acetylcholin (ACh), ab. Besonders betroffen ist das vordere Großhirn, in dem auch unsere fluide Intelligenz überwiegend beheimatet ist. Im Vergleich zu 25-Jährigen haben 70-Jährige im Durchschnitt deshalb ca. 15 bis 20 Prozent ihrer geistigen Leistungsfähigkeit verloren. Das war die schlechte Nachricht. Jetzt aber kommt noch eine gute: Du kannst die Rückgänge im Alter erheblich abschwächen und körperlich und geistig lange fit bleiben. Damit verbesserst du deine Lebensqualität im Alter enorm. Wie das geht, zeige ich im Folgenden.

Beweg dich!
Wusstest du, dass man die Hirnkraft genauso wie die die Muskelkraft trainieren und lange fit halten kann? Fast genau die gleichen Regeln, die uns im Alter körperlich fit halten, gelten auch für unsere geistige Fitness. Und genauso, wie wir den Verfall unseres Körpers hinausschieben können, geht das auch mit unserem Geist. Und wie konkret schaffst du es, geistig und körperlich lange jung und frisch zu bleiben? Aus Hirnforschung, Psychologie und Medizin habe ich dir sieben zentrale Tipps und Regeln für ein glückliches Alter(n) zusammengestellt.

1. Treibe Sport

Sport trainiert nicht nur deinen Kreislauf und deine Muskeln, er trainiert auch dein Hirn. Sport sorgt dafür, dass dein Gehirn besser durchblutet und mit Sauerstoff versorgt wird. Er sorgt dafür, dass der Blutdruck gesenkt wird und die Blutgefäße im Gehirn elastisch bleiben. Damit verringert sich das Risiko eines Schlaganfalls erheblich. Zudem entstehen durch Sport neue, elastische Blutgefäße und neue Nervenzellen im Gehirn. Wenn es dich genauer interessiert, was Sport mit unserem Gehirn Gutes anstellt, empfehle ich dir das Buch »Beweg dich« der Neurowissenschaftlerin Manuela Macedonia.

2. Suche dir eine (geistige) Herausforderung

Für viele Menschen kommen die meisten geistigen Herausforderungen aus dem Beruf. In nahezu jeder Tätigkeit muss man täglich kleinere oder größere (geistige) Probleme lösen. Das ist ein gutes Training für das Gehirn. Mit dem Eintritt ins Renten- oder Pensionsalter fällt diese Herausforderung meist schlagartig weg. Viele setzen sich dann vor den Fernseher und, auch wenn es brutal klingt, sie verblöden dabei. Es gibt aber viele Möglichkeiten, mit seinem Hirn im geistigen Fitnessstudio zu bleiben. Eine davon: nach dem offiziellen Ruhestand den Beruf weiter in Teilzeit auszuüben. In einer Studie wurden zwei Gruppen von Ärzten verglichen. Die einen verkauften ihre Praxis und gaben den Arztberuf vollständig auf, die anderen verkauften zwar auch, arbeiteten aber noch viele Jahre ein bis zwei Tage in ihrer alten Praxis mit. Der Effekt war groß:

Die weiterhin berufstätigen Ärzte hatten mit 75 Jahren eine 20 Prozent höhere geistige Leistungsfähigkeit als jene, die sich ganz aus dem Beruf zurückgezogen hatten.

3. Erhalte / vergrößere deine sozialen Kontakte

Soziale Kontakte geben uns nicht nur Anerkennung, Bindung und Geborgenheit, sie trainieren auch unser Gehirn. Man geht heute davon aus, dass unser menschliches Großhirn schneller gewachsen ist als bei unseren Primatenkollegen, weil die sozialen Gruppen, in denen wir gelebt haben, immer größer wurden. Und in größeren Gruppen wird der Geist mehr gefordert. Es gilt nicht nur zu erkennen, wer Freund oder Feind ist, sondern auch, welche Seilschaften und Intrigen im Hintergrund laufen. Das Zusammensein mit anderen Menschen fordert dein ganzes Hirn, wenn du dich über Gott und die Welt unterhältst, mit Herzblut diskutierst und versuchst, deine Meinung durchzusetzen. Gerade bei neuen Kontakten ist diese Hirnaktivierung besonders stark. Diese neuen Kontakte findest du in Vereinen, auf Veranstaltungen, in den sozialen Medien. Auch deshalb rate ich dir, in Altersteilzeit weiter zu arbeiten, weil man es im Beruf häufig mit neuen Personen zu tun hat.

4. Schaffe dir ein Projekt, das dich in die Zukunft zieht

Junge Menschen beschäftigen sich mit der Zukunft, Ältere dagegen mit der Vergangenheit. Das wäre an sich kein Problem, wenn es nicht einen gewaltigen Unterschied gäbe. Die, die sich mit der Zukunft beschäftigen, haben meist ein Ziel, das sie aktiv verfolgen. Diejenigen aber, die sich nur in der Vergangenheit aufhalten, haben nur noch wenig, das sie antreibt. Und Antriebslosigkeit ist, das haben wir bereits gelernt, ein zentrales Merkmal der Depression, hier konkret der Depression im Alter. Diese Form der Depression hat sicher noch weitere Ursachen, wie den Verlust von nahestehenden Personen und schwere Krankheiten. Diese beiden Auslöser sind Schicksal. Gegen die fehlende Zukunft allerdings kannst du etwas tun. Suche dir ein Zukunftsprojekt. So ein Vorhaben kann sehr unterschiedlich sein: das Erlernen eines Instruments oder einer Fremdsprache, das Kümmern und Fördern der Enkelkinder, ein sportliches Ziel, das ein längeres Training braucht. Wichtig ist, dass die Erreichung des Ziels mindestens in mittlerer Zukunft liegt, also in einem Jahr oder mehr, und kontinuierlicher Anstrengung bedarf. Achte darauf, auf dem Weg zum Ziel kleine Erfolgserlebnisse einzubauen und zu genießen, denn diese setzen auch im Alter die Siegerspirale in Gang.

5. Lebe gesund

Mit Sport hast du schon einen wichtigen Beitrag geleistet. Du kannst aber noch mehr tun – beispielsweise gesunde Ernährung, nicht rauchen und wenig Alkohol. Alle Zivilisationskrankheiten (Übergewicht, Herz-Kreislauf, Diabetes) machen nämlich nicht vor dem Gehirn halt, sondern verschlechtern seine Leistungsfähigkeit und Anfälligkeit dramatisch.

6. Überwinde den inneren Schweinehund

Wenn du dir nochmals die Veränderung unserer Emotionssysteme im Alter in Abbildung 58 anschaust, was fällt dir auf? Unsere aktiven und auf die Zukunft gerichteten Kräfte (Dominanz und Stimulanz) gehen zurück, während unsere bewahrenden und passiven Kräfte an Einfluss gewinnen. Diese Veränderung bedeutet eines der größten Probleme, wenn es darum geht, im Alter körperlich und geistig lange fit zu bleiben.

Die meisten Punkte, die ich gerade angesprochen habe, erfordern Aktivität. Die Veränderung unserer Emotionssysteme mit dem Alter hat allerdings eine fatale Konsequenz. Wir werden jeden Tag ein bisschen bequemer und fauler. Das Balance- und das Harmoniesystem sitzen lieber Zuhause auf dem Sofa, als sich zu bewegen und anzustrengen. Leider schwächeln im Alter die Gegenspieler (Dominanz und Stimulanz), die uns aktivieren und aus dem Haus treiben. Für diese zunehmende Faulheit im Alter gibt es einen eindrücklichen Beweis. Es ist die Veränderung des Body Mass Index (BMI). Hier werden insbesondere Gewicht und Körpergröße nach einer Rechenformel in Relation gebracht. Werte über 30 signalisieren erhebliches Übergewicht. Nahezu genauso, wie unser Aktivitätsniveau (Zusammenhang Balance und Harmonie versus Stimulanz und Dominanz) mit dem Alter abnimmt, nimmt der BMI zu. Vereinfacht gesagt: Wir werden mit dem Alter nicht nur fauler, wir werden leider auch dicker (wenn wir nichts tun). Aus diesem Grund dürfen wir uns nicht einfach unseren Emotionssystemen und den sie begleitenden Gefühlen hingeben. Die plädieren nämlich für das Sofa.

7. Fange in frühen Jahren mit Sport an

Noch eine Bitte: Fange früh (spätestens mit 30 bis 40 Jahren) damit an, Sport in dein Leben zu integrieren und zur Gewohnheit zu machen. Je älter du wirst, desto schwieriger wird es aufgrund von zunehmender Balance- und Harmoniekraft, dein Leben zu ändern. Zudem ist der Frischeeffekt für das Gehirn im Alter um ein Vielfaches größer, wenn du spätestens mit 40, und nicht erst mit 60, beginnst, sportlich aktiv zu sein.

Schau dir jeden Tag die obigen Punkte an und überlege, was du heute dafür getan hast. Den inneren Schweinehund zu besiegen lohnt. Bei Menschen, die aktiv an ihrer geistigen und körperlichen Fitness arbeiten …
… nimmt das Risiko, im Alter Demenz zu bekommen, um 20 bis 30 Prozent ab.
… geht das Krebsrisiko je nach Krebsart um 20 bis 50 Prozent zurück.
… sind Herz-Kreislauf-Probleme um die Hälfte seltener.

Was hingegen spürbar steigt, sind die Lebenserwartung (plus sechs Jahre) und die Lebensqualität (weniger Schmerzen, bessere Laune, mehr Freude am Leben).

Ein Blick auf die Emo-Typen

Bisher haben wir uns damit beschäftigt, was das Alter mit uns allgemein anstellt und wie sich unsere Persönlichkeit mit dem Alter verändert. Wir haben gesehen, wie sich unsere beharrenden und bewahrenden Kräfte auf Kosten unserer aktiven Antriebe ausbreiten. Recht und gut, wirst du vielleicht sagen, aber so ganz kann das nicht stimmen: »Ich kenn da ein Ehepaar, beide Anfang 70, die sind mit einem Land Rover zu einer Sahara-Durchquerung aufgebrochen.« Ja, das stimmt. Genauso, wie es männliche Harmoniser und weibliche Performerinnen gibt, gibt es auch alte Abenteurerinnen und junge Traditionalisten. Um die Entwicklung von jung (14 bis 24 Jahre) nach alt (65 Jahre plus) deutlich zu machen, betrachten wir doch einmal die Typenverteilung.

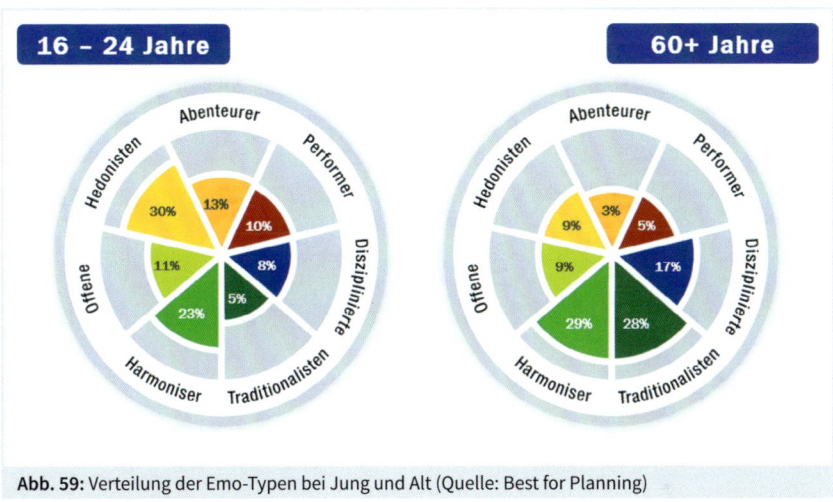

Abb. 59: Verteilung der Emo-Typen bei Jung und Alt (Quelle: Best for Planning)

Wieder siehst du: Bei Jung und Alt sind alle Typen vertreten. Aber die Verteilung ist stark unterschiedlich. Während die aktiven Typen (Hedonisten, Abenteurer und Performer) bei den Jungen zusammen einen Anteil von 53 Prozent haben, schrumpft diese Gruppe im Alter auf 17 Prozent zusammen. Das genaue Gegenteil passiert bei der Gruppe der konservativen und balancegetriebenen Typen, den Traditionalisten und Disziplinierten. Während diese Gruppe bei den Jungen nur 13 Prozent beträgt, steigt sie im Alter auf 45 Prozent an. Sicherlich wird es Unterschiede zwischen jungen und alten Abenteuerlustigen geben, allein die körperliche Leistungsfähigkeit ist eine andere. Gemeinsam haben sie die grundsätzliche Offenheit und Neugier, die nach wie vor groß sind. Diese Gruppe der aktiven Alten treibt wesentlich mehr Sport, ist lange nicht so übergewichtig und ist im Durchschnitt wesentlich gesünder als die Balancetypen. Diese aktiven Menschen sieht man oft in Illustrierten mit Bildunterschriften wie »Die Alten von Heute: modisch gekleidet und sportlich aktiv«. Ohne Zweifel gibt es diese Gruppe. Sie sind aber nicht repräsentativ für die gesamte Altersgruppe. Die Mehrheit ist nämlich weder sportlich noch modisch. Sie ist eher konservativ.

Noch zwei wichtige Erkenntnisse fallen beim Vergleich der Emo-Typen ins Auge:

Erstens: Wenn man die Typenverteilung von Frau und Mann sowie Jung und Alt vergleicht, fällt auf, dass die großen Veränderungen auf unterschiedlichen Emotionsachsen ablaufen. Bei Frau und Mann ist es die Harmonie-/Dominanzachse. Bei Jung und Alt ist es die Stimulanz-/Balanceachse.

Zweitens: Die Unterschiede zwischen Jung und Alt sind größer als die zwischen Frau und Mann.

Nun hast du ein vollständiges Bild davon, was Persönlichkeit ist und wie Geschlecht und Alter diese beeinflussen. Im nächsten Kapitel erfährst du, wie du dieses Wissen im Alltag anwenden kannst.

17 Menschenkenntnis: Warum es kein Zaubermerkmal gibt

In meinen Seminaren und Trainings kommt, wenn wir die Persönlichkeit nebst Alter und Geschlecht besprochen haben, fast immer die Frage: »An was oder wie erkenne ich, ob jemand ein Harmoniser oder eine Traditionalistin ist?« Die Hoffnung hinter allen diesen Fragen: Es gibt für jeden Typ so etwas wie ein geheimes Zaubermerkmal, das man auf den ersten Blick entdecken kann. Kennt man dieses Merkmal, so die Hoffnung, kann man direkt und fehlerfrei auf den Typ und damit auf die ganze Persönlichkeit schließen. Da wir Menschen das Einfache lieben, vergessen wir schnell, dass schon die Emo-Typen eine gewaltige Vereinfachung sind. Schließlich besteht die Persönlichkeit jeder Person – zumindest aus der Life Code-Sicht – aus sieben Dimensionen. Selbst diese beschreiben aber einen Menschen nur in Grundzügen. Der Mensch als Individuum ist viel mehr als nur seine emotionale Persönlichkeit. Mit einem Beispiel wird das gleich deutlich. Unsere Hauptdarsteller dazu sind Felix und Sofie. Vom Grundtyp her sind beide Hedonisten. Felix ist 25 Jahre, Sofie 37 Jahre. Bei Felix sind die Abenteuerlust und die Dominanz ebenfalls stark ausgeprägt, bei Sofie dagegen die Offenheit. Obwohl beide sehr neugierig und aktiv sind, unterscheiden sie sich trotz des gleichen Typs hier schon deutlich. Zudem ist Sofie eine Frau und Felix ein Mann. Die grundsätzlichen Unterschiede und ihre Auswirkungen haben wir ja kennengelernt. Damit sind wir aber noch nicht am Ende unserer Beschreibung. Sofie stammt aus einer wohlhabenden Industriellenfamilie, während Felix' Eltern eine kleine Kneipe in einem Arbeiterviertel betreiben. Dementsprechend ist die Schulbildung. Sofie war auf einem Eliteinternat und ist heute Mitinhaberin eines Designbüros. Felix dagegen macht derzeit seine Meisterprüfung als Installateur. Sofie reist viel um die Welt und kennt die neuesten Trends in Musik und Kultur. Felix ist auch viel unterwegs. Er ist mit seinem Mountainbike und seinen Kumpels jedes Wochenende auf Tour, um neue Trails zu erkunden. An diesen Persönlichkeitsskizzen ist, so hoffe ich, deutlich geworden, wie unterschiedlich Menschen trotz gleichen emotionalen Typs sein können. Sofie und Felix sind beide besonders neugierig und aktiv. Trotzdem ist ihr Lebensstil komplett anders. Wir sehen also, dass wir uns im Klaren sein müssen, was wir mit Menschenkenntnis meinen. Brauchen wir eine erste grobe Orientierung, dann reichen die Emo-Typen aus. Wenn wir aber einen Einstellungstest machen, dann sollten wir alle sieben Dimensionen messen. Wollen wir einen Menschen dagegen wirklich gut beschreiben, dann müssen wir neben seiner Persönlichkeit unter anderem das Alter, das Geschlecht, die Herkunft, die Bildung und das soziale Umfeld mitberücksichtigen.

Menschenkenntnis im Alltag

Im Alltagsleben haben wir kaum die Zeit für eine detaillierte Beschreibung. Da wollen wir sehr schnell wissen, woran wir sind. Selbst die sieben Typen sind da noch zu viel. Was kann man tun? Ganz einfach: Wir fassen die sieben Typen in vier Grundtypen zusammen. Den Kern dieser vier Grundtypen bilden unsere bekannten Emotionssysteme. In Abbildung 60 ist das dargestellt.

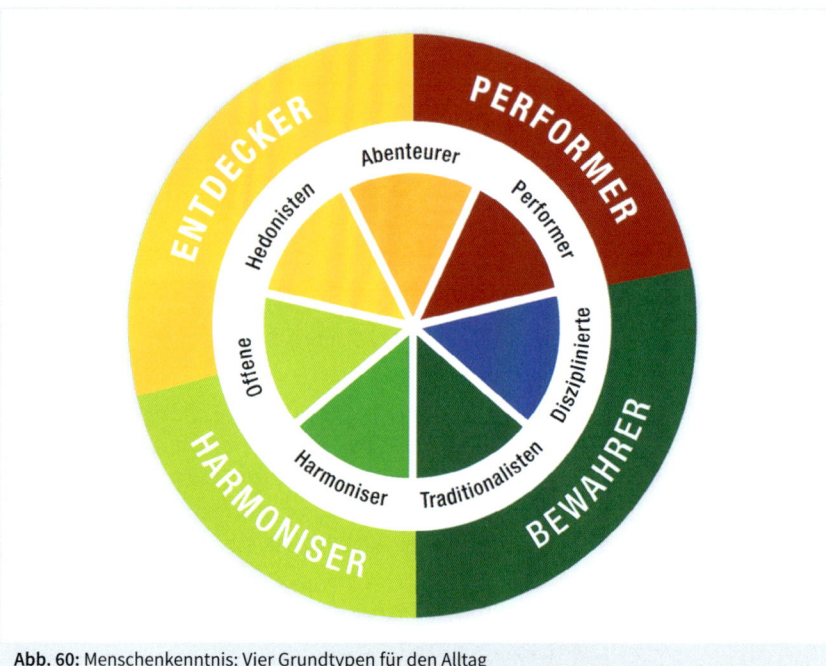

Abb. 60: Menschenkenntnis: Vier Grundtypen für den Alltag

Die Traditionalisten und die Disziplinierten fassen wir zu den Bewahrern zusammen – ihre treibende Hauptkraft ist ja das Balancesystem. Den Harmonisern schlagen wir noch einen kleinen Teil der Offenen zu. Der andere Teil der Offenen geht zu den Entdeckern. Auch alle Hedonisten und ein Teil der Abenteurer kommen zu dieser Gruppe. Der andere Teil der Abenteurer wandert zu den Performern. Nun wollen wir dieses Schema mal gemeinsam ausprobieren und im Alltag anwenden.

Was wir von Polizei-Profilern lernen können

Von Profilern hast du sicher schon gehört oder gelesen. Das sind die Spezialisten bei der Polizei, die anhand einzelner Tatortspuren oder eines bestimmten Vorgehens bei einer Tat versuchen, ein Täterprofil, eine Täterbeschreibung zu erstellen. Wie gehen diese Profiler vor? Sie arbeiten mit Wahrscheinlichkeiten und versuchen, aus vielen Puzzleteilen ein Bild zusammenzusetzen. Angenommen es wurde in einem Einfamilienhaus eingebrochen. Auf dem weichen Gartenboden ist nur eine Fußspur zu sehen.

Es handelt sich also um einen Einzeltäter. Moment, Einzeltäter? Warum nicht Einzeltäterin? Ganz einfach: Über 95 Prozent aller Einbrüche werden von Männern gemacht. Die Wahrscheinlichkeit ist also sehr groß, dass es ein Mann war. Der Einbruch erfolgte über das Wohnzimmerfenster im Erdgeschoss. Das Fensterbrett ist ziemlich zerkratzt. Also kein Profi. Wer dann? Mit großer statistischer Wahrscheinlichkeit eine drogenabhängige Person. Das Alter des Täters wird zwischen 25 und 35 Jahre vermutet. Mit jeder neuen Spur versucht man, die Rückschlüsse auf den Täter zu verfeinern. Am Schluss ergibt sich, wenn man Glück hat, ein klares Bild. Damit verlassen wir unseren Profiler.

Was wir daraus gelernt haben ist, dass man einzelne Merkmale und ihre Wahrscheinlichkeit in Beziehung setzen muss. Wenn wir einen Menschen einem der vier Grundtypen zuordnen wollen, müssen wir genauso vorgehen. Wie weiter oben bereits geschrieben: Es gibt nicht das eine Zaubermerkmal, das auf den ersten Blick zu einem Typ führt. Wir müssen eine Reihe von Merkmalen beobachten oder erfragen und dann schauen, wie das am Schluss zusammenpasst.

Dem Emotionstyp auf der Spur
Betrachten wir einige Beispiele dazu, wie du den emotionalen Grundtyp herausfinden kannst. Wichtig dabei ist, dass du die Alters- und Geschlechtsunterschiede im Kopf hast. Sie helfen dir, schneller zum Ziel zu kommen, weil damit bestimmte Wahrscheinlichkeiten vorgegeben sind. Beginnen wir also mit unserem Typ-Profiling.

Horst – der Bewahrer

Vor dir steht ein Mann. Er ist ca. 75 Jahre alt. Nennen wir ihn Horst. Wenn du dich an die Altersverteilung der Emo-Typen erinnerst, liegen die meisten älteren Menschen bei den Traditionalisten, Disziplinierten und Harmonisern. Da es sich um einen Mann handelt, ist die Wahrscheinlichkeit größer, dass er Traditionalist oder Disziplinierter ist. Die haben wir unter »Bewahrer« zusammengefasst. Du gehst deshalb zunächst davon aus, dass Horst ein Bewahrer ist. Jetzt geht es darum, deine Hypothese zu überprüfen. Wir beginnen mit der Kleidung. Die ist sehr konservativ und auch in die Jahre gekommen. Das würde deine Hypothese bestätigen. Nun kommst du mit Horst ins Gespräch. Er erzählt dir von seinem Sommerurlaub. Seit vielen Jahren fahren er und seine Frau immer nach Österreich zum Mondsee. Natürlich auch ins gleiche Hotel, in den Schwarzen Adler. Bingo, denkst du, das passt. Ein Entdecker ist Horst sicher nicht. Horst erzählt auch von seinem Beruf. Er war 30 Jahre Hausmeister bei einer Behörde. Auch das passt und gleichzeitig weißt du jetzt: Ein Performer ist Horst mit großer Wahrscheinlichkeit auch nicht. Du kannst also davon ausgehen, dass Horst im Kern ein Bewahrer ist.

Luise – die Entdeckerin

Kommen wir nun zu Luise. Sie ist ca. 40 Jahre alt. Da wir wissen, dass der häufigste Frauentyp die Harmoniserin ist, nehmen wir das als Ausgangshypothese. Doch schon vom Äußeren her spürst du, dass das nicht passt. Luise ist modisch angezogen, mit vielen extravaganten Accessoires. Luise lacht viel und geht mit großer Offenheit auf dich zu. Damit rückt sie in Abbildung 60 nach oben in Richtung Entdeckerin. Sie geht wahnsinnig gerne aus und kennt alle Szenekneipen der Stadt. Sie hat einen Partner, den sie liebt, aber sie leben getrennt, um ihre Freiheit zu behalten. Luise erzählt dir dann noch, dass sie als Bühnenbildnerin beim Theater arbeitet. Nun, glaube ich, wird deutlich, dass unsere erste Hypothese falsch ist. Wir dürfen Luise als Entdeckerin betrachten.

Sybille – Harmoniserin und Bewahrerin

Sybille ist 60 Jahre alt und füllig. Nun beginnst du wieder mit einer Hypothese. Wahrscheinlich ist sie Harmoniserin, dafür sprechen Geschlecht, Alter und auch das Übergewicht. Wir wissen ja, dass die eher konservativen Typen es nicht so mit dem Sport haben. Sybille ist konservativ angezogen: Das würde für eine Harmoniserin, aber auch für eine Bewahrerin passen. Sybille ist verheiratet, hat drei erwachsene Kinder und sie liebt ihre Familie. Das würde auch für eine Harmoniserin sprechen. Sie singt im Kirchenchor und macht bei der Kirchengemeinde aktiv mit. Hier gibt es Punkte für die Harmoniserin und für die Bewahrerin. Ihre Kinder, sagt sie, hat sie mit viel Liebe, aber auch mit strenger Hand erzogen. Dieses Verhalten spricht ebenfalls sowohl für Harmoniserin wie auch für Bewahrerin. Was stellst du fest? Sybille lässt ich nicht so eindeutig zuordnen. Sie ist wohl eine Mischung aus Harmoniserin und Bewahrerin.

Anhand dieser Beispiele hast du gesehen, wie es mit dem Typ-Profiling läuft. Manchmal sind die Signale unserer Mitmenschen eindeutig, manchmal eben auch nicht. Damit müssen wir leben. Jetzt wirst du vielleicht fragen: Ja, was nutzt mir das, wenn ich weiß, was für ein Typ der oder die andere ist? Die Antwort: Du kannst viel besser mit den Menschen umgehen!

Ins Herz unserer Mitmenschen treffen
Im Alltag ist es oft so, dass wir unsere Mitmenschen von etwas überzeugen möchten. Oder wir wollen, dass sie dies oder jenes für uns tun. Wenn wir nun ihren Typ kennen, können wir sie emotional viel besser abholen oder überzeugen. Ich gebe mal ein Beispiel. Du würdest im Urlaub mit deiner Partnerin gerne eine Radtour entlang der Donau nach Wien machen. Deine Partnerin ist nun eine Bewahrerin. Mit welchen Argumenten könntest du sie überzeugen? Klar ist, dass sie keinerlei Risiko haben will und großen Wert auf Sicherheit setzt. Deine Argumentation:

> »Unsere Radtour wird von einem Reiseveranstalter organisiert, der sich schon seit 20 Jahren auf diese Strecke spezialisiert hat. Es ist ein Familienbetrieb und die ganze Familie kümmert sich um das Wohlergehen der Gäste. Das Gepäck wird mit dem Auto hinterhergebracht. Wenn das Rad eine Panne hat, werden wir abgeholt und das Rad wird repariert. Weil der Reiseveranstalter so lange im Geschäft ist, kennt er alle Gasthöfe auf der Strecke. Für uns würde der Veranstalter gemütliche, traditionelle Gasthöfe mit viel Komfort und einer bodenständig-guten Küche buchen.«

Du merkst, die ganze Argumentation ist Balance pur. Auch Harmoniser können damit angesprochen und erreicht werden. Wir bleiben bei dieser Radtour, machen nun aber einen Partnertausch. Du bist jetzt weiblich und dein Partner ist ein echter Performer. Glaubst du, du könntest ihn mit der gleichen Argumentation überzeugen? Natürlich nicht. Machen wir also mal eine Argumentation für unseren Performer:

> »Unsere Radtour wird von einem Reiseveranstalter organisiert, der besonderen Wert auf die Ausrüstung legt. Kein Fahrrad ist älter als zwei Jahre. Die Fahrräder sind aus Karbon und federleicht. Dadurch sparen wir Kraft und können so jeden Tag mühelos 15 bis 20 Kilometer länger fahren als mit den herkömmlichen Rädern. Die Räder sind zudem mit einem GPS ausgerüstet. Der Veranstalter bringt das Mittagspicknick genau dorthin, wo wir Pause machen. Die Gruppe ist klein und der Veranstalter achtet darauf, dass das Leistungsniveau ähnlich ist. Die Übernachtungen sind durchweg in edlen Landgasthäusern, manche davon haben sogar einen Stern.«

Du merkst sofort: Das ist eine völlig andere Argumentation, die mit ihren Signalen das Dominanzfeld anspricht. Performer lieben High-Tech, Luxus und Status.

Nun ein letzter Partnertausch, die gleiche Radour: Deine Partnerin ist nun eine Entdeckerin. Du kannst sie voraussichtlich so überzeugen:

> »Wir sind völlig frei, wie wir unsere Radtour machen. Wenn uns ein Ort gefällt, können wir spontan ein oder zwei Tage länger bleiben. Wir sind an kein Programm gebunden. Da wir noch außerhalb der Saison sind, gibt es auch keine Probleme mit der Übernachtung. Im Internet gibt es einen Blog, der heißt »Donau für Individualisten«. Da werden tolle kleine Kneipen und Boutique-Hotels entlang der Route besprochen, die sonst keiner kennt. Das wird geil.«

Du siehst: Dieselbe Radtour, eine Strecke, aber drei völlig unterschiedliche Argumentationen.

Der Wurm muss dem Fisch schmecken …

… und nicht dem Angler. Was bedeutet das für unser Thema? Ganz einfach: Wenn wir jemanden für eine Sache gewinnen wollen, müssen wir aus seiner Sicht denken und argumentieren und nicht aus unserer. Das hört sich einfach an, ist es aber nicht. Warum? Erinnere dich an Kapitel 12, in dem wir durch die Emo-Brille geschaut haben. Jeder von uns betrachtet die Welt aus seiner emotionalen Sicht und denkt, genauso wäre sie. Und so, wie du die Welt siehst, argumentierst du auch. Das ist kein Problem, solange dein Gegenüber eine Persönlichkeit hat, die im gleichen emotionalen Feld liegt wie deine. Konflikte ergeben sich vor allem dann, wenn er oder sie mit ihrer Persönlichkeit ein anderer Typ ist wie du. Bleiben wir beim Beispiel unserer Radtour. Sie ist eine Entdeckerin oder Hedonistin und du bist ein Bewahrer. Wenn sie mit dem in ihren Augen reizvollen Vorschlag kommt, eine Tour zu machen, bei der nichts geplant ist und alles dem Zufall überlassen bleibt, kriegst du sofort die Krise und wirfst dir eine Packung Valium ein. Denn dieses drohende Chaos löst bei dir große Angst aus.

Drehen wir das Ganze um. Jetzt machst du als Bewahrer einen Vorschlag, wie die Radtour läuft. Alles ist geplant. Null Freiheit und null Spontanität. Nun läuten bei deiner Partnerin alle Glocken ob der drohenden, ätzenden Langeweile. Die meisten Probleme gibt es dabei mit den Gegentypen. Also Entdecker versus Bewahrer oder Performer versus Harmoniser. Auch die beiden letzteren schauen wir uns kurz im Hinblick auf unsere Radtour an. Er als Performer möchte sich tagsüber auspowern und Kilometer machen. Sie dagegen träumt von langem Ausschlafen und einem Besuch in der Wellness-Oase. Am Nachmittag dann gemütlich ein paar Kilometer radeln und die Landschaft genießen. Wenn er sie nun von seiner idealen Radtour überzeugen will und sagt »Schatz, die haben Karbonräder, mit denen schaffen wir locker 120 Kilometer am Tag«, wird ihre Begeisterung im Minusbereich sein. Wenn sie ihm dagegen vorschwärmt, wie schön es wäre, zunächst gemütlich Wellness zu machen, dann etwas zu schlafen und dann ohne Hetze ein bis zwei Stunden zu radeln, bekommt er einen Schweißausbruch. Wenn wir also jemand von etwas überzeugen wollen, müssen wir uns zunächst überlegen, in welcher emotionalen Welt unser Gegenüber zuhause ist. Wir müssen zudem auch wissen, wer wir selbst sind und unsere Argumente auf Erfolg oder Misserfolg überprüfen.

Der Vorwurf der Manipulation

Das Hineinversetzen in den anderen und die Argumentation auf seine emotionale Welt auszurichten, ist auch die Basis jedes Verkaufstrainings. Es geht darum, einen Interessenten zum Kauf für ein Produkt oder eine Dienstleistung zu bewegen. Wenn es um Verkaufspsychologie geht, kommt meist umgehend die Frage, ob das denn nicht Manipulation sei. Die ehrliche Antwort auf diese Frage lautet: Ja, es ist eine Form der Manipulation. Aber die ganze menschliche Kommunikation hat immer einen manipulativen Teil. Ein Politiker, der mit seinem Beraterstab Tage an einer Rede feilt, um die größtmögliche Wirkung zu erreichen, manipuliert genauso wie der Pfarrer, der in seiner Predigt in leuchtenden Farben und Bildern das Paradies schildert. Jede Frau, die sich morgens schminkt, manipuliert. Jeder Mann, der seiner neuen Flamme Komplimente macht und Blumen schenkt, manipuliert. Manipulation ist also ein Teil des Lebens.

Das beantwortet allerdings die Frage nicht, ob man manipulieren darf. Die Philosophen Kant und Habermas würden es strikt verneinen, weil wir es ohne bewusste Zustimmung des anderen tun. Platon dagegen sieht die Sache anders: Wenn meine Manipulation einem guten Zweck dient und den Beteiligten nicht schadet, ist es erlaubt. Ich bin eher bei Platon. Die Nutzung des Wissens, wie Emotionen wirken, ist wie ein Küchenmesser. Mit einem Küchenmesser kann man jemanden erstechen oder ihm ein köstliches Mahl bereiten. Wenn ich also bewusst schade, beispielsweise als Bankberater einem Finanzlaien eine hochriskante Anlage andrehe, dann ist das zutiefst verwerflich. Wenn ich aber meine Frau durch meine Argumentation zu einem Theaterbesuch motiviere und sie nachher begeistert nach Hause geht, ist der kleine, manipulative Schubs moralisch völlig legitim.

18 Quintessenz: Warum wir den Verstand zur Vernunft bringen sollten

Nun bist du fast am Ende des Buches. Du hast gesehen, wie mächtig der Life Code ist. Er regiert in allen privaten wie gesellschaftlichen Lebensbereichen. Er ist zudem erfolgreich. Er hat es geschafft, das Leben mehr als drei Milliarden Jahre zu erhalten. Doch wir haben ein Problem. Wenn wir nicht aufpassen, fahren wir die Welt gegen die Wand. Unser Verstand begreift, dass wir etwas ändern müssen, aber unser Belohnungs- und Bestrafungssystem hat dazu andere Vorstellungen. Der Verstand sagt: »Halte ein und reduziere das üppige Leben!« Aber unsere Lust- und Frustzentren wollen stattdessen noch mehr. Und hergeben wollen sie gleich gar nichts. Der nachhaltigste, negative Effekt: Der Klima-Crash kommt immer näher.

Aber warum kommen wir nicht wirklich weiter und ändern es nicht, obwohl wir es wissen? Eine Antwort ist, dass wir in der gesellschaftlichen Diskussion und in der Politik mit einem schönen, aber trotzdem falschen Menschenbild unterwegs sind. Wir glauben an den vernünftig und frei entscheidenden Menschen, der bei guten Argumenten bereit ist, sein Verhalten zu ändern. Obwohl wir laufend enttäuscht werden, halten wir stur daran fest. Warum? Nur mit diesem Menschenbild sind wir das Ebenbild Gottes. Dann schauen wir raus in die Welt. 60 Millionen Amerikaner haben Donald Trump 2016 zum Präsidenten gewählt. 60 Millionen vernünftige und frei entscheidende Menschen? Weltweit nehmen Demokratien ab, während Diktaturen mit machthungrigen und geldgierigen Diktatoren auf dem Vormarsch sind. Akzeptiert von vernünftigen und frei entscheidenden Menschen!? Nicht vergessen dürfen wir unsere eigene, jüngere Geschichte: den Holocaust und den Stasiterror. Toleriert und unterstützt von vernünftigen und frei entscheidenden Menschen!?

Angesichts all der Tatsachen und der hoffentlich vielen Erkenntnisse, die ich in diesem Buch vermittelt habe, sollte nachvollziehbar sein, dass unser heutiges Menschenbild falsch ist. Nicht der Verstand beherrscht die Welt, es sind die Emotionen. Nur sehen wir es meist nicht, weil wir uns nie über die Ursachen unserer Welt und unseres Handelns Gedanken machen. Wir sehen die Erscheinungen, aber wir sehen nicht, wie es dazu gekommen ist. Es geht uns dabei wie dem jungen Fisch, der fröhlich herumschwimmt. Dann trifft er einen alten Fisch, der ihn fragt: »Hey, Kleiner, wie ist das Wasser heute?« Der kleine Fisch guckt den Alten verblüfft an und fragt: »Was ist Wasser?« Obwohl sich der kleine Fisch den ganzen Tag darin bewegt, sieht er die große Bedeutung des Wassers für sein Leben nicht. Der Grund: Er kann nicht über seine Situation reflektieren. Wir Menschen haben diese Fähigkeit ein Stück weit. Wir können über uns und unsere Lebenswelt nachdenken. Wir sind in der Lage, unser eigenes emotionales Betriebssystem und damit uns selbst zu verstehen. Wir sind in der Lage, dadurch besser mit unseren Kräften umzugehen und nicht nur ihre willenlose Marionette zu sein.

Aber es ist auch nicht so, dass wir unsere Marionettenfäden stets selbst in der Hand haben und nach Lust und Laune daran ziehen und uns selbst steuern können. Aus diesen Gründen schlage ich deshalb ein anderes Menschenbild vor. Ich nenne es den »einsichtigen Menschen«. Der einsichtige Mensch akzeptiert, dass er nicht so frei in seinen Entscheidungen ist, wie er glaubt. Er akzeptiert, dass hinter allem, was er tut, ein emotionales Programm, der Life Code, steckt. Er kennt dessen Spielregeln und dessen Logik. Er kennt seinen emotionalen Spielraum. Durch seine Einsicht und durch sein Wissen darüber ist er ihm nicht hilflos ausgeliefert. Er weiß, wann dieses Programm zu Problemen führen kann und wo er sich vor sich selbst und dem Programm schützen muss. Und er weiß, welche Chancen es bietet. Diese nutzt er konsequent. Die wirkliche Vernunft liegt also darin, die Emotionen und ihre Ziele mit möglichst bestem Ergebnis für den Einzelnen und für die Gemeinschaft aller im Leben umzusetzen. Das Wissen darüber, wie der Life Code funktioniert, hilft dabei, unseren Verstand zur Vernunft zu bringen.

Zum Schluss des Buchs möchte ich dir die Quintessenz in Form von Anregungen für ein glücklicheres, erfolgreicheres und vernünftigeres Leben anbieten. Wir beginnen zunächst bei uns selbst und enden mit einem Blick auf die Politik und die Gesellschaft.

Nimm dein Belohnungssystem an den Zügel

Der Wunsch, ungebremst immer mehr zu wollen, führt nicht ins Glück, sondern in ein Hamsterrad, in die sogenannte hedonistische Tretmühle. Gleich ob Geld, Konsum oder sonstige Vergnügen, die permanente Steigerung bringt keinen dauerhaften Glückszuwachs. Selbst Lottokönige sind schon nach einem halben Jahr nicht wesentlich glücklicher als vor dem Gewinn.

Es ist die gesunde Mischung, die dich weiterbringt, die kleinen und bewussten Freuden des Alltags, die Spaß machen und das Leben bereichern. Genauso, wie auch Verzicht und Fasten guttun, weil du danach am Alltäglichen und am Genuss wieder mehr Freude hast. Wir sollten also dieses Fastenprinzip auf unser ganzes Leben übertragen. Ab und zu innehalten und bewusst verzichten tut deiner Seele und auch dem Geldbeutel gut. Anschließend kannst du wieder bewusst genießen und dir kleine Höhepunkte gönnen. Das ist aus meiner wissenschaftlichen und meiner Lebenserfahrung heraus der richtige Weg.

Nun noch mal ein beispielhafter Blick auf das große Ganze: Unser Belohnungssystem verhindert, dass wir angesichts der Klimakrise angemessen handeln. Wir sollten deshalb bereit sein, dass wir uns selbst härtere Gesetze verordnen, die nachhaltig helfen, die notwendigen Klimaziele zu erreichen. Das ist ein Beispiel, wie der einsichtige Mensch handelt.

Akzeptiere das Sowohl-als-auch

Du hast gesehen, dass unsere Emotionssysteme höchst unterschiedliche und auch widersprüchliche Ziele verfolgen. Diese Dynamik führt im Alltag, sowohl im Privatleben wie auch in der Politik, zu Konflikten und zu Streit. Leider sind wir in unserem Denken und Handeln aber oft in einer Entweder-oder-Falle gefangen. Der Grund liegt darin, dass wir das Große und Ganze nicht sehen und uns an Details festbeißen. Wenn wir lernen, Konflikte und Meinungsverschiedenheiten aus der Life Code-Perspektive zu betrachten, erweitern wir unseren Denk- und damit unseren Handlungsrahmen enorm.

Bleib in deiner Mitte

Das Sowohl-als-auch ist das Losungswort der Mitte. Es spielt dabei keine Rolle, ob wir an die Mesotes-Lehre von Aristoteles oder die Idee von Work-Life-Balance denken. Das nachhaltig zufriedene und längere Leben erreichen jene, die angesichts der in Konflikt stehenden Lebensziele stärker in der Mitte bleiben. In der eigenen Mitte wohl gemerkt. Die Wohlfühlmitte einer Hedonistin ist eine andere als die einer Traditionalistin. Egal aber, wo unser emotionaler Persönlichkeitsschwerpunkt ist: Wir sollten uns häufiger mal fragen, ob wir alle großen Lebensziele angemessen berücksichtigt haben.

Akzeptiere das Andere

Gleich, ob Geschmack oder politische Einstellungen: Sie haben ihre Herkunft in unseren Emotionssystemen. Weil diese Emotionssysteme in ihren Zielen so widersprüchlich sind, sind auch unsere Geschmäcker, Interessen und politische Einstellungen verschieden. Da unsere Emotionssysteme gleichberechtigt sind, gibt es weder einen Design- oder Musikstil noch eine politische Richtung, die von sich behaupten kann, das einzig Schöne oder Wahre zu verkörpern. Lernen wir also, dem Anderen tolerant und offen gegenüber zu stehen.

Nutze die menschliche Vielfalt

Wir Menschen sind aufgrund unserer Persönlichkeit sehr verschieden. Wir wissen jetzt, dass durch diese Differenz die Überlebenschance von Gruppen und damit jedes Einzelnen steigt. Aufgrund unserer unterschiedlichen Persönlichkeit sehen wir die gleiche Welt höchst unterschiedlich. Jeder neue Blickwinkel trägt aber dazu bei, dass wir das Ganze besser verstehen und erfolgreicher handeln können. Auch wenn es viel einfacher und schöner ist, nur mit Gleichgesinnten zu verkehren, ist das auch der dümmere Weg. Man lernt nichts und sieht die Welt nur aus dem eigenen Schlüsselloch.

Liebe und achte dein Alter Ego

Du hast gesehen, dass sich Frauen und Männer (im Durchschnitt) in vielen Bereichen deutlich unterscheiden. Die Gefühlswelt ist anders, das Denken ist anders, die Interessen sind andere. Dieses Anderssein führt in Partnerschaften, wenn einem die Ursachen nicht bewusst sind, zu häufigen Konflikten. Wir haben aber auch festgestellt, dass weder die männliche noch die weibliche Art des Denkens und Handelns die einzig richtige und wahre ist. Das Gegenteil ist der Fall. Frauen und Männer nehmen unterschiedliche Aspekte von der gleichen Welt wahr. Beide Sichten sind wahr und richtig, stellen aber immer nur die halbe (An-)Sicht dar. Im Vorteil sind die, die das Weltbild des anderen nutzen und dieses Anderssehen nicht als Fehler, sondern als Stärke und Ergänzung betrachten. Dies führt zu besseren Ergebnissen bei Entscheidungen, sei es im Privatleben oder im Beruf. Es führt auch zu glücklicheren Partnerschaften. Erinnerst du dich an das Kapitel mit der Siegerspirale? Wenn man sich in einer Partnerschaft gegenseitig aus Sicht der Stärken und nicht der Fehler und Schwächen sieht, bucht man zu zweit einen sicheren Platz in der Siegerspirale!

Nimm dich so, wie du bist

Es gibt nicht den idealen Menschen. Jeder Mensch hat Stärken und Schwächen. Unsere Stärken sind gleichzeitig unsere Schwächen. Unsere Schwächen sind gleichzeitig unsere Stärken. Da wir Menschen nie zufrieden sind, schauen wir oft neidvoll auf andere und deren vermeintliches Glück. Das andere erscheint für uns erstrebenswert und glückverheißend. Den Wert unserer persönlichen Situation unterschätzen wir häufig oder sehen ihn nicht mehr. Bevor wir also aufbrechen mit dem Ziel, ein anderer Typ zu werden, sollten wir innehalten, um über unsere Stärken und über das Gute in uns und unserem heutigen Leben nachzudenken.

Nutze die Siegerspirale

Auch wenn du mit dir und deinem Leben im Reinen bist, heißt das nicht, dass du nicht mehr aus dir machen und noch zufriedener leben kannst. Du hast gesehen: Es gibt einen zweiten Bildungsweg in der Evolution zum Erfolg und zu mehr innerer Stärke. Es ist die Siegerspirale. Wenn du ein Umfeld suchst, das zu deiner Persönlichkeit passt und wenn du in diesem positiven Umfeld kleine und größere Erfolge und Siege einfährst, wirst du selbstbewusster, optimistischer und tatkräftiger. Du bist aber nicht nur Passagier in der Siegerspirale. Ob als Führungskraft oder in der Partnerschaft: Mit deinem Verhalten bist du für das Glück von anderen mitverantwortlich. Hast du eine positive Einstellung den anderen gegenüber? Gibst du ihnen Anerkennung? Ermöglichst du ihnen viele persönliche Siege?

Vermeide die Verliererfalle

In einem Umfeld, in dem du permanent erniedrigt wirst, gehst du im wahrsten Sinne kaputt. Du wirst krank und depressiv. Das Problem: Je länger du in dieser Situation bleibst, desto mehr schwindet deine Kraft, dich selbst daraus zu befreien. Gleichzeitig wird deine Persönlichkeit dauerhaft verändert: Du wirst ängstlicher, verlierst dein Selbstvertrauen und meidest schließlich das Leben an sich. Wenn du merkst, dass du in eine solche Situation gerätst, gehe, solange du noch die Kraft hast. Lieber ein Ende mit Schrecken als ein Schrecken ohne Ende.

Wechsle die Seiten

Wenn du bei anderen Menschen etwas erreichen willst, ist es gut zu wissen, wo diese mit ihrer emotionalen Persönlichkeit zuhause sind. Argumentiere nicht aus deiner Emotionswelt heraus, sondern versuche, dich in die emotionale Welt des anderen hineinzuversetzen und die Sprache und Sprachbilder so zu wählen, dass sie dieser Welt entsprechen.

Lebe lang und glücklich

Ob wir wollen oder nicht, wir werden jeden Tag älter. Ab 30 geht es geistig und körperlich ganz langsam mit uns bergab. Unsere aktiven Emotionssysteme verlieren ihre Kraft, während die vermeidenden stärker werden. Aber Körper und Geist sind wie ein Muskel. Muskeln kannst du trainieren. Beginne deshalb früh mit dem Fitnesstraining für deinen Körper und Geist. Du wirst viel länger leben. Du lebst gesünder und glücklicher. Dein Geist bleibt wach und hell.

Wähle richtig

Auch im politischen Geschehen gelten die gleichen emotionalen Spielregeln, wie ich sie bereits beschrieben habe. Es gibt keine Partei, die von sich behaupten kann, die Wahrheit gepachtet zu haben. Es gibt auch keine Partei, deren Programm uns eins zu eins ins Glück und in den Wohlstand führt. Der Faulheit unseres Gehirns haben wir es zu verdanken, dass wir einfache, markante politische Versprechen und Positionen lieben. Lass uns lernen, dass sich gute Politik, wie im privaten Leben, nicht im Extremen, sondern in der Mitte der vielen Interessen bewegt. Je nach Situation kann sich die Position mal etwas in die eine oder andere Richtung bewegen, aber ihre Heimat bleibt die Mitte.

Kämpfe für die Demokratie

Wie aber schaffen wir es, dass unser politisches System in der Mitte bleibt? Der beste Weg ist und bleibt die Demokratie. Warum? Demokratie bedeutet, dass alle Menschen mitentscheiden können. Da Menschen aber emotional unterschiedlich sind, besetzen sie auch die unterschiedlichen politischen Emotionsfelder. Dadurch wird der ganze politische Emotionsraum ausgefüllt. Und genau das ist die Voraussetzung, dass unsere Gesellschaft einigermaßen ausgewogen bleibt. Meinungsvielfalt und Meinungsfreiheit sind dafür die Grundvoraussetzung.

Beschränke Machtmenschen

Bei unserem Blick auf die Siegergene haben wir gesehen, dass es Zeitgenossen gibt, die alles bedingungslos ihrem eigenen Erfolg unterordnen. Diese Sieger zeichnen sich durch ein extrem starkes Dominanz- und ein fast nicht vorhandenes Harmoniesystem aus. Sie sind zudem intelligent und erkennen ihren eigenen Vorteil frühzeitig. Diese Sieger sind deshalb erfolgreich und stehen häufig an der Spitze in Politik, Wirtschaft und Sport. Sieger im Sport sind nur für ihre direkten Gegner gefährlich. Sieger in der Wirtschaft und im Finanzwesen können durch ihren Egoismus die gesamte, globale Wirtschaft gefährden, siehe beispielsweise die Weltwirtschaftskrise 2008. Deswegen sind auch Gesetze zur Regulierung von Banken und Finanztransaktionen weniger eine Einschränkung der Freiheit, sondern eine Einschränkung gefährlicher Egoismen. Die größte Gefahr geht aber von Siegern in der Politik aus. Sie haben Macht und wollen immer mehr davon – wenn man sie lässt. Auf das Gute im Menschen zu hoffen, ist genauso töricht, wie einen Hund allein in einen Fleischerladen zu sperren und zu glauben, dass er das Verbot einhält, nichts zu fressen. Viele Menschen lieben diese starken Führungspersönlichkeiten, weil sie Sicherheit und Stärke versprechen. Diese Liebe öffnet dem Machtwillen allerdings Tür und Tor. Ein Blick nach Russland, Ungarn, Polen und in die USA zeigt, wohin das führt: zum Ende der für uns so wichtigen Demokratie und offenen Gesellschaft. Auch wenn wir in Deutschland seit 70 Jahren in einer stabilen Demokratie leben: Ein »Ermächtigungsgesetz« gleich welcher Art ist jederzeit wieder möglich! Der einsichtige Mensch weiß, dass die Emotionen stärker als der Verstand sind. Achten wir deshalb darauf, dass wir die Macht kontrollieren und teilen. Achten wir darauf, dass wir gegen jede Machtverschiebung kämpfen und diese lautstark anprangern.

Begrenze die Macht von Institutionen und Unternehmen

Es sind aber nicht nur machthungrige Politiker und Despoten, die gefährlich sind. Die Gier nach Macht finden wir auch in Unternehmen, Organisationen und Institutionen. Sie werden von Menschen gemacht und unterliegen deshalb vollständig den Life Code-Gesetzen. Sie werden zudem von Menschen geleitet, deren Dominanzsystem überdurchschnittlich ausgeprägt ist. Während wir Politiker auf ihrem Weg zur Macht beobachten können, sehen wir den gefährlichen Machtzuwachs von Institutionen häufig nicht. Es sind nicht nur Geheimdienste, die oft ein unkontrolliertes Eigenleben führen. Es sind vor allem globale Großkonzerne und deren Interessenverbände, die sich von nationalen Gesetzen nicht einschränken lassen und Milliardenbudgets für Lobbyarbeit, Bestechung und systematische Beeinflussung der öffentlichen Meinung ausgeben. Deren Gier nach Macht und Geld ist, wenn man sie machen lässt, grenzenlos. Deswegen sind politische Transparenz und eine partizipative Demokratie wichtige Meilensteine auf unserem Weg zum einsichtigen Menschen.

Nun sind wir am Ende unserer Reise angekommen. Du hast gesehen, wie wirkmächtig der Life Code, unser emotionales Programm, ist. Es gibt keinen Bereich in unserem Leben, der nicht von ihm beeinflusst oder gar regiert wird. Einsichtige Menschen sind ihm aber nicht ausgeliefert. Du weißt jetzt, wie er funktioniert und kannst, Schritt für Schritt, autonomer und bewusster handeln. Ich wünsche dir viel Glück und Erfolg mit diesem Wissen.

Wie immer freue ich mich über Kritik und Anregungen. Meine Mailadresse und weitere Informationen findest du auf meiner Website www.haeusel.com.

Zum Nachlesen

Criado-Perez, C. (2020): Unsichtbare Frauen: Wie eine von Daten beherrschte Welt die Hälfte der Bevölkerung ignoriert. München: btb

Bischof-Köhler, D. (2011): Von Natur aus anders: Die Psychologie der Geschlechtsunterschiede. Stuttgart: Kohlhammer

Häusel, H.-G. (2019): Think Limbic! – Die Macht des Unbewussten nutzen für Management und Verkauf. Freiburg: Haufe

Häusel, H.-G. (2011): Die wissenschaftliche Fundierung des Limbic® Ansatzes. www.haeusel.com. Abrufdatum: 22.06.2020

Häusel, H.-G. (2018): Persönlichkeitsmodelle im Vergleich. www.haeusel.com. Abrufdatum: 22.06.2020

Macedonia, M. (2018): Beweg dich! Und dein Gehirn sagt Danke. Wien: Brandstätter

Ein kleines, großes Dankeschön

Am Entstehen und Gelingen dieses Buches waren beteiligt:

Judith Banse, Heiner Huss, Annegret Michalzik (alle vom Haufe-Verlag). Danke an das Team, das das Buch ermöglicht und mit großem Engagement umgesetzt hat.

Juliane Sowah (Lektorin). Danke für die hervorragende sprachliche und konzeptionelle Optimierung.

Liana Tuchel (Grafikdesignerin). Danke für die komplette Gestaltung des Titels und der Grafiken.

Dr. Andreas Meyer (Freund). Danke für Rat und Tat beim Entstehen dieses Buches.

Dexi (Hund). Danke für die Spaziergänge, bei denen mir viele gute Ideen eingefallen sind.